स्मार्ट रिपोर्टर

स्मार्ट रिपोर्टर

शैलेश

ब्रजमोहन

वाणी प्रकाशन

वाणी प्रकाशन

4695, 21-ए, दरियागंज, नयी दिल्ली 110 002

फ़ोन : +91 11 23273167 फ़ैक्स : +91 11 23275710

शाखाएँ

अशोक राजपथ, पटना 800 004, बिहार

कॉफ़ी हाउस कैम्पस, महात्मा गांधी मार्ग, इलाहाबाद 211 001, उत्तर प्रदेश

महात्मा गांधी अन्तरराष्ट्रीय हिन्दी विश्वविद्यालय, वर्धा 442 001, महाराष्ट्र

www.vaniprakashan.in
marketing@vaniprakashan.in
sales@vaniprakashan.in

SMART REPORTER
by Shailesh
Brajmohan

ISBN : 978-93-5000-754-9
Journalism

संस्करण 2011, 2016
आवृत्ति 2019

छायाचित्र IBN7 न्यूज चैनल के सौजन्य से
चित्र-देवप्रकाश

मूल्य : ₹ 495

सिटी प्रेस, दिल्ली-110 095 में मुद्रित

वाणी प्रकाशन का लोगो मक़बूल फ़िदा हुसेन की कूची से

माँ और स्वर्गीय बाबूजी को समर्पित

विषय सूची

प्राक्कथन

हिन्दी पत्रकारिता का इतिहास काफी पुराना है, लेकिन आज भी वह अंग्रेजी भाषा और अंग्रेजी पत्रकारिता की छाया से निकल नहीं पाई है। आज भी वह अंग्रेजी पत्रकारिता के सहारे चल रही है। चाहे एजेंसियां हों, पत्र-पत्रिकाएं हों या कोई अन्य सूत्र। यहां तक कि हिन्दी पत्रकारिता पढ़ाने के लिए भी अंग्रेजी में लिखी गयी किताबों का सहारा लिया जाता है। क्योंकि हिन्दी में पत्रकारिता पर जो किताबें आई हैं, उनमें से ज्यादातर पत्रकारिता के इतिहास और परंपराओं पर हैं। पत्रकारिता की बुनियादी पढ़ाई पर किताबें नाममात्र को ही मिलेंगी।

दूसरा यह कि हर देश और हर समाज की अपनी परंपराएं होती हैं, अपनी भाषा और अपना मुहावरा होता है। हमारी अपनी देसी पत्रकारिता को भी, उसका अपना लिबास, अपना चरित्र और अपनी जीवन शैली की जरूरत है, जो अंग्रेजी के अनुवादों या अंग्रेजी की किताबों के आधार पर लिखी गई किताबों से पाना संभव नहीं है।

हिन्दी पत्रकारिता को एक ऐसी किताब की जरूरत थी, जो पत्रकारिता का 'क, ख, ग' सिखाए। यह काम शैलेश, ब्रजमोहन ने अपनी इस किताब में किया है। हो सकता है कि कुछ लोगों को ऐसा लगे कि ये किताब जैसे बच्चों के लिए लिखी गई हो। लेकिन पत्रकारिता की कक्षा में पहला कदम रखने वाला बच्चा ही होता है और उसे पत्रकारिता के व्यापक-संसार को समझने के लिए उसकी बुनियादी चीजों का जानना जरूरी है।

किताब की खूबी यह है कि इसमें टीवी पत्रकारिता के किसी पहलू को नजरअंदाज नहीं किया गया है। रिपोर्टिंग पर बात की गई तो न सिर्फ रिपोर्ट को परिभाषित किया गया है, बल्कि सूत्रों के बारे में भी चर्चा की गई है। संपादन की बुनियादी आवश्यकताओं और उसकी विभिन्न परिभाषाओं का भी जिक्र किया गया है।

कैमरा, एडिटिंग, ग्राफिक्स के साथ ही टीवी न्यूज के पूरे ढांचे को काफी धैर्य से समझाया गया है। रिपोर्टर कैसा होना चाहिए और किसी इंटरव्यू या टॉक-शो की कैसे तैयारी की जाती है, यह भी समझाया गया है। टेलीविजन में खबर-लेखन की खास अहमियत होती है। इस किताब में इस कला को काफी विस्तार से समझाया गया है। पत्रकारिता की शब्दावली पर भी प्रकाश डाला गया है।

चंद जाने-माने और इस विद्या के तजुर्बेकार पत्रकारों से बातचीत की गई है, जिससे कई पहलुओं को समझना आसान हो गया है। हालांकि नामों का दुहराव खटकता है। कुछ वरिष्ठ पत्रकार और जुड़ते तो अच्छा होता। लेकिन बड़े पत्रकारों से समय लेने की परेशानियों को समझा जा सकता है।

किताब की एक बड़ी खूबी यह है कि इसकी भाषा आसान है, यानी वही भाषा है जिसकी पत्रकारिता को जरूरत है। चीजों को समझाने का तरीका सहज है, उसमें कहीं कोई उलझाव नहीं है और तमाम विषय सिलसिलेवार दिए गए हैं। मुझे लगता है, कोई छात्र इस किताब को समझकर पढ़ता है, तो उसे तुरंत काम करने के लिए किसी और ट्रेनिंग की जरूरत नहीं है। यहां तक कि इस किताब को पढ़ने के बाद छात्रों को किसी भी न्यूज चैनल का दफ्तर पराया नहीं लगेगा, बल्कि अपना जाना-पहचाना सा लगेगा।

मुझे पूरा विश्वास है कि पत्रकारिता की दुनिया में कदम रखने वाले छात्र इस किताब का पूरा लाभ उठाएंगे और इस किताब के लेखक भी अपने इस सिलसिले को जारी रखते हुए छात्रों के लिए उपयोगी किताबें लिखते रहेंगे। जिस मेहनत, संयम और ईमानदारी से यह किताब लिखी गई है, हिन्दी पत्रकारिता को ऐसे प्रयासों की सख्त जरूरत है।

रामकृपाल सिंह
सम्पादक, नवभारत टाइम्स, दिल्ली

प्रस्तावना

लम्बे समय से टीवी न्यूज के लिए काम करते हुए न जाने कितने नए विद्यार्थियों से मुलाकात हुई, जो अलग-अलग संस्थानों से पढ़ाई के दौरान न्यूज चैनलों में इंटर्नशिप करने के लिए आते रहे हैं। न्यूजरूम में कई तरह के काम होते हैं और एक छोटी सी खबर या स्टोरी, जो टेलीविजन पर दिखती है, उसके पीछे कई लोगों की मेहनत होती है। स्टोरी तैयार करने के लिए न्यूजरूम में भागदौड़ मची होती है, कोई खबरों को लेकर चिल्ला रहा होता है, तो कोई जल्दी-जल्दी कम्प्यूटर पर कुछ लिख रहा होता है। किसी कोने में एडिट मशीन पर विजुअल एडिट हो रहे होते हैं, तो कहीं शोरगुल के बीच कोई स्टोरी के लिए अपनी आवाज दे रहा होता है, यानी वॉइस ओवर कर रहा होता है। इस आपाधापी में हरएक के काम की बराबर अहमियत होती है। लेकिन इंटर्नशिप के लिए आने वाले ज्यादातर विद्यार्थियों की आंखों में, न्यूजरूम की भागदौड़ से अलग एक सपना होता है। वो सपना है रिपोर्टर बनने का, यानी छोटे पर्दे पर छा जाने का सपना। ये सपना अपने व्यक्तित्व से दूसरों को प्रभावित करने का सपना है, ये सपना है, टीवी जर्नलिज्म में चमकता सितारा बनने का।

इंटर्नशिप के लिए न्यूजरूम में आने के बाद विद्यार्थी अक्सर सवाल करते हैं कि ग्राफिक्स इन, ग्राफिक्स आउट क्या है? स्क्रिप्ट कैसे लिखी जाती है? किसी रिपोर्टर को कोई खबर पहले कैसे मिल जाती है, जबकि उसी शहर में रहते हुए, उन्हें घटना की जानकारी टीवी से मिलती है। विद्यार्थियों को एक और सवाल बराबर परेशान करता है कि क्या वो राजदीप सरदेसाई, आशुतोष, दीपक चौरसिया, अजय कुमार, प्रबल प्रताप, बरखा दत्त, श्वेता सिंह, वर्तिका नंदा जैसी रिपोर्टरों की तरह कामयाब रिपोर्टर बन पाएंगे? क्या किसी दिन टीवी स्क्रीन पर वो भी छा जाएंगे? क्या भविष्य में उनकी अपनी पहचान बन पाएगी?

विद्यार्थियों के न जाने ऐसे कितने सवाल हैं। हर विद्यार्थी रिपोर्टर बनने की चाह में जोश से तो लबरेज रहता है, लेकिन प्रोफेशन (मीडिया) की बारीकियों की जानकारी नहीं होने से, वो न्यूजरूम में आते ही हतोत्साहित हो जाता है। इनकी शिकायत रहती है कि जो कुछ उन्हें पढ़ाया गया, उससे न्यूजरूम के माहौल में कोई समानता नहीं दिखती।

विद्यार्थी चाहे छोटे शहर या कस्बे का हो या दिल्ली, मुंबई जैसे महानगरों का, सबकी समस्या एक जैसी है। वो खुद को कैसे उस चुनौती के लिए तैयार करें, जो उन्हें सपनों की मंजिल तक पहुंचा सके। अपनी चाहत की बुलंदी को छूने के लिए एक विद्यार्थी, सब कुछ करने को तैयार रहता है, लेकिन अपनी मंजिल की तरफ पहला कदम कैसे बढ़ाए, उसे इस बारे में पता नहीं होता। और इसकी वजह साफ है कि विद्यार्थियों को जर्नलिज्म स्कूलों में व्यावहारिक पक्ष की जानकारी नहीं के बराबर मिलती है। उन्हें ये नहीं बताया जाता कि पढ़ाई के दौरान ही अपने सपनों को साकार करने के लिए कैसी तैयारी करें। इसकी एक बड़ी वजह है, टेलीविजन रिपोर्टिंग पर अच्छी किताबों की कमी। दरअसल हिन्दी न्यूज का जमाना है और ज्यादातर विद्यार्थी हिन्दी माध्यम से ही पढ़ाई करते हैं। लेकिन हिन्दी में ऐसी कोई किताब नहीं, जो टीवी रिपोर्टर बनने में उनका मार्गदर्शन कर सके।

टीवी न्यूज के लिए काम करने के बाद, अनुभव के आधार पर जो कुछ सीखा है, उसे किताब की शक्ल में जर्नलिज्म के विद्यार्थियों तक पहुंचाने की ये एक कोशिश है। उम्मीद है कि ये किताब विद्यार्थियों को उनकी असली मंजिल तक पहुंचाने में भरपूर मददगार साबित होगी। ये किताब, रिपोर्टर का करियर शुरू करने वाले विद्यार्थियों को इस प्रोफेशन की बारीकियों से रू-ब-रू कराएगी। इस किताब में प्राफेशन की उन तमाम छोटी-छोटी चीजों को शामिल किया गया है, जो एक सफल रिपोर्टर के करियर के लिए काफी अहमियत रखती है। किताब में दी गई जानकारी से पढ़ाई के दौरान ही विद्यार्थी, रिपोर्टिंग की बारीकियों को पूरी तरह जान लेंगे, और एक रिपोर्टर के तौर पर पहली बार हाथ में जब किसी चैनल का माइक होगा, तब वो नर्वस नहीं, आत्मविश्वास से भरे होंगे। इस किताब में 'ॅ' या 'ये' जैसी मात्राओं को इस्तेमाल नहीं किया गया है। साथ ही 'किन्तु' 'परन्तु' और 'द्वारा' 'मगर' जैसे शब्द भी नहीं लिखे गए हैं। इसकी वजह यह है कि टेलीविजन में इनका चलन खत्म हो चुका है।

टीवी रिपोर्टिंग पर यह पहली किताब है, जो हिन्दी टीवी न्यूज के वरिष्ठ पत्रकारों के नजरिये से लिखी गई है। इस किताब में **परवेज अहमद, आशुतोष,**

प्रबल प्रताप सिंह, संदीप चौधरी और अजय कुमार जैसे वरिष्ठ पत्रकारों ने रिपोर्टिंग की हर बारीकियों को अपने अनुभव के आधार पर परिभाषित किया है। ये तमाम पत्रकार इलेक्ट्रोनिक मीडिया में उस वक्त से सक्रिय है, जब देश में हिन्दी टीवी न्यूज अपने शैशवकाल में था। हिन्दी टीवी न्यूज को दिशा देने में इनका अहम रोल रहा है।

परवेज अहमद फिलहाल ARY1 WORLD न्यूज चैनल में एडिटर (इंडिया) पद पर काम कर रहे हैं। इससे पहले इन्होंने टीवीआई (पहला प्राइवेट हिन्दी न्यूज चैनल) और ZEE NEWS में भी प्रमुख पदों पर लंबे समय तक काम किया है। इसके अलावा नवभारत टाइम्स सहित कई अखबारों और पत्र-पत्रिकाओं में भी काम करने का इन्हें लंबा अनुभव है। पत्रकारिता में करीब 30 साल से सक्रिय परवेज अहमद प्रिंट और इलेक्ट्रोनिक मीडिया में जाना-पहचाना नाम हैं।

बेबाक, बेखौफ अंदाज और धारदार रिपोर्टिंग के लिए मशहूर **आशुतोष** फिलहाल IBN7 न्यूज चैनल के मैनेजिंग एडिटर हैं। टीवीआई और आजतक में भी इन्होंने वरिष्ठ पदों पर लंबे समय तक काम किया है। आशुतोष का प्रिंट में भी एकाधिकार रहा है। अखबारों और पत्र-पत्रिकाओं में ताजा मुद्दे पर इनके विचार छपते रहते हैं। प्रिंट और इलेक्ट्रोनिक मीडिया में आशुतोष को करीब 20 साल का अनुभव है।

प्रबल प्रताप सिंह फिलहाल IBN7 के एक्जिक्यूटिव एडिटर हैं। इन्होंने आजतक न्यूज चैनल में भी लम्बे समय तक काम किया है और टीवी के सफल रिपोर्टरों में इनकी खास पहचान रही है। अफगानिस्तान पर अमेरिका के हमले के वक्त बतौर रिपोर्टर, लड़ाई के मैदान में पहुंचने वाले ये पहले हिन्दी पत्रकार थे। प्रबल प्रताप सिंह प्रिंट और इलेक्ट्रोनिक मीडिया में करीब 18 साल से जुड़े हैं।

संदीप चौधरी IBN7 में सीनियर एंकर और बिजनेस हेड के पद पर काम कर रहे हैं। स्टार न्यूज के अलावा, विनोद दुआ जैसे वरिष्ठ पत्रकार के साथ भी इन्होंने लम्बे समय तक काम किया है। टीवी पत्रकारिता में इन्हें करीब 13 साल का अनुभव है।

अजय कुमार फिलहाल आजतक के आउटपुट हेड हैं। अजय कुमार इससे पहले स्टार न्यूज में भी काम कर चुके हैं और टीवी पत्रकारिता में इन्हें करीब 17 साल का अनुभव है।

इस किताब को पूरा करने में कुछ शुभचिन्तकों, मित्रों और सहयोगियों से भी मदद मिली है। माखनलाल चतुर्वेदी पत्रकारिता शिक्षण संस्थान के प्रोफेसर अरुण

भगत, प्रोफेसर सूर्य प्रकाश और निर्माता, निर्देशक प्रवीण अरोड़ा (आकृति, कबीर कम्युनिकेशंस) का हम आभारी हैं, जिन्होंने इस किताब को छात्रों के लिए उपयोगी बनाने में अमूल्य सुझाव दिए।

किताब को आप तक पहुंचाने में अमिय मोहन, संदीप ठाकुर (मेट्रो एडिटर) हमारा महानगर, मुकेश कुमार सिंह, सीनियर स्पेशल कॉरसपॉन्डेंट, (ZEE NEWS), आर सी शुक्ला (NEWS24), शैलेन्द्र कुमार, रवीन्द्र नाथ ठाकुर, देव प्रकाश(STAR NEWS) के अलावा, IBN7 के हरिश्चन्द्र वर्णवाल, भास्कर जुयाल, रविशंकर प्रसाद, राजू राज, पुनीत शुक्ला, शाहिद सिद्दीकी, नीरज कुमार, देव कुमार मिश्र, विश्वदीप उज्जैन, आशीष पांडे, अनूपदेव सिंह, आशीष श्रीवास्तव, दीपांकर भट्ट, अमित दुबे, कामिनी गुप्ता, रजत शैली का भरपूर सहयोग मिला। इन सभी लोगों के हम आभारी हैं।

जनवरी 2011

शैलेश
डॉ. ब्रजमोहन
दिल्ली

अध्याय-1

न्यूज और उसके आवश्यक तत्व

इंसान आज चांद से होता हुआ मंगल पर कदम रखने की तैयारी कर रहा है और उसकी खोजी आंखें बिग बैंग (महाविस्फोट) में धरती के जन्म का रहस्य तलाश रही है। दरअसल इंसान को समय के पार पहुंचाया है, उसकी जिज्ञासा ने। सब कुछ जानने की इच्छा ही जिज्ञासा है। जिज्ञासा से मन में पैदा होते हैं विचार और

विचार जब कुछ करने को प्रेरित करता है, तो जन्म होता है घटनाओं का। घटनाएं प्रत्याशित, हों या अप्रत्याशित, आम लोगों की उसमें रुचि हो, तो वो बन जाती हैं, खबर। खबरें अलग-अलग माध्यमों से भले ही लोगों तक पहुंचती हैं, लेकिन इसे

इकट्ठा करने का काम करते हैं संवाददाता यानी रिपोर्टर।

आधुनिक युग में प्रिंट मीडिया शुरू होने के बाद रिपोर्टिंग, संचार का सबसे सशक्त माध्यम बन गया है और टेलीविजन ने तो इसे परकाष्ठा पर पहुंचा दिया है। लेकिन वक्त के साथ-साथ रिपोर्टिंग के मायने भी बदले हैं। कम से कम टेलीविजन न्यूज में तो ये साफ दिख रहा है। आज जो खबर टारगेट ऑडिएंस को दिमाग में रखकर पेश की जाती है, वही बढ़िया रिपोर्टिंग कहलाती है। साथ ही अब ये भी जरूरी हो गया है कि रिपोर्ट में जो कुछ कहा जाए, वो संक्षेप में, लेकिन पूरी तरह स्पष्ट हो। न्यूज (खबर) पेश करने से पहले एक रिपोर्टर के लिए ये जानना बहुत जरूरी है कि उसे क्या करना है और अपने मिशन को कैसे पूरा करना है। इस लिए सबसे पहले जानते हैं कि **खबर या न्यूज क्या है**?

न्यूज अंग्रेजी के चार अक्षरों NEWS से बना है और साधारण भाषा में हम ये कह सकते हैं कि जो सूचनाएं NORTH, EAST, WEST और SOUTH या पूरब, पश्चिम, उत्तर और दक्षिण यानी सभी दिशाओं से आती हैं, वो न्यूज है। लेकिन इसकी भी कुछ शर्तें हैं। दरअसल न्यूज वो बात या सूचना है, जिसे जानने की लोगों में रुचि हो। सबसे अच्छी खबर वहीं है, जिसके बारे में काफी लोगों की गहरी दिलचस्पी हो।

न्यूज की ये सबसे लोकप्रिय परिभाषा है। हालांकि अंग्रेजी भाषा के जानकार इस परिभाषा से सहमत नहीं है। उनका कहना है कि बीसवीं सदी से पहले Acronym (कई शब्दों के पहले अक्षर को मिला कर नया शब्द बनाना) का चलन

नहीं था। उनके मुताबिक न्यूज दरअसल अंग्रेजी के New शब्द से बना है, क्योंकि समाचार में हमेशा नई बातों की जानकारी रहती है।

इस तरह हम कह सकते हैं कि न्यूज फैक्ट्स पर आधारित वो ताजा सूचना है, जो इंसान की जिज्ञासा को उभारता है और उसे शान्त भी करता है। वरिष्ठ पत्रकार **परवेज अहमद** कहते है कि सामान्य से अलग हटकर जो होता है, वह न्यूज है। असामान्य भी जब सामान्य हो जाए, तो वह भी खबर है। यानी नीयत समय पर बारिश होती है, तो वह खबर है, क्योंकि लोग गर्मी से तंग आकर और किसान खेतों के लिए बारिश का इंतजार कर रहे होते हैं। बारिश समय पर नहीं होती, तो वह भी खबर है।

वरिष्ठ पत्रकार **आशुतोष** का कहना है कि न्यूज का मतलब वो सूचना है, जिसे लोग जानना चाहते हैं, चाहे वो अंतरराष्ट्रीय हो या पास-पड़ोस की। उनका ये भी कहना है कि पिछले दस सालों में खबरों का स्वरूप बदला है। पहले ज्यादातर खबरें राजनीति या फिर राजनेताओं से ही बनती थीं। लेकिन अब बिजनेस हो या फिर मनोरंजन, खेल हो या लाइफ स्टाइल, इनका स्वरूप भी सार्वजनिक हो गया है और इस क्षेत्र में लिए गए फैसले भी लोगों की जिन्दगी को प्रभावित करने लगे हैं। लोग इससे जुड़ी खबरें भी जानने के लिए इंतजार करते हैं।

वरिष्ठ पत्रकार **प्रबल प्रताप सिंह** कहते हैं कि हर वो चीज न्यूज है, जिसके बारे में आम आदमी जानना चाहता है या उसे किसी न किसी तरह प्रभावित करती है। जिन नई बातों में लोगों की दिलचस्पी हो, उसे हम न्यूज या समाचार कह सकते हैं। सत्य घटना या विचार, जिसमें बहुत सारे लोगों की दिलचस्पी हो, उसे भी न्यूज कह सकते हैं।

पत्रकारिता के विद्यार्थियों को न्यूज की परिभाषा के संबंध में अक्सर एक उदाहरण पेश किया जाता है कि इंसान, कुत्ता को काट ले, तो ये खबर है, लेकिन कुत्ता किसी इंसान को काट ले, तो खबर नहीं है, क्योंकि इसमें कुछ खास या नई बात नहीं है, इस लिए लोगों की इसमें दिलचस्पी भी नहीं होती। लेकिन कुत्ते का काटना भी न्यूज हो सकता है। काटने वाला कुत्ता हो सकता है, पागल हो और उससे रेबिज बीमारी फैलने की आशंका हो। एक अच्छे रिपोर्टर को ये भी पता होना चाहिए कि कुत्ता किसका है और उसने किसको काटा है। कुत्ता किसी भी महत्वपूर्ण व्यक्ति का है, तो संभव है वो खबर बन जाए। कुत्ता किसी महत्वपूर्ण व्यक्ति को काट ले, तो वो भी खबर बन सकती है। कहीं आवारा कुत्तों का आतंक हो, तो वह भी खबर है।

वरिष्ठ पत्रकार **संदीप चौधरी** का कहना है कि रिपोर्टर को खबर और सामान्य

ज्ञान के बीच फर्क की समझ होनी चाहिए। एक शेरनी पांच बच्चों को जन्म देती है तो ये खबर नहीं, सामान्य ज्ञान है। लेकिन एक महिला पांच बच्चों को जन्म देती है, तो ये निश्चिततौर पर खबर है। उनका कहना है कि रिपोर्टर को खबर और सनसनी में भी फर्क समझना चाहिए।

न्यूज के आवश्यक तत्व- कोई घटना या सूचना न्यूज है या नहीं, इसका निर्धारण कुछ बातों पर गौर कर किया जा सकता है। आइए देखते हैं कि **न्यूज के आवश्यक तत्व** क्या हैं?

दिलचस्पी (Human Interest)- जिन बातों में इंसान की रुचि हो, वो खबर है। किसी बड़ी बात से खुशी होती है, गुस्सा आता है, मन दुखी या उदास होता है, तो ये ऐसी बातें न्यूज का हिस्सा हैं।

बड़े नाम (Prominence)- तमाम बड़े नाम खबर बनाते हैं। टीवी रिपोर्टर को हमेशा ऐसे लोगों पर नजर रखनी चाहिए। बड़ा नेता हो या कोई सेलिब्रिटी, उसकी हर गतिविधि में आम आदमी की दिलचस्पी होती है। हर कोई उसकी निजी और बाहरी जिन्दगी के बारे में जानना चाहता है, इसलिए ऐसे लोगों का हर काम खबर के दायरे में आता है।

रहस्य-रोमांच (Mystery, Suspense, Adventure)- कोई भी ऐसा काम, जो लोगों को रोमांचित करे या उनका ध्यान अपनी तरफ खींचे, खबर के दायरे में आता है।

अशांति-हिंसा (Conflict)- लड़ाई-झगड़े, दंगा-फसाद जैसी घटनाओं में हर किसी की दिलचस्पी होती है। भले ही ऐसी घटनाओं से उन पर कोई असर नहीं

पड़ता हो, फिर भी लोग ऐसी बातों को विस्तार से जानना चाहते हैं।

नजदीकी रिश्ता, निकटता (proximity)- इंसान के इर्द-गिर्द होने वाली घटनाएं, उसे ज्यादा प्रभावित करती हैं। अपने गांव-शहर की घटनाओं को कोई भी ज्यादा गहराई से जानना चाहता है, वहीं ऐसी घटनाओं में उसकी दिलचस्पी कम होती है, जिन जगहों के बारे में उसे जानकारी नहीं होती या जहां के लोगों को वो नहीं जानता। उदाहरण के लिए अपने शहर में छोटी से छोटी वारदात वहां के लोगों के लिए चर्चा का विषय हो सकती है, जबकि दूरदराज के अनजान इलाके की बड़ी वारदात भी शायद उन्हें नहीं चौंकाए।

असामान्य, अनोखी बातें (Odd and Unusual)-अनोखी, विचित्र, बातें भी खबर बनती हैं, क्योंकि हर कोई ऐसी खबरों को खूब मजे के साथ देखना चाहता है। हास्य-व्यंग्य, मनोरंजन से जुड़ी बातों में भी लोगों की दिलचस्पी होती है।

हादसा (Accident)-कोई भी बड़ा हादसा टीवी न्यूज का अहम हिस्सा है। किसी हादसे के बाद लोगों के दिमाग में सवाल उठता है कि दुर्घटना कैसे हुई, जानमाल का कितना नुकसान हुआ, हादसे में कितने लोगों की मौत हुई, क्या किसी की जान बची, हादसे के शिकार कौन लोग थे, कहां के रहने वाले थे। हादसे की वजह क्या थी। ये सब कुछ ऐसी बातें हैं, जिसके बारे में हर इंसान जानना चाहता है और ऐसी घटनाओं के विजुअल लोगों को टीवी से बांधकर रख सकते हैं।

सामयिकता (Timeliness)-किसी भी न्यूज में समय काफी अहमियत रखता है। कोई भी घटना जो तुरन्त घटी हो, उसमें लोगों की ज्यादा दिलचस्पी होती है, पुरानी खबरें, दर्शकों पर अपना पूरा प्रभाव नहीं छोड़ पातीं। यानी न्यूज भी पुरानी या दूसरे शब्दों में कहें तो बासी हो सकती है। टीवी रिपोर्टर को इस बात का ख्याल रखना चाहिए कि हर खबर की एक उम्र होती है और इसके खत्म होने के साथ ही उस खबर की अहमियत भी खत्म हो जाती है। इसलिए जरूरी है कि खबर जल्द से जल्द दर्शकों तक पहुंचा दी जाए।

नवीनता (Novelty)-लोग हमेशा नई बातों को जानना चाहते हैं, इसलिए हर नई बात उनके लिए खबर है। रिपोर्टर के लिए न्यूज के सार्वजनिक महत्व को भी समझना जरूरी है। कई बार एक खबर लगातार कई दिनों तक सुर्खियों में रहती है और रोज उसमें नए तथ्य जुड़ते जाते हैं। ऐसी घटनाओं का फॉलोअप भी न्यूज का अहम तत्व है।

अध्याय-2

टीवी रिपोर्टिंग

पत्रकारिता में टीवी रिपोर्टिंग आज सबसे तेज, लेकिन कठिन और चुनौती भरा काम है। अखबार या संचार के दूसरे माध्यमों की तरह टीवी रिपोर्टिंग आसान नहीं। टेलीविजन के रिपोर्टर को अपनी एक रिपोर्ट फाइल करने के लिए लम्बी मशक्कत करनी पड़ती है। रिपोर्टिंग के लिए निकलते वक्त उसके साथ होता है

कैमरामैन, जो फील्ड में घटना के विजुअल और लोगों की प्रतिक्रियाएं शूट करता है। जबरदस्त कम्पिटिशन के इस दौर में टीवी रिपोर्टर के लिए आज सबसे बड़ी चुनौती है कि वो सबसे पहले अपने चैनल में न्यूज ब्रेक करे। इसके लिए उसके पास ओबी वैन या फ्लाई-वे जैसी सुविधाएं मौजूद होती हैं। इनकी अनुपस्थिति में

उसे एफ.टी.पी. या टू. एम. बी. की मदद से विजुअल और खबरें भेजनी पड़ती हैं। टीवी रिपोर्टर का काम यहीं खत्म नहीं हो जाता। दफ्तर लौटकर उसे बाइट और विजुअल फिर से देखने पड़ते हैं, फिर पूरी कहानी सिलसिलेवार तरीके से लिखनी पड़ती है।

रिपोर्टर को ग्राफिक्स की मदद भी लेनी पड़ती है। उसे ग्राफिक्स की मदद से स्टोरी में शामिल व्यक्तियों के नाम, पद, नक्शा, लोकेशन या स्टोरी का कुछ हिस्सा टेक्स्ट के तौर पर लिखकर दिखाना होता है। इसके बाद प्रोड्यूसर उसकी स्क्रिप्ट चेक करता है। फिर कहानी के मुताबिक रिपार्टर घटना के विजुअल, साउंड खुद रफ एडिट करता है और इसके बाद फाइनल एडिटिंग के लिए वीटी एडिटर के पास जाता है। वीटी एडिटर स्क्रिप्ट के मुताबिक विजुअल को फाइनल एडिट करता है, स्टोरी के लिए वॉइस ओवर रिकॉर्ड करता है, उसका साउंड लेवल चेक करता है। तब जाकर स्टोरी तैयार होती है।

इसके बाद रिपोर्टर की स्टोरी रनडाउन से गुजरते हुए स्टूडियो तक पहुंचती है, जहां स्टूडियो डायरेक्टर, विजन मिक्सर और साउंड इंजीनियर स्टोरी के ऑडियो-विजुअल की क्वालिटी को टेलीकास्ट के अनुरूप नियंत्रित करते हैं। फिर स्टोरी ऑन एयर होकर टेलीविजन के जरिए घरों में पहुंचती है। इतनी लंबी प्रक्रिया के बाद एक रिपोर्टर की खबर दर्शकों तक पहुंचती है। यानी डेढ़ या दो मिनट की स्टोरी को तैयार करने के लिए न्यूज रूम में मीडियाकर्मियों की एक पूरी फौज जुटी होती है और एक पूरी रिपोर्ट तैयार करने में घंटों वक्त लग सकता है।

इन सबमें सबसे बड़ी बात है कि टेलीविजन का रिपोर्टर, घटना की वास्तविक तस्वीर पेश करने वाले विजुअल के पीछे भागता है। ये काम अखबार या दूसरे माध्यम के रिपोर्टर नहीं करते। खबर पहुंचाने के मामले में टेलीविजन, अखबार से ज्यादा तेज माध्यम है, इसलिए टीवी रिपोर्टर के पास अखबार के रिपोर्टरों की तरह ज्यादा वक्त नहीं होता। अखबार में जो खबर दूसरे दिन सुबह पढ़ने को मिलेगी, वही खबर टेलीविजन पर लोगों को लाइव भी देखने को मिल सकती है। लेकिन ये सब तभी मुमकिन है, जब टीवी रिपोर्टर तेजतर्रार हो। सबसे बड़ी बात ये है कि अखबार का रिपोर्टर दिनभर में एक बार छपने वाले अखबार के लिए काम करता है, इसलिए ज्यादातर घटनाओं में उसके पास वक्त ही वक्त होता है, लेकिन टेलीविजन में ऐसी बात नहीं है। टीवी का जो रिपोर्टर, जितनी जल्द खबरें लेकर आएगा, वो अपने पेशे में उतना ही सफल माना जाएगा।

विजुअल/स्क्रिप्ट की अहमियत

टीवी न्यूज ऑडियो-विजुअल माध्यम है, इसलिए किसी स्टोरी को कवर करते वक्त

टीवी रिपोर्टर के लिए निहायत जरूरी है कि वो ऑडियो और विजुअल, दोनों पक्षों में अपनी खबर को संतुलित रखे। यानी विजुअल स्टोरी के साथ न्याय करते हुए तो होने ही चाहिए और एक स्टोरी में जितने पक्ष हों, उन सभी को अपनी बात कहने का भी पूरा मौका मिले। दर्शक को ऐसा नहीं लगना चाहिए कि रिपोर्टर किसी का पक्ष ले रहा है। टीवी न्यूज की एक स्टोरी के लिए घटनास्थल की तमाम गतिविधियां कैमरे में कैद करने के अलावा बैलेंस स्टोरी बनाने के लिए पक्ष-विपक्ष के बयान और अधिकारियों या पुलिस का पक्ष भी शामिल करना जरूरी है। इन तमाम चीजों के लिए मुमकिन है कि रिपोर्टर को अलग-अलग जगहों पर जाना पड़े और उनकी बात रिकॉर्ड करने (बाइट लेने) के अलावा उसे स्टोरी से जुड़े अन्य विजुअल भी कैमरामैन से शूट कराना पड़े।

दर्शक अक्सर अच्छी और दिलचस्प चीजों को देखने के लिए अपने टीवी पर चैनल सर्च करता रहता है। स्टोरी ऐसी होनी चाहिए कि टीवी पर चैनल सर्च के दौरान उसकी एक झलक देखकर ही दर्शक ठहर जाए। ये अच्छा विजुअल हो

सकता है, अच्छी स्क्रिप्ट हो सकती है, अच्छा वीओ या ग्राफिक्स, कुछ भी हो सकता है। इसके लिए जरूरी है कि स्टोरी बनाने का काम टीम भावना से किया गया हो। इसमें कैमरामैन, वीटी एडिटर, कॉपी डेस्क, वीओ, एंकर और प्रोड्यूसर सभी की अहम भूमिका होती है। लेकिन रिपोर्टर को हमेशा याद रखना चाहिए कि स्टोरी बनाने में भले ही कितने लोगों की भूमिका हो, स्टोरी टेलीकास्ट होगी उसके

नाम से ही और इसके अच्छे, बुरे का क्रेडिट भी उसे ही मिलेगा।

टेलीविजन पत्रकारिता में विजुअल की ज्यादा अहमियत है। इसलिए टेलीविजन के रिपोर्टर को दूसरे माध्यम के रिपोर्टरों से ज्यादा काम तो करना ही पड़ता है, साथ ही तेजी से काम करना पड़ता है। उदाहरण के लिए शहर में कहीं आगजनी या बड़ी वारदात हो जाए, तो टीवी रिपोर्टर को अखबार या रेडियो के रिपोर्टर से कहीं ज्यादा तेजी से घटनास्थल पर पहुंचना होगा। क्योंकि घटना का ब्यौरा तो सूत्र के जरिए भी मिल सकता है, लेकिन विजुअल के लिए तो सही वक्त पर मौके पर होना निहायत जरूरी है।

टेलीविजन एक ऐसा माध्यम है, जो विजुअल के जरिए घटना की असली तस्वीर सीधे दर्शकों तक पहुंचाता है। कोई क्या कह रहा है, आमतौर पर लोगों की इससे ज्यादा दिलचस्पी घटना की तस्वीरों में होती है। एक सर्वे के मुताबिक दस सेकेण्ड के बाद ही टीवी देखने वाले दर्शक का ध्यान ऑडियो से हटकर विजुअल पर केंद्रित हो जाता है। खास बात ये है कि कोई घटना जिस रूप में घटती है, दर्शक उसे, उसी रूप में देखना पसन्द करता है।

लेकिन केवल विजुअल से ही खबर पूरी नहीं हो जाती। टीवी रिपोर्टर से उम्मीद की जाती है कि वो अच्छी स्क्रिप्ट भी लिखे। इसलिए उसे विजुअल के साथ शब्दों के इस्तेमाल की क्षमता भी विकसित करनी पड़ती है। अक्सर ऐसा होता है कि रिपोर्टर जब अपनी खबर के लिए कहानी लिखनी शुरू करता है, तो विजुअल से मैच करते शब्द उसके दिमाग में जल्द नहीं आते और स्टोरी आगे बढ़ाने में बड़ी मुश्किल होती है। इसलिए बेहतर है कि सफल रिपोर्टर बनने की लालसा रखने वाले छात्र को पढ़ाई के दौरान ही विजुअल के मुताबिक लिखने की क्षमता बढ़ाने की कोशिश करनी चाहिए। इसके अलावा टीवी रिपोर्टर को सोचने की क्षमता भी विकसित करनी चाहिए। इससे उसे तुरन्त फैसला लेने में मदद मिलेगी।

टीवी रिपोर्टर को एक स्टोरी बनाने में इस्तेमाल होने वाली तकनीक की भी पूरी जानकारी होनी चाहिए। उसे पूरे आत्मविश्वास के साथ कैमरा फेस करना चाहिए और जब वो पीटीसी (पीस टू कैमरा) कर रहा हो, तो इस बात का खास ध्यान रखना चाहिए कि वो जो कुछ बोल रहा है, पूरे आत्मविश्वास के साथ बोल रहा है। इससे लोगों में उसकी क्रेडिबिलिटी बढ़ेगी। दर्शक उसकी बातों पर भरोसा करेंगे।

रिपोर्टिंग क्या है?

टीवी रिपोर्टिंग दरअसल एक पूरा पैकेज है, जिसमें रिपोर्टर की समझ, उसकी भाषा कहानी कहने की उसकी कला, उसकी आवाज, सब मिलकर उसकी काबिलियत

साबित करती है। टीवी रिपोर्टर की असली पहचान उसकी रिपोर्टिंग क्षमता से ही होती है। जो रिपोर्टर खबरों को खोज निकालने में जितना माहिर होगा, वो मीडिया के क्षेत्र में उतना ही सफल रहेगा और रिपोर्टरों की भीड़ में अपनी अलग पहचान बना पाएगा। मीडिया की चकाचौंध को देखकर पत्रकारिता के हर विद्यार्थी की पहली ख्वाहिश रिपोर्टर बनने की ही होती है। इसलिए सबसे पहले ये जान लेना जरूरी है कि रिपोर्टिंग आखिर है क्या।

रिपोर्टिंग बहुत ही परिचित और आम शब्द है, लेकिन जर्नलिज्म के छात्रों के लिए जरूरी है कि वो इसका सही मतलब समझें। रिपोर्टिंग का सीधा सा अर्थ है समाचारों का संग्रह और उसकी डिलेवरी। जो बात कही-सुनी या देखी गई हो, उसे सूचना के अंदाज में दर्शकों, पाठकों, आम लोगों तक पहुंचाना ही रिपोर्टिंग है।

टीवी रिपोर्टिंग का आधारभूत सिद्धांत भी यही है, लेकिन संचार के दूसरे माध्यम की तुलना में इसमें थोड़ा ज्यादा काम करना पड़ता है। घटनास्थल पर जाकर घटना का विजुअल सहित सही ब्यौरा लेना और उसे निर्धारित न्यूज फॉर्मेट में सिलसिलेवार तरीके से लिखकर या बोलकर विजुअल और ग्राफिक्स टेक्स्ट की मदद से टीवी के जरिए दर्शकों तक पहुंचाना ही सही मायने में टीवी रिपोर्टिंग है।

दरअसल रिपोर्टिंग कोई नई कला नहीं है और धरती पर सभ्यता की शुरुआत से ही इंसान इस कला में माहिर है। ईव और आदम के प्यार की कहानी सब जानते हैं। लेकिन ये दोनों दुनिया के पहले रिपोर्टर भी थे, इस बात पर कम लोगों

ने ही गौर किया है। ईव ने जब आदम से कहा होगा कि उसने पेड़ से सेब तोड़ कर खा लिया है, तो ये भी एक तरह की रिपोर्टिंग ही थी। हिन्दू पुरातन कथाओं में तो लाइव रिपोर्टिंग तक के प्रमाण मिलते हैं। जब महाभारत की लड़ाई चल रही थी, तो संजय ने कौरवों के राजा धृतराष्ट्र को इस लड़ाई का आंखों देखा हाल सुनाया था। संजय ने लड़ाई की एक-एक घटना को विस्तार से बताया था, ठीक उसी तरह, जैसा आजकल टेलीविजन में रिपोर्टर लाइव के जरिए किसी घटना से दर्शकों को रू-ब-रू कराते हैं।

टेलीविजन के वरिष्ठ पत्रकार **परवेज अहमद** रिपोर्टिंग की व्याख्या कुछ इस तरह करते हैं। उनका कहना है कि दरअसल बच्चा जन्म से ही अपने साथ दो प्रतिभाएं लाता है। एक अभिनय और दूसरी पत्रकारिता। यानी जब बच्चा मां के पास रहता है, तो शाम को पिता के आते ही, वह पिता के सामने दिनभर की रिपोर्टिंग करता है। जब पिता के साथ होता है, तो सब कुछ मां को बताता है। जब वह घर से बाहर निकलता है, तो घर की खबरें, दोस्तों को सुनाता है और घर आकर मुहल्ले की सारी बातें माता-पिता को बताता है। बच्चों की बातों में हर तरह की खबरें होती हैं, सनसनीखेज, अपराध, खेल, रोमांच, यहां तक की खोजी खबरें भी होती हैं।

तो सही अर्थों में रिपोर्टिंग का मतलब है, सन्देशों का आदान-प्रदान और इंसान हर युग में इस माध्यम का इस्तेमाल किसी न किसी रूप में करता रहा है।

अध्याय-3

टीवी रिपोर्टर

न्यूज को घटनास्थल से इकट्ठा करने का काम संवाददाता (रिपोर्टर) करता है। हर न्यूज ऑर्गेनाइजेशन में रिपोर्टरों की फौज होती है और अनुभव के आधार पर उनके पद और काम तय होते हैं। टेलीविजन न्यूज ऑर्गेनाइजेशन में भी सीनियरिटी के आधार पर रिपोर्टर के कई पद होते हैं।

ट्रेनी रिपोर्टर-जर्नलिज्म की पढ़ाई पूरी करने के बाद एक छात्र किसी न्यूज चैनल में ट्रेनी रिपोर्टर के तौर पर अपना करियर शुरू करता है। ट्रेनी रिपोर्टर को

आमतौर पर कोई बड़ा काम नहीं सौंपा जाता, उसे जनरल विजुअल शूट कराने,

किसी की बाइट लाने या सीनियर रिपोर्टरों की स्टोरी एडिट कराने जैसी जिम्मेदारी दी जाती है, जिनके माध्यम से वो धीरे-धीरे अपने काम में माहिर होता जाता है। यहां पर गौर करने वाली बात ये है कि तेज-तर्रार व्यक्तित्व वाला ट्रेनी रिपोर्टर मेहनत, लगन और बढ़िया काम से इसी दौर में अपनी खास छवि बनाता है और ऐसे रिपोर्टरों के लिए जल्द ही तरक्की के रास्ते खुल जाते हैं। इस दौरान उसकी मेहनत, काम के प्रति लगन, उसका भविष्य तय करने में अहम भूमिका निभाते हैं। ट्रेनी के पद पर किसी भी रिपोर्टर को करीब एक साल तक काम करना पड़ता है और सीनियर इस दौरान उसके काम का मूल्यांकन करते हैं।

रिपोर्टर-अच्छे काम के आधार पर ट्रेनी को रिपोर्टर के पद पर तरक्की दी जाती है और रिपोर्टर को अपनी असली पहचान बनाने का यही सही वक्त भी होता है। इस दौरान न्यूज कवर करने के लिए लोकल या शहर के स्तर पर उसे अलग-अलग विभाग (बीट) सौंपे जाते हैं। इसकी वजह से एक तरफ जहां हर क्षेत्र में उसकी जानकारी बढ़ती है, वहीं अलग-अलग क्षेत्र के लोगों से मिलने और उनसे परिचय बढ़ाने का मौका भी मिलता है। साथ ही खबरों के जरिए दर्शकों में भी उसकी पैठ बनती है।

टेलीविजन स्क्रीन पर बार-बार रिपोर्टर का चेहरा देख दर्शक भी उसे पहचानने लगता है। इस दौरान ईमानदारी से की गई मेहनत, दर्शकों में रिपोर्टर की विश्वसनीयता बढ़ाती है और यही वो दौर है, जब एक रिपोर्टर अपने फील्ड के सैकड़ों लोगों के साथ-साथ टीवी के जरिए लाखों दर्शकों से भी दोस्ताना रिश्ते बनाता है। आमतौर पर यही वक्त होता है, जब एक रिपोर्टर किसी खास विषय या विभाग में दक्षता हासिल करता है और अनुभव के आधार पर बाद में उस क्षेत्र (बीट) का वो एक्सपर्ट बन जाता है। रिपोर्टर के तौर पर एक पत्रकार को करीब दो साल तक काम करना पड़ता है और काम के मूल्यांकन के आधार पर उसकी अगली पदोन्नति **कॉरसपॉन्डेंट** के पद पर होती है।

कॉरसपॉन्डेंट-कॉरसपॉन्डेंट का काम रिपोर्टर से ज्यादा अलग नहीं होता। रिपोर्टर की तरह ही कॉरसपॉन्डेंट को भी फील्ड में जाना पड़ता है और रोज-रोज खबरें खोजने की जद्दोजहद करनी पड़ती है। लेकिन किसी भी न्यूज ऑर्गेनाइजेशन में कॉरसापॉन्डेंट की अहमियत एक रिपोर्टर से ज्यादा होती है। काम के मूल्यांकन के आधार पर कॉरसपॉन्डेंट को तरक्की देकर **सीनियर कॉरसपॉन्डेंट** बना दिया जाता है।

सीनियर कॉरसपॉन्डेंट-सीनियर कॉरसपॉन्डेंट और कॉरसपॉन्डेंट के काम एक

ही तरह के होते हैं, लेकिन सीनियर कॉरसपॉन्डेंट बनने के बाद रिपोर्टर की सीनियरिटी और वेतन में इजाफा हो जाता है। सीनियर कॉरसपॉन्डेंट बना दिए जाने के बाद एक रिपोर्टर के तौर पर, काम का दायित्व और बढ़ जाता है।

प्रिंसिपल कॉरसपॉन्डेंट-टीवी न्यूज ऑर्गेनाइजेशन में प्रिंसिपल कॉरसपॉन्डेंट के तौर पर एक रिपोर्टर को खबरें तो खोजनी पड़ती है, लेकिन रुटिन (लोकल) खबरों से उसका नाता करीब-करीब खत्म हो जाता है और अपेक्षा की जाती है कि वो अपने बीट की खास खबरों पर ही ज्यादा ध्यान दे और दर्शकों को चौंकाने वाली खबरें पेश करे। प्रिंसिपल कॉरसपॉन्डेंट बनने के बाद रिपोर्टर की प्रतिष्ठा में काफी इजाफा हो जाता है। न्यूज ऑर्गेनाइजेशन में तो उसका कद ऊंचा होता ही है, फील्ड में भी उसकी अहमियत बढ़ जाती है। प्रिंसिपल कॉरसपॉन्डेंट ही अखबारों में चीफ रिपोर्टर बनाए जाते हैं। चीफ रिपोर्टर अपने नीचे रिपोर्टरों की एक फौज की कमान संभालता है। वो रिपोर्टर को रोज-रोज का काम बांटता है और उनके काम की निगरानी करता है। टीवी न्यूज में चीफ रिपोर्टर का पद नहीं होता।

स्पेशल कॉरसपॉन्डेंट-स्पेशल कॉरसपॉन्डेंट या विशेष संवाददाता, किसी भी टीवी न्यूज ऑर्गेनाइजेशन में खास-खास खबरें ही कवर करता है। दरअसल पत्रकारिता के करियर में ये वो पद है, जहां पहुंचने की हर पत्रकार तमन्ना रखता है। स्पेशल कॉरसपॉन्डेंट होता तो एक रिपोर्टर ही है, लेकिन वो सिर्फ बड़ी खबरें ही कवर करता है। इस पद पर आने के बाद उसे विशेष जिम्मेदारी ही सौंपी जाती है। न्यूज ऑर्गेनाइजेशन में उसका इस्तेमाल एक्सपर्ट के तौर पर होने लगता है और गम्भीर मुद्दों पर उसकी राय को चैनल विशेषतौर पर पेश करने लगता है। राष्ट्रपति, प्रधानमंत्री, मुख्यमंत्री और सरकार के विभिन्न विभागों को स्पेशल कॉरसपॉन्डेंट ही कवर करता है।

सामान्य रिपोर्टर की तुलना में स्पेशल कॉरसपॉन्डेंट का काम बहुत ज्यादा कठिन है। उसकी जिम्मेदारियां भी ज्यादा हैं। स्पेशल कॉरसपॉन्डेंट के तौर पर काम करने वाले पत्रकार से अपेक्षा की जाती है कि उसे ईमानदार होना चाहिए और साहसी भी, ताकि कोई दबाव देकर उससे गलत काम नहीं करा पाए। उसे बातचीत की कला में माहिर होना चाहिए और अलग-अलग क्षेत्र के लोगों से भी उसका व्यापक संपर्क होना चाहिए। सरकारी अफसरों, सत्ता और विरोधी दल के नेताओं में उसकी खासी पैठ होनी चाहिए और इनके माध्यम से वो भीतर की खबरें निकालने की क्षमता भी रखता हो। उसका व्यक्तित्व दूसरों को प्रभावित करने वाला होना चाहिए। उसे दूसरों के व्यक्तित्व से प्रभावित नहीं होना चाहिए और न

ही उसके कामकाज पर दूसरे के व्यक्तित्व का प्रभाव दिखना चाहिए। स्पेशल कॉरसपॉन्डेंट के व्यवहार में गंभीरता झलकनी चाहिए, ऑफ द रिकॉर्ड कही गई बातें बड़बोलेपन में कभी सार्वजनिक नहीं करनी चाहिए। अंग्रेजी भाषा पर भी उसकी पकड़ मजबूत होनी चाहिए, भले ही वो काम किसी भी दूसरी भाषा के चैनल के लिए कर रहा हो।

विशेष प्रतिनिधि-स्पेशल कॉरसपॉन्डेंट स्तर के रिपोर्टर कहीं-कहीं विशेष प्रतिनिधि के तौर पर भी काम करते हैं। विशेष प्रतिनिधि, मुख्यालय से दूर राजधानी में नियुक्त किए जाते हैं। टेलीविजन में विशेष प्रतिनिधि रखने का चलन नहीं है, लेकिन बड़े अखबारों में ये पद आज भी बरकरार हैं।

फॉरेन कॉरसपॉन्डेंट-स्पेशल कॉरसपॉन्डेंट ही आम तौर पर फॉरेन कॉरसपॉन्डेंट के तौर पर काम करते हैं। न्यूज ऑर्गेनाइजेशन खास-खास देशों में अपने प्रतिनिधि रखते हैं। इनका काम उस देश की राजनीतिक, सांस्कृतिक गतिविधियों पर नजर रखना है। फॉरेन कॉरसपॉन्डेंट उस देश में रहने वाले अपने मूल के लोगों की समस्याओं पर भी नजर रखता है और खबरों के जरिए उनका सम्पर्क अपने देश से बनाए रखता है।

वॉर रिपोर्टर-युद्ध के समय स्पेशल कॉरसपॉन्डेंट, वॉर रिपोर्टर के तौर पर भी काम करता है। प्रबल प्रताप सिंह ने अफगानिस्तान युद्ध के समय और बरखा दत्त

ने कारगिल युद्ध के दौरान जिस हिम्मत और जज्बे के साथ लड़ाई के मोर्चे से दर्शकों तक लाइव खबरें पहुंचाई, वो भारतीय टेलीविजन के इतिहास में एक

मिसाल है।

स्ट्रिंगर-इन सब के अलावा रिपोर्टर के एक और पद का यहां जिक्र कर देना जरूरी है, वो है स्ट्रिंगर। स्ट्रिंगर छोटे शहरों और कस्बों के वो रिपोर्टर हैं, जिन्हें कॉन्ट्रेक्ट पर रखा जाता है। यानी काम के लिए इन्हें वेतन नहीं दिया जाता, बल्कि खबरों के एवज में इन्हें एक मुश्त पैसे दिए जाते हैं। ये न्यूज ऑर्गेनाइजेशन के कर्मचारी नहीं होते। सूचना तकनीकी यानी इन्फॉर्मेशन टेक्नोलॉजी की क्रान्ति ने टेलीविजन चैनलों में स्ट्रिंगर के महत्व को जबरदस्त बना दिया है। आज सस्ते डिजिटल कैमरे उपलब्ध हैं और ब्रॉड बैंड का जाल गांव-गांव तक पहुंच रहा है। ऐसे में दूरदराज क्षेत्र के पत्रकार बड़ी आसानी से विजुअल शूट कर उसे एफटीपी के जरिए न्यूज सेंटर को भेज सकते हैं। चूंकि छोटे शहरों में नियमित रिपोर्टर नहीं रखे जा सकते, इसलिए न्यूज चैनल ऐसी जगहों पर स्ट्रिंगर ही रखते हैं और बड़े न्यूज चैनलों के स्ट्रिंगर हर महीने पचास हजार रुपये तक कमा लेते हैं। कुछ न्यूज चैनल तो नियमित रिपोर्टर की जगह स्ट्रिंगर पर ही निर्भर हैं।

जाहिर है स्ट्रिंगर के रूप में पत्रकारों के लिए एक नई दुनिया खुल गई है। ऐसे पत्रकार जो अपने पारिवारिक दायित्वों की वजह से अपने जिले से बाहर नहीं जाना चाहते या फिर नियमित नौकरी में नहीं फंसना चाहते, उनके लिए स्ट्रिंगर का काम आदर्श है। वो किसी न्यूज चैनल के साथ-साथ अखबार के लिए भी काम कर सकते हैं। आने वाले दिनों में स्ट्रिंगर का महत्व और बढ़ेगा।

अच्छे रिपोर्टर के गुण

टीवी जर्नलिज्म का हर विद्यार्थी चाहता है कि वो टेलीविजन की चमक-दमक का हिस्सा बने और देश-दुनिया के लोगों में उसकी व्यक्तिगततौर पर पहचान बने। ऐसी इच्छा रखने में कोई बुराई नहीं है, लेकिन खबरों की दुनिया का स्टार बनने के लिए सबसे पहली शर्त है लगन और लगतार कठिन मेहनत। ये दो ऐसे सच हैं, जिन पर जीत हासिल कर ही कोई विद्यार्थी कामयाबी की मंजिल पर पहुंच सकता है। टीवी रिपोर्टिंग ऐसा काम है, जिसमें लगन के अलावा इमेजिनेशन भी जरूरी है और ये गुण लगातार अभ्यास से ही विकसित हो सकते हैं। कुछ मूलमंत्र हैं, जिन पर गौर कर कोई भी विद्यार्थी कामयाब टीवी रिपोर्टर बन सकता है।

आशुतोष कहते हैं कि जो रिपोर्टर अपना दिमाग खुला रखेगा और खबर की तह में जाने की इच्छा रखेगा, वही अच्छा रिपोर्टर बन सकता है।

परवेज अहमद के मुताबिक एक अच्छे रिपोर्टर को अपने फील्ड के बारे में पूरी जानकारी होनी चाहिए। अपने बीट से जुड़े लोगों से उसका रोजमर्रा का संपर्क

होना चाहिए। उसे अपने आप पर इतना नियंत्रण होना चाहिए कि वो भावनाओं में न बहे और खबरों को तथ्यों की छननी से छाने। परवेज कहते हैं कि जब

रिपोर्टर समझ जाता है कि उसे क्या नहीं लिखना चाहिए और क्या नहीं बोलना चाहिए तो वो अच्छा रिपोर्टर बन जाता है।

प्रबल प्रताप सिंह के मुताबिक अपनी बीट पर लगातार घूमना, उससे जुड़ी जानकारियां हासिल करते रहना, अच्छे रिपोर्टर की पहली ड्यूटी है। अच्छा रिपोर्टर सबसे पहले जो कुछ करेगा, वो अपने दर्शकों के लिए ही करेगा। उसका दर्शक जो चाहता है, रिपोर्टर के प्रयास भी उसी दिशा में होने चाहिए। अच्छा रिपोर्टर वो है, जो इस बात का ध्यान रखता है कि उसने अब तक जो कुछ किया है, वो कम है और वो आगे ज्यादा हासिल करने की कोशिश जारी रखता है।

अच्छा रिपोर्टर बनने के लिए रिपोर्टर को, खबरों को लेकर सकारात्मक होना चाहिए। सच्चाई और निष्पक्षता से उसे समझौता नहीं करना चाहिए। रिपोर्टर को तार्किक होना चाहिए और उसे खबरों का विश्लेषण, भावनाओं के आधार पर कभी नहीं करना चाहिए। रिपोर्टर में हर चीज को जानने की इच्छा होनी चाहिए। उसे हर चीज का मूल्यांकन व्यावहारिक तरीके से करना चाहिए। रिपोर्टर को कोई भी खबर तब तक अपने दर्शकों तक नहीं पहुंचाना चाहिए, जब तक खबरों से जुड़े नकारात्मक (नेगेटिव) सवालों का पूरी तरह जवाब नहीं मिल जाए। रिपोर्टर को हर घटना पर शक करना चाहिए। इसका मतलब ये है कि जो कुछ सामने दिखाई दे रहा हो, उसे ही अंतिम सत्य नहीं मान लेना चाहिए। उसे सवाल उठाने चाहिए-

—जो भी घटना है, वो क्यों घटी?

—उसके पीछे किसका हाथ हो सकता है?

—उसका मकसद क्या हो सकता है?

ऐसे सवाल बहुत जरूरी हैं और घटनास्थल पर ज्यादा से ज्यादा लोगों से बात कर और पुलिस या अधिकारियों के सामने सवाल रख कर रिपोर्टर घटना की गहराई तक पहुंच सकता है और सच्चाई को सामने ला सकता है। किसी भी रिपोर्टर को खबरों की सच्चाई के साथ कभी भी समझौता नहीं करना चाहिए। खबर देने से पहले उसकी सच्चाई की पुष्टि जरूर कर लेनी चाहिए। रिपोर्टर को निष्पक्ष होना चाहिए। अपनी खबरों में उसे सभी पक्षों को जगह देनी चाहिए।

रिपोर्टर को सही समाचार, तुरन्त इकट्ठा करने में माहिर होना चाहिए, उसे न्यूज खोज निकालने का गुण खुद में विकसित करना चाहिए। किसी घटना में न्यूज है या नहीं, रिपोर्टर को इसकी समझ होनी चाहिए। उसे किसी बात की छानबीन से परहेज नहीं करना चाहिए और हर स्तर के लोगों से खुलकर पूछताछ करनी चाहिए। रिपोर्टर जिन लोगों के बीच काम करता हो, उनके प्रति दायित्व का पूरा ज्ञान भी उसके लिए जरूरी है। हर खबर लिखने से पहले उसे ये जरूर ख्याल रखना चाहिए कि वो, जो कुछ बताने जा रहा है, उसका समाज या लोगों पर क्या असर होगा। उस खबर को लेकर क्या कोई विवाद हो सकता है और किस तरह के कानूनी पचड़े झेलने पड़ सकते हैं।

अच्छे रिपोर्टर का तेज-तर्रार होना भी जरूरी है। आसपास जो घटनाएं हो रही हों, उसे पकड़ने की क्षमता रिपोर्टर में होनी चाहिए। टेलीविजन का अच्छा रिपोर्टर वही बन सकता है, जिसे अपने टारगेट दर्शकों के बारे में पूरी तरह जानकारी हो। रिपोर्टर को पता होना चाहिए कि वो जिस स्टोरी को कवर कर रहा है, उसे देखने में समाज के किस तबके की रुचि ज्यादा हो सकती है।

रिपोर्टर को मूक दर्शक बनकर भी नहीं रहना चाहिए। उसे किसी ऐसी बात का पता चलता है, जिससे समाज का नुकसान हो सकता है, तो तुरन्त ऐसी साजिश या भ्रष्टाचार का भंडाफोड़ करना चाहिए। सामाजिक जागरूकता, लोगों के बीच पैठ और हर खबर से जुड़े इतिहास की जानकारी रखना, रिपोर्टर के लिए जरूरी है।

अच्छे रिपोर्टर को हर दिन नियमित रूप से अखबार जरूर पढ़ना चाहिए। अखबार आज भी न्यूज का सबसे बड़ा स्रोत है और इसमें छपी छोटी खबर बड़े स्कूप का स्रोत बन सकती है। रिपोर्टर को पीटीआई, भाषा या दूसरी समाचार एजेंसियों से मिलने वाली छोटी-छोटी खबरों पर भी नजर रखनी चाहिए।

इसके अलावा भाषा पर रिपोर्टर की पकड़ मजबूत होनी चाहिए। उसकी भाषा सरल और संयमित होनी चाहिए। शब्द ऐसे हों, जिसे ज्यादतर लोग समझ सकें। स्टोरी की भाषा और उसे कहने का अंदाज भी ऐसा होना चाहिए कि ज्यादा से ज्यादा लोग न केवल खबर समझ सकें, बल्कि खबर देने वाले रिपोर्टर पर भरोसा भी कर सकें। उसकी भाषा भड़काऊ और सनसनी फैलाने वाली नहीं होनी चाहिए। उसे इस बात का ख्याल रखना चाहिए कि स्क्रिप्ट में कोई बात दोहराई न गई हो। उसकी लिखी स्क्रिप्ट सटीक (टाइट) होनी चाहिए। हर विषय का सही ज्ञान रिपोर्टर को उसके प्रोफेशन में काफी मदद करता है। रिपोर्टर का सामान्य ज्ञान अपडेट रहना चाहिए।

रिपोर्टर में हर दिन लम्बे समय तक काम करने की ताकत होनी चाहिए। सरकारी दफ्तर के बाबू की तरह टीवी रिपोर्टर का काम निर्धारित समय के लिए नहीं होता। उसे हर दिन अमूमन सुबह दस बजे दफ्तर आना होता है और उसका काम तब तक खत्म नहीं होता, जब तक उसकी स्टोरी एयर न हो जाए यानी दर्शकों तक पहुंच न जाए। कई बार महत्वपूर्ण घटना देर रात घटी, तो मुमकिन है कि रातभर रिपोर्टर को सड़क पर ही खड़ा रहना पड़े।

टीवी रिपोर्टर को कम्प्यूटर पर टाइपिंग की जानकारी जरूर होनी चाहिए और वो भी तेज गति से। टेलीविजन में कागज पर स्क्रिप्ट लिखने का चलन नहीं है। उसे अपनी खबरें कम्प्यूटर पर ही टाइप कर देनी होती है। इसके अलावा टीवी न्यूज का हर काम कम्प्यूटर से जुड़ा होता है, इसलिए कम्प्यूटर चलाने का भी ज्ञान जरूरी है।

हंसमुख स्वभाव, अच्छा आचरण और आत्मविश्वास जैसे गुण भी एक रिपोर्टर को उसके प्रोफेशन में काफी आगे बढ़ा सकते हैं। अन्त में कह सकते हैं कि अच्छा रिपोर्टर वहीं है, जो अपनी खबरों को दर्शकों तक पहुंचाने से पहले, उसके हर पहलुओं की सावधानी से जांच करता है, निष्पक्ष होकर खबरें पेश करता है।

अध्याय-4

रिपोर्टिंग के प्रकार

टेलीविजन पर दर्शकों को सभी खबरें एक समान ही दिखती हैं, लेकिन रिपोर्टर के लिए ये अलग मायने रखती है। एक रिपोर्टर हर खबर को कवर नहीं करता। न्यूज कवर करने के लिए रिपोर्टर के क्षेत्र (विभाग) जिसे तकनीकी भाषा में बीट कहा जाता है, बंटे होते हैं और वो अपने निर्धारित विभाग के लिए ही काम करता है।

रिपोर्टिंग दो प्रकार की होती है। एक तो जनरल रिपोर्टिंग या रुटिन रिपोर्टिंग कहलाती है, जिसमें मीटिंग, भाषण, समारोह जैसे कार्यक्रम कवर किए जाते हैं। दूसरी होती है खास रिपोर्टिंग। खास रिपोर्टिंग का दायरा काफी बड़ा है। इसमें

राजनीति, व्यापार, अदालत, खेल, अपराध, कैंपस (कॉलेज, विश्वविद्यालय की गतिविधियां), स्थानीय निकाय, फिल्म, सांस्कृतिक और खोजपरक (Investigative) गतिविधियां आती हैं।

राजनीतिक रिपोर्टिंग के तहत पार्टियों के प्रेस कॉन्फ्रेंस, संसद, विधानसभा, मंत्रालय, राजनीतिक पार्टियां और उसके नेता, राजनयिकों और दूसरे देशों की

राजनीतिक गतिविधियों पर नजर रखी जाती है। आमतौर पर राजनीतिक रिपोर्टिंग का जिम्मा वरिष्ठ पत्रकारों को सौंपा जाता है।

व्यापार और आर्थिक खबरों को कवर करने वाले रिपोर्टरों के लिए जरूरी है कि उन्हें अर्थशास्त्र, कॉमर्स की अच्छी समझ हो। अर्थ व्यवस्था से जुड़ी तकनीकी बातें आम लोगों से जुड़ी हुई होती हैं, लेकिन लोगों को इसका सही ज्ञान नहीं

होता। सरकार का कौन सा आर्थिक कदम लोगों के लिए फायदेमंद है और कौन सा नुकसान पहुंचाने वाला, सरकार की आर्थिक नीतियों का आने वाले दिनों में क्या असर होगा, इसे आसान भाषा में लोगों तक वही रिपोर्टर पहुंचा सकता है, जिसकी आर्थिक पहलुओं पर पकड़ मजबूत होगी। अर्थशास्त्र की जानकारी रखने वाले विद्यार्थियों के लिए बिजनेस रिपोर्टर बनना एक बढ़िया विकल्प है।

अदालत-बहुत सी खबरें ऐसी होती है, जिनका स्रोत अदालतें होती हैं। अदालत में कई तरह के ऐसे मामले दायर होते हैं या फैसले होते हैं, जिनका आम आदमी की जिन्दगी से भले ही सरोकार न हो, लेकिन उसे जानने की जिज्ञासा सभी लोगों में होती है। इसलिए अदालत की खबरों को कवर करने का जिम्मा ज्यादातर ऐसे रिपोर्टर को सौंपा जाता है जिसे कानून की जानकारी हो। कानून की पढ़ाई कर चुके विद्यार्थियों के लिए कोर्ट की रिपोर्टिंग आसान होती है। अदालती खबरों को कवर करने से पहले रिपोर्टर को अदालत की अवमानना (अपमान) का कानून अच्छी तरह जान लेना चाहिए।

खेल-खेलों में आमतौर पर सभी की दिलचस्पी होती है और खेल टीवी के

लिए बहुत ही महत्वपूर्ण क्षेत्र है। ये एक ऐसा विषय है, जिसमें अमूमन सभी लोगों की रुचि होती है। ये जरूरी नहीं है कि खेल पत्रकार बनने के लिए रिपोर्टर खुद भी खिलाड़ी हो। लेकिन ये जरूरी है कि रिपोर्टर को क्रिकेट, हॉकी, फुटबॉल

और टेनिस जैसे लोकप्रिय खेलों की बारीकी से समझ हो। उसे खेलों के तकनीकी शब्दों का भी भरपूर ज्ञान होना चाहिए और दुनियाभर में होने वाले खेल टूर्नामेंटों पर बराबर नजर रखनी चाहिए। **परवेज अहमद** कहते हैं कि खेल दरअसल भरपूर एक्शन है इस लिए इस क्षेत्र के रिपोर्टर को भी ज्यादा एक्टिव रहने की जरूरत होती है। अच्छा खेल रिपोर्टर वही है, जो हर खेल की बारीकियों को समझता है, साथ ही खेल की तकनीक, खिलाड़ियों, खेल जगत के बदलते माहौल, खेल प्रशासन और खेल सियासत पर भी पैनी नजर रखता है।

अपराध की खबरों को कवर करने वाले रिपोर्टर से आईपीसी, सीआरपीसी की जानकारी रखने की उम्मीद की जाती है। साथ ही जरूरी है कि पुलिस प्रशासन में भी उसकी अच्छी पैठ हो।

कैंपस (कॉलेज, यूनिवर्सिटी), स्थानीय निकाय (नगर निगम, नगरपालिका) की खबरों को कवर करने का जिम्मा कम अनुभवी रिपोर्टरों को सौंपा जाता है। ज्यादातर नए रिपोर्टर इन्हीं विभागों का चक्कर लगाकर अपने करियर की शुरुआत करते हैं।

फिल्म और सांस्कृतिक गतिविधियां खास रिपोर्टर कवर करते हैं। इस फील्ड में काम करने के लिए जरूरी है कि रिपोर्टर को सिनेमा और टीवी में इंटरटेनमेंट से जुड़ी तमाम बातों की जानकारी हो। फिल्मों या टीवी सीरियलों में काम करने वाले हीरो-हिरोइन सेलिब्रेटी होते है, इसलिए ज्यादा से ज्यादा लोगों की इन पर नजर

होती है और इनकी हर छोटी-बड़ी बातों में लोगों की रुचि होती है। इसके अलावा देश-विदेश के संगीत, नृत्य और दूसरी सांस्कृतिक गतिविधियों की बारीकी से जानकारी भी जरूरी है। सांस्कृतिक गतिविधियां भी इंसान की जिन्दगी का हिस्सा हैं और लोगों का इससे मनोरंजन होता है। इसी से जुड़ा एक और क्षेत्र है **लाइफ स्टाइल और फैशन,** जिस पर पैनी नजर रखने वाला रिपोर्टर अच्छा नाम कमा सकता है।

इन्वेस्टिगेटिव रिपोर्टिंग-खास रिपोर्टिंग में खोजपरक (इन्वेस्टिगेटिव) रिपोर्टिंग सबसे चुनौती भरा काम है। इसके जरिए रिपोर्टर पर्दे के पीछे की असली कहानी लोगों के सामने लाता है। इसमें सार्वजनिक जगहों, संस्थाओं में जारी भ्रष्टाचार या ऐसे मामले आते हैं, जिसमें ज्यादा लोगों की रुचि हो। आमतौर पर इसमें सामाजिक, आर्थिक, राजनीतिक अपराध और विकास से जुड़े मामले शामिल होते हैं।

दूसरी रिपोर्टिंग से इन्वेस्टिगेटिव रिपोर्टिंग इस मायने में भी अलग है, क्योंकि इसमें परिस्थितियां अलग होती हैं। सब कुछ गुपचुप होता रहता है और आरोपी की कोशिश होती है कि वो कोई सबूत नहीं छोड़े। इसमें सवाल पूछने का तरीका

भी अलग होता है। खबर निकालनी हो, तो आरोपी से सीधे नहीं पूछ सकते कि आप घूस लेते हैं या नहीं।

इन्वेस्टिगेटिव रिपोर्टिंग में आम रिपोर्टिंग से ज्यादा समय, संसाधन और

ताकत खर्च करनी पड़ती है। क्योंकि जरूरी नहीं है कि एक या दो बार की कोशिश में ही रिपोर्टर पूरी खबर निकाल लाए। साथ ही इसमें सारी जानकारी रिकॉर्ड करनी पड़ती है, ताकि सबूत पुख्ता हों।

स्टिंग ऑपरेशन-इन्वेस्टिगेटिव रिपोर्टिंग का ही एक रूप स्टिंग ऑपरेशन है। टेलीविजन में स्टिंग ऑपरेशन, रिपोर्टिंग की सबसे आधुनिक तकनीक है और ये खबरों की सच्चाई से लोगों को रू-ब-रू कराने का सबसे प्रभावशाली जरिया भी है। ये वो माध्यम है जिसके जरिए समाज के सफेदपोश लोगों, बड़े नेताओं, अफसरों, सेलिब्रिटीज के काले चेहरे उजागर होते रहे हैं। स्टिंग ऑपरेशन में रिपोर्टर स्पाई या छिपे हुए कैमरे का इस्तेमाल करता है और टारगेट व्यक्ति को इसकी जानकारी नहीं होती कि वो, जो कुछ बोल या कर रहा है, वो सब गुपचुप कैमरे में कैद भी हो रहा है। कई तरह के स्पाई कैमरे बाजार में मिलते हैं। इन्हें कलम, टाई से लेकर बटन तक में छिपाकर रिपोर्टर अपने साथ ले जा सकता है।

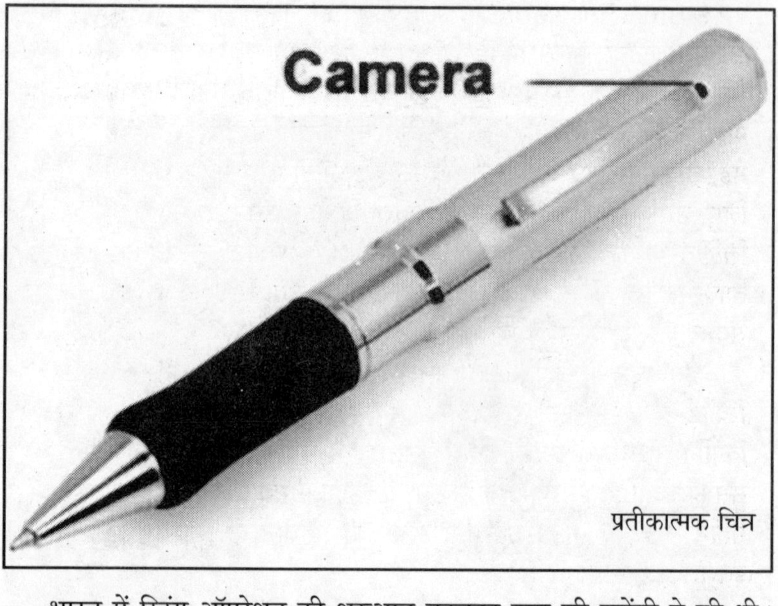

प्रतीकात्मक चित्र

भारत में स्टिंग ऑपरेशन की शुरुआत तहलका नाम की एजेंसी ने की थी। इसने बीजेपी में चंदा के नाम पर लाखों रुपये लेने का भंडाफोड़ किया और पार्टी के अध्यक्ष बंगारू लक्ष्मण को पद छोड़ना पड़ा था। अलग-अलग न्यूज चैनलों में अब तक कई स्टिंग हो चुके हैं। इसमें आजतक का 'ऑपरेशन दुर्योधन', स्टार न्यूज का 'ऑपरेशन चक्रव्यहू', IBN7 का 'ऑपरेशन माया', एनडीटीवी का 'ऑपरेशन

बीएमडब्ल्यू' खास माना जा सकता है।

'ऑपरेशन दुर्योधन' और 'ऑपरेशन चक दे', स्टिंग ऑपरेशन के सबसे अच्छे उदाहरण हैं। ऑपरेशन चक दे में रिपोर्टर ने इंडियन हॉकी फेडरेशन के अधिकारियों को पैसा लेकर खिलाड़ियों का चुनाव करते हुए पकड़ा था और इसका नतीजा ये निकला कि फेडरेशन के अध्यक्ष के.पी.एस. गिल और आरोपी अधिकारियों को पद से हटना पड़ा।

कोबरा पोस्ट और आजतक ने स्टिंग 'ऑपरेशन दुर्योधन' के जरिए संसद में सवाल पूछने के लिए सांसदों के घूस लेने का भंडाफोड़ कर देश की राजनीति में तहलका मचा दिया था। इस खबर के बाद संसद से ग्यारह सांसदों की सदस्यता भी जाती रही।

कोबरा पोस्ट और आजतक ने भले ही इस खबर को ब्रेक किया, लेकिन क्या आपने कभी सोचा है कि ये खबर रिपोर्टर के पास कैसे पहुंची होगी। निश्चिततौर पर इस खबर को बाहर लाने के लिए रिपोर्टर ने खुफिया तकनीक का असरदार इस्तेमाल किया। सबसे पहले सांसदों के निजी सचिवों या करीबी लोगों से उनके बारे में जानकारी इकट्ठा की। यह पता किया कि सवाल पूछने के लिए सांसद पैसा लेते हैं या नहीं। प्रारंभिक सूचना तो निजी सचिव या कर्मचारियों से मिल गई, लेकिन रिपोर्टर के सामने सबसे बड़ी चुनौती उसे साबित करने की थी। इसके लिए उसने स्पाई कैमरे का इस्तेमाल किया। उसने सबसे पहले सांसदों को लिखित सवाल दिए और स्पाई कैमरे के जरिए सवाल को पढ़कर रिकॉर्ड किया, ताकि साबित हो कि संसद में पूछा जाने वाला सवाल रिपोर्टर ने ही दिया है। फिर सवाल को संसद में भिजवाया।

इस काम के लिए सांसदों को इस तरह पैसे दिए कि लेन-देन स्पाई कैमरे में रिकॉर्ड हो जाए। फिर रिपोर्टर ने संसद में सवाल का जवाब आने तक इंतजार किया। सांसद को सवाल देने, उसे संसद में सवाल पूछने के लिए पैसा देने और उसका जवाब आने तक एक सर्कल पूरा हुआ। रिपोर्टर को इस काम में सात-आठ महीने लगे और लोगों तक इस खबर को पहुंचाने के लिए रिपोर्टर को तबतक इंतजार करना पड़ा।

इन्वेस्टिगेटिव रिपोर्टिंग या स्टिंग ऑपरेशन में रिपोर्टर को जासूस की तरह काम करना पड़ता है। आमतौर पर ये नहीं बताता कि वो रिपोर्टर है, बल्कि वो जिस खबर को कवर कर रहा होता है, उससे जुड़ी किसी काल्पनिक संस्था का प्रतिनिधि बन जाता है। 'ऑपरेशन दुर्योधन' के रिपोर्टर एक काल्पनिक व्यापार संगठन के प्रतिनिधि बनकर सांसदों से मिले, तो 'ऑपरेशन चक दे' के रिपोर्टर

एक काल्पनिक खेल संगठन के प्रतिनिधि बन गए।

टीवी न्यूज में स्टिंग ऑपरेशन शुरू से ही विवाद में रहा है और इसकी विश्वसनीयता पर सवाल उठते रहे हैं। 2007 में एक चैनल ने दिल्ली में एक स्कूल टीचर का स्टिंग ऑपरेशन दिखाया था, जिसकी विश्वसनीयता को लेकर खासा बवाल हुआ। इस घटना के बाद सभी टीवी चैनलों ने स्टिंग ऑपरेशन के लिए अपने नियम कड़े कर दिए। बड़े चैनलों में स्टिंग ऑपरेशन के लिए अब एडिटर की इजाजत जरूरी है। कई चैनलों ने तो स्टिंग ऑपरेशन के लिए बाकायदा सर्कुलर जारी कर गाइड लाइन तय कर दी है और जूनियर रिपोर्टरों से स्टिंग ऑपरेश्न कराने या उन्हें स्पाई कैमरा इस्तेमाल करने की मनाही कर दी गई है।

आशुतोष के मुताबिक स्टिंग ऑपरेशन खबर करने का एक असरदार तरीका है और उतना ही जरूरी है, जितना खोजी पत्रकारिता के दूसरे तरीके। लेकिन इसका इस्तेमाल तभी होना चाहिए, जब आप इस नतीजे पर पहुंच जाएं कि एक खास खबर को कवर करने के लिए बाकी सभी तरीकों से काम नहीं बनेगा।

उनका ये भी कहना है कि स्टिंग ऑपरेशन में सावधानी बरतने की काफी जरूरत होती है। रिपोर्टर पहले ये सुनिश्चित कर ले, कि वो जिस खबर को करने जा रहा है, वो खबर सही है। वो देख ले कि खुफिया कैमरा और दूसरे सभी सामान (Equepments) दुरुस्त हैं। क्योंकि स्टिंग ऑपरेशन में दूसरा मौका मिलने की संभावना ज्यादा नहीं होती है। किसी भी नए रिपोर्टर के भरोसे स्टिंग ऑपरेशन को अंजाम देना खतरे से खाली नहीं। स्टिंग ऑपरेशन किसी वरिष्ठ पत्रकार की देखरेख में पूरा किया जाना चाहिए।

संदीप चौधरी कहते हैं कि देश, समाज के बड़े हित से जुड़ी खबरों के लिए ही स्टिंग ऑपरेशन किया जाना चाहिए। आम खबरों के लिए स्टिंग ऑपरेशन का इस्तेमाल सही नहीं है।

निजी चैनलों के संगठन, न्यूज ब्रॉडकास्टर्स एसोसिएशन (एनबीए) ने स्टिंग ऑपरेशन के लिए गाइडलाइन जारी की है। एनबीए के मुताबिकः

1-स्टिंग ऑपरेशन जनहित में केवल तभी किए जाने चाहिए, जब जरूरी सूचना को हासिल करने के लिए कोई दूसरा रास्ता नहीं हो और यह कोई गैरकानूनी तरीका अपनाये बगैर, किसी को प्रलोभन दिए बगैर किया जाना चाहिए। इस दौरान निजता के वैधानिक अधिकारों का ख्याल रखा जाना चाहिए।

2-ब्रॉडकास्टर्स को केवल तभी स्टिंग ऑपरेशन का सहारा लेना चाहिए, जब ऐसा करना संपादकीय दृष्टि से उचित हो और किसी गलत काम का, खास तौर

पर सार्वजनिक जीवन से जुड़े व्यक्तियों की सच्चाई को उजागर करना हो।

3-कोई भी स्टिंग ऑपरेशन संपादकीय प्रमुख की सहमति लेकर ही किया जाना चाहिए और ब्रॉडकास्टिंग कंपनी के प्रबंध निदेशक या मुख्य कार्यकारी अधिकारी को भी सभी स्टिंग ऑपरेशन के बारे में पूर्व सूचित किया जाना चाहिए।

4-स्टिंग ऑपरेशन किसी अपराध के संबंध में सबूत जुटाने के लिए किया जाना चाहिए, न कि किसी को लालच देकर अपराध करने के लिए उकसाया जाए।

ब्रेकिंग न्यूज-पल-पल की खबर दर्शक तक पहुंचाना ही कामयाब रिपोर्टर की पहचान है। जैसे ही कोई महत्वपूर्ण घटना घटे, उसे तुरन्त और बाकी चैनलों से पहले अपने दर्शक तक पहुंचाना टीवी रिपोर्टर की सबसे अहम जिम्मेदारी होती है। **किसी भी महत्वपूर्ण घटना को तुरन्त दर्शक तक पहुंचाना, ब्रेकिंग न्यूज है। यानी खबर इतनी बड़ी हो, जिसका असर देश और समाज के बड़े तबके पर**

व्यापक हो। खबर इतनी बड़ी हो कि टीवी पर चल रही तमाम खबरों को रोक दिया जाए और न्यूज व्हील तोड़कर उस खबर को तुरंत दर्शकों तक पहुंचाया जाए। मतलब बड़ी खबर की पहली झलक ब्रेकिंग न्यूज है। खबर की ये पहली झलक, ब्रेकिंग न्यूज की शक्ल में लोगों को चौंकाती है और ऐसी खबरें ही रिपोर्टर को भीड़ में सबसे अलग दिखाती है। इसमें ख्याल रखने वाली बात है कि कोई पुरानी घटना ब्रेकिंग न्यूज नहीं है, लेकिन पुरानी घटना किसी दिलचस्प या नाटकीय मोड़ पर पहुंचती है, तो वो ब्रेकिंग न्यूज हो सकती है।

आशुतोष कहते हैं कि ब्रेकिंग न्यूज माने वो खबर, जो इतनी बड़ी है कि सबको उसकी फौरन जानकारी देना अनिवार्य है। जैसे कि प्रधानमंत्री का इस्तीफा या फिर इस्तीफे की पेशकश या रेल दुर्घटना, जिसमें दर्जनों लोगों के मरने की आशंका हो या कोई आतंकवादी विस्फोट, जिसमें लोगों की जान गई हो। ब्रेकिंग न्यूज दर्शकों को फौरन बतानी होती है, इसलिए रिपोर्टर के सामने सबसे बड़ी चुनौती होती है, खबर को सही-सही देने की और खबर देते समय भाषा के इस्तेमाल में संयम बरतने की। खबरों में एकुरेसी तो वैसे भी जरूरी है, लेकिन ब्रेकिंग न्यूज, जैसे कि प्रधानमंत्री के इस्तीफे की बात गलत हो जाए, तो आप समझ सकते हैं कि ये कितनी गैरजिम्मेदाराना और खतरनाक बात हो सकती है। ब्रेकिंग न्यूज में स्पीड के साथ एकुरेसी और भाषा पर संयम रिपोर्टर के लिए बड़ी चुनौती है।

प्रबल प्रताप सिंह के मुताबिक खबर अपनी अहमियत खुद बताती है। हर वो खबर ब्रेकिंग न्यूज है, जो किसी न किसी रूप में लोगों को झकझोड़े, अचंभित करे और सोचने पर मजबूर करे।

रिपोर्टर की प्रतिभा की असली पहचान ब्रेकिंग न्यूज से ही होती है। क्योंकि ब्रेकिंग न्यूज अचानक होने वाली बड़ी घटना है, जिसे सटीक और सही तरीके से दर्शकों तक पहुंचाना, किसी बड़ी चुनौती से कम नहीं। ब्रेकिंग न्यूज चौकाने वाली वो सूचना है, जिसे एक रिपोर्टर सबसे पहले अपने दर्शकों तक पहुंचाता है और ये काम एक गुमनाम पत्रकार भी, जो भले ही किसी कस्बे में क्यों न रहता हो, बखूबी कर सकता है। ये सोचना गलत है कि ब्रेकिंग न्यूज सिर्फ बड़े शहरों में ही मिल सकती है।

देश-दुनिया को प्रभावित करने वाली घटनाएं कहीं भी हो सकती हैं और नजर पैनी हो, तो इसे सबसे पहले लोगों के सामने लाकर एक अदना पत्रकार भी रातोंरात दुनिया की नजर में हीरो बन सकता है। नोएडा के निठारी गांव से बच्चों के गायब होने की खबरें लगातार आ रही थीं, लेकिन शुरुआती दौर में किसी रिपोर्टर ने इसकी गहराई से छानबीन नहीं की, नहीं तो, ये केस पुलिस की तफ्तीश से नहीं, टीवी रिपोर्टर के कैमरे से सबसे पहले लोगों के सामने आता।

ब्रेकिंग न्यूज के लिए आसपास की घटनाओं पर नजर रखना जरूरी है और इसके लिए टीवी रिपोर्टर को भी नियमित रूप से अखबार पढ़ना चाहिए। अखबारों में छपी एक छोटी सी खबर भी हलचल मचा सकती है। अखबारों पर सिर्फ पैनी नजर रखने की जरूरत होती है। कई बार अनायास ही रिपोर्टर के हाथ बड़ी खबर लग सकती है। छोटी-मोटी खबरों की पड़ताल के दौरान ऐसा संभव हो सकता है। यहां

पर एक बात मजाक लग सकती है, लेकिन कुत्ते की तरह रिपोर्टर में भी न्यूज सूंघने की क्षमता हो, तो साधारण रिपोर्टर भी रातोंरात मीडिया में हीरो बन सकता है।

पुरानी महत्वपूर्ण खबरों पर नजर भी, रिपोर्टर को ब्रेकिंग न्यूज दे सकती है। ज्यादातर बड़ी खबरें भी दो-चार दिन सुर्खियों में रहने के बाद टीवी स्क्रीन से गायब हो जाती हैं। लोग भी उस खबर को भूल जाते हैं और रिपोर्टर भी उसे नजरअंदाज कर देता है। लेकिन घटना की जांच-पड़ताल तो चलती रहती है और उसका लगातार फॉलोअप किसी न किसी दिन रिपोर्टर को ब्रेकिंग न्यूज दे सकता है। किसी बड़े नेता या सेलिब्रेटी के विवादास्पद बयान भी ब्रेकिंग न्यूज हो सकते हैं।

सावधानियां

ब्रेकिंग न्यूज के लिए कुछ सावधानियां हैं, जिसका पालन करना हर रिपोर्टर का फर्ज है।

ब्रेकिंग न्यूज की पुष्टि होते ही रिपोर्टर को सबसे पहले इसकी जानकारी असाइनमेंट डेस्क को देनी चाहिए। उसे खबर की मुख्य बातें जरूर नोट करा देनी चाहिए, ताकि सही खबर ही दर्शकों तक जाए। रिपोर्टर की फोन पर दी गई जानकारी, न्यूज रूम में कई हाथों से होती हुई दर्शकों तक पहुंचती है और ये लिखी हुई न हों, तो डेस्क पर गलती की गुंजाइश बढ़ जाती है।

परवेज अहमद कहते हैं कि ब्रेकिंग न्यूज सबसे पहले रिपोर्टर को ही चौंकाती है और चन्द लम्हों में ही रिपोर्टर को तौलना होता है कि वो खबर दर्शकों तक पहुंचाए या नहीं। खबर कितनी भी बड़ी हो, उसे भेजने की जितनी भी जल्दी हो, रिपोर्टर का पहला फर्ज है कि उसकी पुष्टि करे। रिपोर्टिंग का सबसे अच्छा फॉर्मूला है कि गलत खबर देने से बेहतर है कि खबर न दी जाए। इसलिए ब्रेकिंग न्यूज में जल्दबाजी की जगह अच्छा है कि थोड़ी देर से ही दर्शकों को सच्ची और पूरी खबर दी जाए।

रिपोर्टर को चाहिए कि अपने सूत्र से सुनिश्चित किए बिना खबर ब्रेक न करे। अनुमान पर चलना खतरनाक हो सकता है। सूत्र से खबर की पुष्टि हरहाल में होनी चाहिए। जिस खबर पर तनिक भी सन्देह हो, वो खबर किसी भी रूप में दर्शकों तक नहीं पहुंचाई जानी चाहिए। अधूरी जानकारी पर खबर ब्रेक न करें।

ब्रेकिंग न्यूज देने से पहले याद रखें। खबर देने वाला स्रोत, रिपोर्टर को मूर्ख भी बना सकता है। मुमकिन है कि वो रिपोर्टर को किसी विवाद में फंसाना चाहता हो। इसलिए खबर की सावधानी से जांच करें। खबर की सच्चाई के बारे में पूरी तरह पता करें और उसकी गुत्थियों को समझने के लिए रिपोर्टर अपने दिमाग का

इस्तेमाल जरूर करे, ताकि किसी झंझट में न फंसे। याद रखें, खबरों के मामले में लापरवाही की कोई माफी नहीं है।

खबर साम्प्रदायिक मुद्दे से जुड़ी हो तो, ज्यादा सावधानी बरतने की जरूरत है। ध्यान रखें,

—खबर में सीधे तौर पर सम्प्रदायों के नाम का उल्लेख न करें।

—खबर किसी एक सम्प्रदाय का पक्ष लेता हुए न दिखे।

—खबर से रिपोर्टर और चैनल की निष्पक्षता पर आंच न आए।

—भाषा संयमित हो, भावनाओं को भड़काने वाली न हो।

—तथ्यों में पूरी सच्चाई हो।

न्यूज फ्लैश-ब्रेकिंग न्यूज की तरह न्यूज फ्लैश का भी टीवी न्यूज में खास अहमियत है। **आशुतोष** के मुताबिक न्यूज फ्लैश यानी वो खबर जो ज्यादा बड़ी न हो, लेकिन दर्शकों को फौरन बताना जरूरी हो। उनका कहना है कि इसके लिए न्यूज व्हील तोड़ना जरूरी नही है।

स्पेशल स्टोरी-किसी विषय या मौके पर की गई खास स्टोरी स्पेशल स्टोरी कहलाती है। कई बार सामाजिक सरोकार का कोई मुद्दा इतना अधिक चर्चित हो जाता है कि लोग उसके बारे में ज्यादा जानना चाहते हैं। मसलन श्रीलंका में भारत वनडे सीरीज जीतकर पहली बार इतिहास बनाता है और कप्तान महेन्द्र सिंह धोनी की कामयाबी में एक और सितारा जुड़ जाता है। ऐसे में धोनी के क्रिकेट सफर पर स्पेशल स्टोरी दिखाई जा सकती है। विदर्भ या बुंदेलखंड में सूखे की मार झेल रहे किसानों की मुश्किलों पर बनाई गई स्पेशल स्टोरी, समाज के हर तबके का ध्यान खींच सकती है।

एक्सक्लूसिव-एक्सक्लूसिव रिपोर्ट, रिपोर्टर की खास स्टोरी होती है। एक्सक्लूसिव खबर का मतलब है कि वो खबर किसी और चैनल या अखबार के पास नहीं है। **आशुतोष** कहते हैं ऐसी खबरें एक्सक्लूसिव हैं, जो सिर्फ आपके पास या फिर आपके चैनल या अखबार के पास ही हो। वो खबर दूसरों के पास नहीं हो।

इसमें ध्यान रखने वाली बात ये है कि खबर खास होने के साथ ही, उसका आयाम भी इतना बड़ा होना चाहिए कि दर्शकों के बड़े हिस्से को उसे जानने की दिलचस्पी हो। राज्य, देश या दुनिया के बड़े हिस्से पर उसका प्रभाव हो, और मुद्दा कहीं न कहीं जनहित से भी जुड़ा हो। उसमें दी जा रही जानकारी बिल्कुल नई हो, और वो अपने दर्शकों को सावधान और सचेत करने के साथ, उनकी जानकारी भी बढ़ाती हो।

एक्सक्लूसिव खबरें, आम खबरों से अलग हटकर होती हैं और इसका संदेश

भी खास होता है। ऐसी खबरें आर्थिक, राजनीतिक या सांस्कृतिक किसी भी क्षेत्र की हो सकती है।

फॉलोअप-किसी घटना के खत्म होने के बाद, उसमें होने वाले विकास पर नजर रखना फॉलोअप कहलाता है। उदाहरण के लिए किसी सनसनीखेज हत्या के बाद पुलिस की जांच-पड़ताल और अदालत में अंतिम फैसले तक उस पर नजर रखना फॉलोअप कहलाएगा। बड़ी घटनाओं में दर्शकों में उत्सुकता बनी रहती है और वो उस घटना का अंजाम भी जानना चाहते हैं।

कोई जरूरी नहीं कि घटना के सामने आते ही उसके बारे में पूरी जानकारी मिल जाए या उस पर लोगों की प्रतिक्रिया तुरंत मिल जाए। इसलिए हर बड़ी घटना पर लगातार नजर बनाए रखने की जरूरत होती है। खबर पर नजर रखने

और उसमें लगातार होने वाले डवलपमेंट से लोगों को अपडेट करते रहना ही फॉलोअप है।

फॉलोअप सिर्फ बड़ी खबरों की ही होनी चाहिए। खबर से जुड़ी हर नई बात स्टोरी में शामिल होनी चाहिए। इससे लोगों को घटना के बारे में ताजा जानकारी मिलती रहेगी और स्टोरी में ताजगी बनी रहेगी।

फॉलोअप इसलिए भी जरूरी है कि हर घटना एक क्रम से घटित होती है। शुरुआती दौर में खबर को पूरा मान लेना नासमझी होगी। हर रोज कुछ ऐसी घटनाएं होती हैं, जिसका दूरगामी असर होता है और ऐसी खबरों पर लगातार नजर रखने की जरूरत भी होती है। रिपोर्टर को ध्यान रखना चाहिए कि खबर चाहे

कितनी ही बड़ी क्यों न हो, उस पर लगातार नजर नहीं रखी जाए और घटनाक्रम में होने वाले डवलपमेंट को नजरअंदाज कर दिया जाए, तो उस खबर का व्यापक असर नहीं हो सकता।

किसी भी घटना का तभी महत्व है, जब वो लोगों को प्रभावित करे। एक पूरी खबर, लोगों को केवल ये ही नहीं बताती कि क्या हुआ है, बल्कि क्यों हुआ, और उस घटना का प्रत्यक्ष या अप्रत्यक्ष रूप से किन लोगों पर असर हुआ, इसकी भी जानकारी देती है। इसके अलावा खबर की अहमियत तभी है, जब ये भी पता चले कि उसका दूरगामी असर क्या होगा।

रिपोर्टर को ध्यान रखना चाहिए कि कई बार फॉलोअप की स्टोरी, पहली स्टोरी से बेहतर हो सकती है और फॉलोअप वाली स्टोरी का असर भी पहली स्टोरी से व्यापक हो सकता है। इसलिए उसे अपनी किसी भी स्टोरी को नजरअंदाज नहीं करना चाहिए। मुमकिन है कि फॉलोअप वाली स्टोरी से ही रिपोर्टर को स्कूप मिल जाए।

फॉलोअप की अहमियत अमेरिका के वॉटरगेट काण्ड से समझी जा सकती है। कहानी चोरी की एक छोटी घटना से शुरू हुई थी, लेकिन रिपोर्टर ने लगातार अपनी पड़ताल जारी रखी और वाटरगेट स्कैंडल सामने आया। मतलब कोई घटना होती है, तो तत्काल उस घटना की अहमियत खुलकर सामने नहीं आती। सरकार, प्रशासन या आरोपी, बहुत सी जरूरी बातें छिपा लेते हैं। लेकिन लगातार पड़ताल के बाद उस घटना की असली कहानी तभी सामने आती है, जब रिपोर्टर ये जानने की कोशिश करे कि पर्दे के पीछे कुछ और भी जानकारी है या नहीं। फॉलोअप खासतौर पर उन हालात में बहुत जरूरी है, जब घटना तुरन्त घटी हो और उससे जुडे कुछ सवालों का जवाब नहीं मिल रहा है। जरूरी है कि घटनाक्रम जैसे-जैसे आगे बढ़ता जाए, दर्शकों तक उसी क्रम से जानकारी भी पहुंचाई जाए। अगर इस तरह न्यूज कवर हो, तो दर्शकों के बीच रिपोर्टर और चैनल की विश्वसनीयता बढ़ती है।

अध्याय-5
समाचार संग्रह

जब किसी न्यूज ऑर्गेनाइजेशन में कोई विद्यार्थी रिपोर्टर के तौर पर अपना काम शुरू करता है, तो सबसे पहले उसे खबरें खोज निकालने की समस्या से ही दो-चार होना पड़ता है। नया रिपोर्टर खबरों को खोज निकालने के लिए उत्साहित तो रहता है, लेकिन उसे इस बात की जानकारी नहीं रहती, कि वो खबर लाए कहां से। यानी खबरों के स्रोत का उसे पता नहीं होता।

नए आइडिया खोजने के लिए रिपोर्टर को बच्चे की तरह सोचना चाहिए, जिसमें हर छोटी-बड़ी चीज को जानने की इच्छा होती है। उसे हर घटना को पत्रकार नहीं, आम आदमी की नजर से देखना चाहिए, तभी वो घटना के तमाम

पहलुओं से वाकिफ हो पाएगा और घटनाक्रम में अपने लिए न्यूज भी खोज पाएगा।

आइए जानते हैं कि एक रिपोर्टर को खबरें कहां-कहां से मिल सकती हैं और समाचार संग्रह में उसे किन-किन बातों का ध्यान रखना चाहिए। रिपोर्टर के पास समाचार संग्रह का मुख्यतौर पर दो जरिया (स्रोत) होता है। ये हैं **पब्लिकेशन** (प्रकाशन) यानी छपी हुई सामग्री और **पर्सन** यानी लोग (व्यक्ति)।

पब्लिकेशन के तहत किसी विभाग से जारी बुलेटिन, प्रेस विज्ञप्ति, दर्शकों की चिट्ठी, ई-मेल, अखबार, पत्र-पत्रिकाओं में छपे लेख समाचार संग्रह का जरिया

हो सकते हैं। खासकर स्थानीय अखबार और पत्र-पत्रिकाएं न्यूज के अहम स्रोत हैं। खबरों के मामले में रिपोर्टर की नजर पारखी हो, तो इनमें छपी छोटी खबर भी कई बार स्कूप (चौंकाने वाली बड़ी खबर) बन सकती है।

सरकारी-गैरसरकारी संगठनों और दफ्तरों के सूचना विभागों से भी रिपोर्टर को अहम खबरें मिलती रहती है। आमतौर पर इन दफ्तरों से विकास के काम से जुड़ी सूचनाएं, विवादों पर सफाई जैसे मुद्दों पर प्रेस नोट, विज्ञप्ति जारी होती है, जिन्हें न्यूज के स्रोत के तौर पर इस्तेमाल किया जाता है।

खबरों का एक बड़ा सोर्स **प्रेस कॉन्फ्रेंस** भी है। सरकारी, निजी संस्थान हों,

राजनीतिक पार्टियां हों या आम नागरिक, किसी मुद्दे पर अपना पक्ष रखने के लिए कोई प्रेस कॉन्फ्रेंस बुला सकता है। प्रेस कॉन्फ्रेंस बुलाने वाला, तमाम न्यूज एजेंसियों के प्रतिनिधियों को किसी खास जगह पर आमंत्रित करता है और प्रेस प्रतिनिधियों के सामने संबंधित मुद्दे पर अपना पक्ष, अपनी राय या नीतियों की जानकारी देता है।

पर्सन (व्यक्ति)-न्यूज सोर्स में पर्सन का दायरा बहुत बड़ा है। किसी घर में हत्या हो जाती है और पड़ोसी इस वारदात की जानकारी रिपोर्टर को देता है तो वो पड़ोसी, रिपोर्टर के लिए खबर का सोर्स है।

रिपोर्टर जहां रहता है, उसके आसपास का इलाका, वहां के लोग और उनकी गतिविधियां, खबरों का सबसे बड़ा स्रोत होती हैं। इसलिए रिपोर्टर को उस इलाके के चप्पे-चप्पे की जानकारी होनी चाहिए और तमाम छोटे-बड़े अधिकारियों के नाम-पते भी उसके पास होने चाहिए। शहर की राजनीतिक गतिविधियों पर उसकी नजर होनी चाहिए और उसे पार्टी के दफ्तरों का भी चक्कर लगाते रहना चाहिए। रिपोर्टर को शहर की समस्याओं, हर छोटी-बड़ी संस्थाओं के बारे में भी पता होना चाहिए। स्कूल, कॉलेज, ऑफिस, अस्पताल, थाना, कोर्ट-कचहरी, स्टेशन, बस स्टैंड या दूसरी तमाम सार्वजनिक जगहों की जानकारी होनी चाहिए। ये तमाम जगहें, खबरों का स्रोत हो सकती हैं।

दूसरी ओर किसी मंत्रालय का एक कर्मचारी ऐसी बात रिपोर्टर को बताता है, जिससे विभाग के बड़े अफसर या किसी नेता के भ्रष्टाचार, गड़बड़ फैसलों का भंडा फूटता हो, तो वो कर्मचारी भी रिपोर्टर का सोर्स (सूत्र) हो सकता है।

सूत्र (Source)-खबरों के संग्रह में सूत्र भी अहम भूमिका निभाते हैं। अक्सर एक वाक्य पढ़ने या सुनने को मिलता है—सूत्रों के मुताबिक। मन में जिज्ञासा होती है कि ये सूत्र कौन हैं, जिनकी मदद हर रिपोर्टर लेता है। दरअसल खबरों के संग्रह में सूत्र (सोर्स) रिपोर्टर की अहम मदद करते हैं। रिपोर्टर अपनी ज्यादातर खबर इन्हीं की मदद से दर्शकों तक पहुंचाता है।

जो भी व्यक्ति रिपोर्टर को खबर देता है, वो खबर का सूत्र कहलाता है। जैसे किसी विभाग का बड़ा अधिकारी या प्रवक्ता, जब रिपोर्टर को खबर देता है, तो वो खबर का सूत्र होता है। रिपोर्टर अपनी खबर में उस अधिकारी का नाम डालता है, तो खबर की विश्वसनीयता बढ़ती है। लेकिन कई बार रिपोर्टर को सूचना ऐसे कर्मचारी या व्यक्ति से मिलती है, जो अपना नाम या पहचान जाहिर नहीं करना चाहता। ऐसे में रिपोर्टर को उसका नाम छिपाना पड़ता है और खबर सूत्र या

विश्वसनीय सूत्र के हवाले से जारी करनी पड़ती है।

आशुतोष के मुताबिक सूत्र माने, वो शख्स, जो रिपोर्टर को खबर दे रहा है। ये पुलिस का कोई अधिकारी भी हो सकता है, या फिर कोई मंत्री या किसी संस्था से जुड़ा व्यक्ति भी।

प्रबल प्रताप सिंह कहते हैं सूत्र नहीं, मित्र बनाइये। इसका मतलब ये है कि खबर देने वाले को आप पर भरोसा हो और आपका, खबर देने वाले पर भरोसा हो। एक रिपोर्टर जितने ज्यादा लोगों के सम्पर्क में रहेगा, उसे खबरें उतनी ज्यादा मिलेंगी। लेकिन हर किसी पर भरोसा भी नहीं किया जा सकता। किसी की दी हुई खबर का इस्तेमाल करने से पहले जरूरी है कि खबर देने वाले को अच्छी तरह जांच-परख लिया जाए और उसकी दी हुई सूचना की जांच-पड़ताल भी दूसरे सूत्र से कर ली जाए।

परवेज अहमद कहते हैं कि रिपोर्टर के लिए जरूरी है कि वो अपना सूत्र बनाए, लेकिन तथ्यों को क्रॉस चेक किया जाना चाहिए। रिपोर्टर को यह भी मान कर चलना चाहिए कि कोई सूत्र खबर दे रहा है तो जरूर उसमें उसका हित या स्वार्थ शामिल होगा और रिपोर्टर को हित और स्वार्थ में भी फर्क समझना होगा।

न्यूज के सोर्स यानी सम्पर्क सूत्र तीन तरह के हो सकते हैं।

NewsSource

-Fool **-Devil** **-Angel**

Fool-यानी मूर्ख-ये ऐसे सम्पर्क सूत्र हैं, जिनमें किसी घटना या जानकारी को समझने की क्षमता नहीं होती। ये देखते या जानते कुछ हैं और उसका मतलब कुछ और निकालते हैं। ऐसे लोग नासमझी और आधी-अधूरी जानकारी से रिपोर्टर को मूर्ख बना देते हैं। अच्छे रिपोर्टर को ऐसे सोर्स या सम्पर्क सूत्र से दूर ही रहना चाहिए।

Devil या शैतान-ये ऐसे सम्पर्क सूत्र या सोर्स हैं, जो जानते और समझते तो सब कुछ हैं, लेकिन अपने किसी खास मकसद से रिपोर्टर को गुमराह करके गलत खबरें प्लांट करने की कोशिश करते हैं। अफवाह फैलाने वाले लोग इसी श्रेणी में आते हैं। रिपोर्टर को ऐसे सोर्स से हमेशा सावधान रहना चाहिए। ऐसे सोर्स गलत खबरों के जरिए बवंडर मचा सकते हैं और रिपोर्टर तथा चैनल को भारी नुकसान पहुंचा सकते हैं। याद रखिए कि गुमराह करने वाली खबर से आपकी नौकरी जा सकती है। रिपोर्टर के रूप में आपकी साख हमेशा के लिए खत्म हो सकती है और आपको कानूनी कार्रवाई का सामना करना पड़ सकता है। एक खबर की जिम्मेदारी

हमेशा रिपोर्टर और चैनल की होती है। रिपोर्टर ये कहकर जिम्मेदारी से नहीं बच सकता कि सोर्स ने उसे गलत खबर दी है। खबर के लिए सोर्स की कोई जिम्मदेारी नहीं होती है। मामला अदालत तक पहुंचता है, तो रिपोर्टर और चैनल की ही जिम्मेदारी होती है कि वो खबर को सही साबित करें।

Angel यानी देवदूत-Angel ही रिपोर्टर के सबसे अच्छे और भरोसेमंद सोर्स होते हैं। वो रिपोर्टर को कभी गलत सूचना नहीं देते। उनका मकसद सूचना से कोई फायदा उठाना नहीं होता। ऐसे सोर्स दरअसल जनहित में सूचनाओं को बाहर लाते हैं।

जब कभी कोई सोर्स आपको खबर दे, तो यह जरूर तय कर लें कि सोर्स Fool, Devil या Angel में कौन है। रिपोर्टर को तीनों तरह के सोर्स से सम्पर्क रखना पड़ सकता है, लेकिन उसे भरोसा सिर्फ Angel पर ही करना चाहिए। Fool और Devil की सूचनाओं को भरोसेमंद सोर्स से पूरी तरह पुष्टि कर लेने के बाद ही खबर फाइल करनी चाहिए।

समाज के हर तबके में रिपोर्टर की पैठ होनी चाहिए। हर पत्रकार के लिए काम का क्षेत्र बंटा होता है और उसे अपने क्षेत्र (BEAT) के बारे में पूरी जानकारी होनी चाहिए। दूसरे शब्दों में रिपोर्टर को उन संस्थाओं या विभागों के बारे में छोटी-छोटी बातों की भी जानकारी रखनी चाहिए, जिसकी जिम्मेदारी उसे सौंपी गई है। लेकिन इन सबसे ज्यादा जरूरी है कि रिपोर्टर वहां सूत्र जरूर खोज ले। यही उसकी सफलता का मूलमंत्र साबित होगा।

सूत्र रिपोर्टर के लिए खबर हासिल करने का सबसे बड़ा जरिया होता है और जिस रिपोर्टर के सम्पर्क जितने मजबूत होंगे, वो रिपोर्टर कामयाबी के पायदान पर उतना ही ऊपर होगा। सूत्र की मदद के बिना अच्छी और चौंकाने वाली स्टोरी ब्रेक करना किसी रिपोर्टर के लिए मुमकिन नहीं है। क्योंकि रिपोर्टर को सूत्र न केवल भ्रष्टाचार, अपराध और घोटालों की जानकारी देता है, बल्कि इसकी प्रामाणिकता के लिए सबूत के तौर पर जरूरी कागजात और दूसरी चीजें भी मुहैया कराता है, जिससे खबर की सच्चाई पर सवाल न उठे।

रिपोर्टर को कोशिश करनी चाहिए कि हर फील्ड के जानकार लोगों से उसके व्यक्तिगत और सामाजिक सम्पर्क हों और ज्यादा से ज्यादा लोग उसे जानें-पहचाने। रिपोर्टर को ऐसे लोगों से मिलते-जुलते रहना चाहिए और मुलाकात मुमकिन नहीं हो, तो फोन के जरिए ही सम्पर्क बनाए रखना चाहिए।

खास लोगों से सम्पर्क रिपोर्टर को उसके प्रोफेशन में फायदा पहुंचाता है। ऐसे लोग भी रिपोर्टर के लिए सूत्र (सोर्स) का काम करते हैं। खास लोगों में राजनीतिक

पार्टियों के बड़े नेता, सिलेब्रिटिज, बड़े अधिकारी या मशहूर सामाजिक कार्यकर्ता, कोई भी हो सकता है। रिपार्टर को इस बात का ख्याल रखना चाहिए कि ऐसे लोगों से ज्यादा खबरें नहीं मिलेंगी, लेकिन जब मिलेंगी, तो वो काफी बड़ी खबर होगी।

रिपोर्टर को हमेशा याद रखना चाहिए कि उसका सूत्र आम व्यक्ति भी हो सकता है। आम आदमी भी समाचार संग्रह का बड़ा जरिया होता है। हर जगह कुछ ऐसे लोग होते हैं, जो किसी घटना या वारदात के बारे में अच्छी तरह बता सकते हैं और सही जानकारी दे सकते हैं।

अपराध की खबरें कवर करने वाले रिपोर्टरों के लिए थाने के अधिकारी, यहां तक की सिपाही भी न्यूज का अच्छा स्रोत बन सकते हैं। लगातार इनसे सम्पर्क बनाए रखने से इलाके में होने वाली वारदातों की जानकारी रिपोर्टर को तुरन्त मिल जाती है।

लेकिन ये काम आसान नहीं, क्योंकि कोई भी पर्दे के पीछे की बात बताना तो दूर, दोस्ती भी उसी से करना चाहेगा, जिस पर उसे भरोसा हो। इसके लिए रिपोर्टर को सबसे पहले तो उस विभाग या संस्था के चक्कर लगाने होंगे और वहां के लोगों से परिचय बढ़ाना होगा। एक बात याद रखनी चाहिए कि किसी भी विभाग का एक छोटा कर्मचारी भी रिपोर्टर को बड़ी खबर दे सकता है, इसलिए सबसे पहला काम ये है कि रिपोर्टर वहां इस बात की तलाश करे कि उसके काम आने वाले कौन-कौन लोग हैं। हर विभाग में ऐसे लोग होते हैं, जिन्हें वहां होने वाले हर काम और गतिविधियों की थोड़ी-बहुत जानकारी होती है और ऐसे लोग रिपोर्टर के लिए बड़े काम के हैं।

रिपोर्टर के लिए जरूरी है कि वो अपने सूत्र के लगातार सम्पर्क में रहे। ऐसा होता है कि रिपोर्टर महीनों अपने काम के लोगों से बात नहीं करता और जब खबर की जरूरत पड़ती है, तो उसे फोन करता है। लेकिन तब तक सम्बन्धों में दूरी पैदा हो जाती है और खबर देने के लिए सूत्र का उत्साह भी खत्म हो चुका होता है। ये भी हो सकता है, आपसे दूरी बढ़ने के बाद वो किसी दूसरे रिपोर्टर का ज्यादा करीबी बन जाए और पहले आपको खबर नहीं दे। सूत्र से जान-पहचान हो जाने के बाद उससे बार-बार सम्पर्क करना चाहिए। हो सकता है कि रिपोर्टर को लम्बे समय तक सूत्र से कोई खबर नहीं मिले, लेकिन उसका हालचाल पूछते रहिए। ये पूछते रहें कि संस्था या उसके दफ्तर में क्या कुछ नया हो रहा है। कई बार तो ऐसी बातचीत के दौरान ही बढ़िया खबर निकल आती है।

सूत्र से सम्पर्क बनाए रखने का सबसे आसान तरीका है कि रिपोर्टर के पास

उसका फोन नम्बर जरूर हो और मुलाकात भले ही कम हो, फोन पर उससे बातचीत होती रहे। सूत्र के घर का या निजी नम्बर भी रिपोर्टर के पास जरूर होना चाहिए। यहां पर एक बात का उल्लेख जरूरी है कि रिपोर्टर को अपने सूत्र के घर के बारे में भी जानकारी रखनी चाहिए।

कई बार ऐसा होता है कि रिपोर्टर जब अपने सोर्स को फोन करे, तब व्यस्तता की वजह से वो बात ही न कर पाए। इसलिए इस बात की जानकारी होनी चाहिए कि सोर्स का फ्री टाइम क्या है, कब वो फुरसत में बात कर सकता है। साथ ही रिपोर्टर को अपने सूत्र से लगातार सम्पर्क तो बनाए रखना चाहिए, लेकिन उसका इस्तेमाल तभी करना चाहिए, जब ज़रूरत हो।

ये सही है कि सूत्र से ज्यादातर बातचीत फोन पर ही होती है, लेकिन समय-समय पर उससे मिलते रहना भी जरूरी है। कई बार ऐसे लोग सार्वजनिक जगहों पर बात करने से कतराते हैं। ऐसे में घर पर आराम से बातचीत हो सकती है। ऐसी मुलाकात से आत्मीयता बढ़ती है और एक-दूसरे पर भरोसा भी।

सूत्र से बात करते समय रिपोर्टर अपना दिमाग खुला रखे और बातचीत में खबरों की टोह भी लेता रहे। हो सकता है कि बातचीत की एक लाइन से ही बड़ा स्कूप मिल जाए और दूसरे दिन रिपोर्टर और उसकी खबर सुर्खियों में हो। लेकिन ये तभी सम्भव है जब रिपोर्टर अपनी बीट से बखूबी वाकिफ हो।

रिपोर्टर को चाहिए कि वो अपने सूत्र को ये जरूर बता दे कि उसकी दी गई सूचनाओं का वो कैसे इस्तेमाल करेगा, ताकि बाद में सूत्र किसी मुश्किल में न फंसे।

खबर निकालने के लिए अपने सूत्र को पूरा वक्त दें। सूत्र से ज़ल्दबाजी या दबाव में काम नहीं लेना चाहिए। ऐसा करने से भयंकर भूल हो सकती है और आखिरकार नुकसान रिपोर्टर को ही उठाना पड़ेगा। कई बार तो सूत्र धमाकेदार खबर दे सकता है, लेकिन रिपोर्टर को अन्दर की कोई खबर मिले, तो उसे खबर से जुड़ी जानकारी अपने सूत्र को भी बतानी चाहिए। खबर की पुष्टि में ऐसी जानकारी काफी मददगार साबित हो सकती है।

इस तरह हम कह सकते है कि सूत्र या सोर्स किसी स्टोरी को लोगों तक पहुंचाने में रिपोर्टर के लिए सूत्रधार की तरह काम करते हैं। यानी यही वो जरिया हैं, जिसकी पहली सूचना के आधार पर रिपोर्टर किसी खबर की परत दर परत खोलता है और वो खबर ब्रेकिंग या एक्सक्लूसिव न्यूज के तौरपर दर्शकों के सामने होती है।

सावधानियां

किसी को सूत्र बनाने से पहले कुछ सावधानियां जरूरी है। रिपोर्टर को अपने सोर्स

के बारे में पूरी जानकारी रखनी चाहिए। मसलन

—उसका नाम क्या है?

—कहां का रहने वाला है?

—उसके करीबी लोग कौन हैं?

—पहले उसने कहां-कहां काम किया है।

—जहां वो काम करता है, वहां के ज्यादातर लोगों से उसके संबंध कैसे हैं।

—वो किस पद पर काम करता है और विभाग में उसकी कितनी पैठ है।

रिपोर्टर के लिए ये समझना जरूरी है कि जो आदमी उसके लिए काम कर रहा है, उसका मकसद क्या है? क्योंकि मुमकिन है कि जो आदमी रिपोर्टर को खबर मुहैया करा रहा हो, उसका अपना कोई निजी स्वार्थ हो और किसी को बदनाम करने के लिए वो रिपोर्टर का इस्तेमाल करना चाहता हो। इसलिए किसी को सूत्र बनाने से पहले उसके चाल और चरित्र के बारे में पूरी जानकारी रिपोर्टर को हासिल कर लेनी चाहिए। इससे बाद में धोखा खाने का डर नहीं रहता।

रिपोर्टर के लिए जरूरी नहीं है कि वो खबर में हमेशा अपने सूत्र के नाम का खुलासा करे। रिपोर्टर को अपने सूत्र के बारे में दूसरों को कभी जानकारी नहीं देनी चाहिए। जरूरी हो, तो रिपोर्टर को अपने सूत्र का नाम छिपाना चाहिए। खासकर तब जब नाम सामने आने पर सूत्र की नौकरी या जीवन पर कोई खतरा हो। सूत्र कोई जूनियर अधिकारी है, तो उसका नाम सामने आने पर बड़े अधिकारी उससे नाराज होकर उसके खिलाफ कार्रवाई कर सकते हैं। कोई सूत्र अपराध, आतंकवादी संगठन या माफिया के बारे में कोई जानकारी देता है, तो उसके जीवन पर खतरा हो सकता है। ऐसे में सूत्र के नाम को गोपनीय रखना रिपोर्टर की जिम्मेदारी है।

लेकिन रिपोर्टर से उसके वरिष्ठ सहयोगी, सूत्र का नाम और उसके सम्पर्क का पता पूछ सकते हैं, ताकि वो खुद भी खबर की सत्यता की जांच कर सकें। रिपोर्टर अपने वरिष्ठ सहयोगी से सूत्र का नाम नहीं छिपा सकता, लेकिन रिपोर्टर अपने वरिष्ठ सहयोगी से सूत्र का नाम गोपनीय रखने का आग्रह कर सकता है।

खबर को लेकर कानूनी विवाद की स्थिति में अदालत भी रिपोर्टर से सूत्र का नाम पूछ सकती है। अदालत को सूत्र का नाम नहीं बताने पर रिपोर्टर को सजा भी हो सकती है। इसलिए बेहतर है कि रिपोर्टर अपने गोपनीय सूत्र से सूचना इकट्ठा करे, लेकिन मुमकिन हो, तो आधिकारिक सूत्रों से भी उसकी जांच-पड़ताल कर ले और उस पर ऑफिशियल वर्जन लेने के बाद ही रिपोर्ट फाइल करे। ऐसा करने पर आधिकारिक सूत्र सामने आ जाते हैं और रिपोर्टर को अपने असली

गोपनीय सूत्र को सामने लाने की जरूरत कभी नहीं पड़ती।

रिपोर्टर को इतना सावधान रहना चाहिए कि उससे कोई बड़ी गलती न हो जाए। याद रखें कि आपकी खबर देश, समाज या किसी समूह पर बड़ा असर डाल सकती है। दंगे की खबर किसी दूर के इलाके में खलबली मचा सकती है। इसलिए किसी भी सूरत में कोई गलती नहीं होनी चाहिए। 26 नवम्बर 2008 को मुम्बई में आतंकी हमले के दो दिन बाद कुछ चैनलों ने खबर दिखा दी कि कुछ और आतंकवादी रेलवे स्टेशन और कुछ दूसरी जगहों पर गोलियां चलाते हुए घूम रहे हैं। इस खबर ने मुम्बई और देश के दूसरे हिस्से में दोबारा सनसनी फैला दी। बाद में पता चला कि खबर गलत थी। एक रेलवे स्टेशन पर एक मेटल डिटेक्टर गिर पड़ा, जिसकी धमाकेदार आवाज से स्टेशन पर भगदड़ मच गई। पुलिस और जांच एजेंसियों को बुला लिया गया और छानबीन के बाद पुलिस ने खबर का खंडन कर दिया। इस खबर ने रिपोर्टर और चैनल दोनों को मुश्किल में डाल दिया। काश, रिपोर्टर ने Fool और Devil की बातों में नहीं आकर Angel से सम्पर्क किया होता, तो रिपोर्टर और चैनल के सामने इस तरह की मुसीबत खड़ी नहीं होती।

इसलिए जब भी कोई सूचना मिले, तो सबसे पहले अपने विश्वसनीय सोर्स (Angel) से सम्पर्क करके सौ फीसदी तय कर लें, कि खबर पूरी तरह पक्की है। उसमें गलती की कोई गुंजाइश नहीं है।

अध्याय-6

स्टोरी प्लानिंग

आमतौर पर रिपोर्टर को लगभग हर दिन कम से कम एक खबर देने की जिम्मेदारी होती है और इसके लिए उसे स्टोरी आइडिया देना पड़ता है। यानी उसे पहले ही बताना होता है कि वो किस स्टोरी पर काम करेगा। उस स्टोरी को पूरा करने में कितना वक्त लगेगा और दर्शकों को कितने बजे तक वो खबर दिखाई जा सकती है। इन सब के लिए जरूरी होती है प्लानिंग।

आशुतोष कहते हैं कि अखबार हो या फिर टीवी का रिपोर्टर, प्लान नहीं करेगा, तो कभी अच्छा रिपोर्टर नहीं बन पाएगा। सुबह दफ्तर आने से पहले उसे

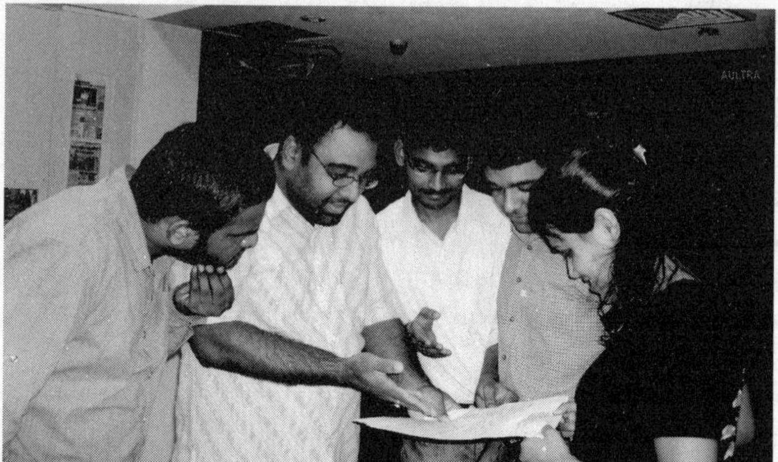

पता होना चाहिए कि उसे किस स्टोरी पर काम करना है, किस-किस से बात करनी है और उसका फोकस क्या होगा। नया आइडिया खोजने के लिए रिपोर्टर

को लगातार अपने सूत्रों के सम्पर्क में रहना होगा। साथ ही दफ्तर आने से पहले उसे कम से कम दस फोन अपनी बीट से सम्बन्धित लोगों को करने होंगे। उसकी बीट पर अखबारों में क्या लिखा जा रहा है, ये जानने के लिए रोज उसे ज्यादा से ज्यादा अखबार गौर से पढ़ने होंगे। खबर के बैकग्राउंड से अनजान रहकर कोई भी अच्छा रिपोर्टर नहीं बन सकता।

प्रबल प्रताप सिंह के मुताबिक रिपोर्टर के लिए स्टोरी प्लानिंग निहायत ही जरूरी है, क्योंकि एक खबर के कई डायमेंशन होते हैं। किस डायमेंशन को, किस तरीके से आप अपनी खबर में दर्शाएंगे, दिखाएंगे या लिखेंगे, इन सब बातों के लिए जरूरी है कि किसी खबर को करने से पहले आप उसके बारे में सोचें। खास तौर से विजुअल मीडियम में तो स्टोरी प्लानिंग और भी जरूरी है, क्योंकि यहां तस्वीरें कहानी बयां करती हैं। जितनी सशक्त तस्वीरें होंगी, आप अपनी कहानी को उतनी ही अच्छी तरह बता पाएंगे, लेकिन ये तभी मुमकिन है, जब इसके लिए पहले ही योजना बना ली जाए।

किसी विषय पर स्टोरी तैयार करने से पहले सोचें कि इस पर किस तरह की स्टोरी बन सकती है। किसी विषय पर कम से कम तीन तरह की स्टोरी बन सकती है।

सूचना देने वाली सीधी खबर यानी(Straight factual report with interview)

साक्षात्कार पर आधारित खबर यानी (Interview/Tictak)

नाटकीय यानी (Dramatic)

स्टोरी प्लानिंग के लिए ASS एक पुराना फॉर्मूला है और रिपोर्टर इसका ख्याल रखे तो, वो शानदार स्टोरी बना सकता है।ASS यानी स्टोरी में **Accuracy, Speed** और **Style** का पुट होना जरूरी है।

Accuracy-इसका मतलब है कि जो भी खबर आप दें, वो बिल्कुल सही हो। खबर का कोई भी हिस्सा गलत या अधूरा नहीं हो। खबर में एक भी सूचना गलत निकल जाए, तो रिपोर्टर की विश्वसनीयता पर सवाल उठने लगते हैं, और पूरी खबर को सन्देह की नजर से देखा जाता है। खबर हर तरह से सही हो, इसे ही Accuracy कहते हैं।

Speed-टेलीविजन में बिना समय बर्बाद किए, खबर तुरन्त फाइल की जानी चाहिए। अखबार के रिपोर्टर आराम से काम कर सकते हैं, क्योंकि अखबार रात 10 बजे के बाद छपने जाते हैं। लेकिन टीवी न्यूज चैनलों में इस बात को लेकर भी कम्पिटिशन रहता है कि कौन सबसे पहले दर्शकों तक खबर पहुंचाता है। जो चैनल, जितना पहले और जल्दी खबर देता है, वो दर्शक के बीच उतना ज्यादा

लोकप्रिय होता है। इसलिए टीवी न्यूज में **Speed** का खास महत्व है।

Style-टेलीविजन में खबर पेश करने का अंदाज अपना एक अलग महत्व रखता है। खबर दिलचस्प तरीके से लिखी नहीं जाए, उसमें बेहतरीन विजुअल का इस्तेमाल नहीं हो, वो दर्शकों की उत्सुकता को नहीं बढ़ाती हो, तो वो बोरिंग हो जाएगी और बड़ी से बड़ी खबर भी दर्शकों पर अपनी छाप नहीं छोड़ पाएगी। इसलिए खबर को स्टाइल के साथ पेश करना जरूरी है।

स्टोरी प्लानिंग में एक और चीज जरूरी है। अक्सर देखा जाता है कि रिपोर्टर खबर करने से पहले रिसर्च नहीं करते। किसी खबर को रिसर्च के बाद कवर किया जाए, तो उसे बेहतर ढंग से पेश किया जा सकता है, दर्शकों को बेहतर ढंग से समझाया जा सकता है। स्टोरी प्लान करते वक्त कुछ खास बातों पर ध्यान देना जरूरी है।

रिपोर्टर को रोज कम से कम एक स्टोरी आइडिया देना होता है, जिस पर एडिटोरियल टीम की बैठक के दौरान चर्चा होती है। वहीं तय होता है कि खबर किस एंगल से कवर की जाएगी। आइडिया देने से पहले इस बात का जरूर ख्याल रखें कि स्टोरी का एंगल दर्शकों को लुभाने वाला होना चाहिए।

स्टोरी की प्लानिंग इस क्रम से करें–

–स्टोरी किस एंगल से पेश की जाएगी?

–स्टोरी का नाम क्या होगा?

–स्टोरी कितनी बड़ी होगी?

–शूटिंग का लोकेशन कहां है?

–क्रू (कैमरा टीम) के बारे में जानकारी, शूट पर कौन-कौन लोग साथ होंगे?

–लाइब्रेरी से किस फाइल फुटेज की जरूरत पड़ेगी?

–ग्राफिक्स में क्या होगा?

–शूट करने में कितना वक्त लगेगा?

–शूटिंग के लिए कितने टेप की जरूरत होगी?

स्टोरी असाइन हो जाने के बाद रिपोर्टर के लिए जरूरी बातें

आमतौर पर हर रिपोर्टर जल्दबाजी में होता है। उसके दिमाग में जैसे ही कोई आइडिया आता है, वो फील्ड में भागना चाहता है। लेकिन हमारी सलाह है कि जल्दबाजी से काम लेना ठीक नहीं।

जब आप तय कर लें कि स्टोरी पर काम करना है, तब आप सबसे पहले इस आइडिया पर शिफ्ट इंचार्ज के साथ चर्चा कर लें।

संभावित विजुअल के बारे में शूट से पहले ही सोंचे। फीचर स्टोरी हो और लाइब्रेरी से फुटेज का इस्तेमाल करना हो, तो शूट पर रवाना होने से पहले स्टोरी से जुड़े विजुअल की लिस्ट लाइब्रेरी को दे दी जानी चाहिए, ताकि शूट से लौटने के बाद स्टॉक फुटेज निकालने में वक्त बर्बाद न हो।

आइडिया ओके होने के बाद असाइनमेंट डेस्क से जरूर सम्पर्क करें, क्योंकि शूटिंग की सारी व्यवस्था (कैमरा, कैमरामैन, गाड़ी) का जिम्मा इसी डेस्क के पास होता है और शूटिंग के बाद इसके जरिए ही आपकी स्टोरी आउटपुट डेस्क तक पहुंचती है। दरअसल ये विभाग, रिपोर्टर और आउटपुट डेस्क के बीच अहम कड़ी होता है और इसे नजरअंदाज नहीं किया जा सकता है। असाइनमेंट डेस्क को लिखकर शूट की पूरी जानकारी दें। इसमें लोकेशन, शूट से लौटने का वक्त, अपना मोबाइल नंबर, जैसी बातों का जिक्र जरूर होना चाहिए।

स्टोरी प्लानिंग में सावधानियां

असाइनमेंट डेस्क के साथ चर्चा के बाद भी रिपोर्टर को जल्दबाजी में तुरन्त फील्ड में रवाना नहीं हो जाना चाहिए। फील्ड में रवाना होने से पहले रिपोर्टर को तय करना चाहिए कि उससे किस तरह की स्टोरी मांगी गई है। रिपोर्टर के दिमाग में ये बात बिल्कुल साफ होनी चाहिए कि वो, जो भी स्टोरी कवर करने जा रहा है,

उसका एंगल क्या होगा। इसलिए बेहतर यही है कि वो शूटिंग पर रवाना होने से पहले स्टोरी के कंसेप्ट और आइडिया पर अपने सीनियर से खुलकर चर्चा कर ले।

किसी मुद्दे पर दुविधा हो, तो इस पर भी सीनियर से जरूर बात कर लेनी चाहिए। रिपोर्टर को कोई स्टोरी असाइन कर दी गई और उसे वो समझ नहीं पा रहा हो, तो अपने सीनियर अधिकारी से सवाल कर सारी शंकाएं दूर कर लेनी चाहिए। एक बार जब इस बात का सही आइडिया हो जाए कि आप फील्ड में क्या करने जा रहे हैं, तब अपने दफ्तर से बाहर निकलें।

स्टोरी प्लान होने के बाद रिपोर्टर को कैमरामैन से बात करनी चाहिए और स्टोरी के सभी पहलुओं की उसे जानकारी देनी चाहिए। यानी किसकी बाइट लेनी है? क्या-क्या विजुअल होंगे? ऐसी बातों पर चर्चा होनी चाहिए। विषय की जानकारी के बाद ही कैमरामैन, बढ़िया विजुअल दे सकता है।

आपको लगता है स्टोरी बेकार है, उस पर काम करना वक्त की बर्बादी है, आप जिस एंगल से स्टोरी बनाना चाहते थे, स्टोरी वैसा नहीं बन पा रही है, तो आइडिया पर तुरन्त काम बन्द कर देना चाहिए। लेकिन हमेशा विकल्प आइडिया तैयार रखें। रिपोर्टर कई बार आइडिया पर काम शुरू करता है। खबर से जुड़े लोगों से बात करने के बाद उसे पता चलता है कि स्टोरी आगे नहीं बढ़ रही या खबर से जुड़े सभी पक्ष उस दिन नहीं मिल पाएंगे। इससे निराश होने की जरूरत नहीं है। ऐसी स्थिति में उसी आइडिया से दूसरे एंगल पर स्टोरी बनाने की कोशिश की जा सकती है। याद रखें कि इस कवायद में कई बार तो आसानी से दूसरा एंगल मिल जाता है, लेकिन कई बार खूब माथापच्ची करनी पड़ सकती है। ऐसे में रिपोर्टर को धैर्य से काम लेना चाहिए। शान्त मन से सोचने पर स्टोरी के अन्दर भी स्टोरी मिल जाती है।

हो सके तो न्यूज प्रोड्यूसर से भी इस पर बात करें। इससे आपको स्टोरी के विषय में सही जानकारी बढ़ाने में मदद मिलेगी। स्टोरी के स्ट्रक्चर के बारे में जो प्लानिंग हो, उस पर भी एक रिपोर्टर को प्रोड्यूसर से जरूर चर्चा करनी चाहिए। रिपोर्टर और असाइनमेंट के बीच जो तय हुआ हो, उसकी भी जानकारी न्यूज प्रोड्यूसर को दी जानी चाहिए। मसलन कितने बजे शूट पर रवाना होना है, कब वापसी होगी, स्टोरी कब तक फाइल हो जाएगी।

कई बार फोन पर वक्त बर्बाद होता है। इंटरव्यू या बाइट लेने के लिए, खबरों के बारे में ज्यादा जानकारी हासिल करने के लिए सम्बन्धित व्यक्ति का आप नम्बर मिलाते हैं, लेकिन बात नहीं हो पाती। ऐसे में भी निराश होने की जरूरत नहीं है। आपकी कोशिश जारी रहनी चाहिए।

अध्याय-7

फील्ड में रिपोर्टर

शूटिंग से पहले की सारी तैयारी जब पूरी हो जाए, तब रिपोर्टर को फील्ड में कूच करना चाहिए। ठीक उसी तरह, जिस तरह 100 मीटर का रेस जीतने के लिए धावक (रनर) स्टार्टिंग प्वॉइंट से लक्ष्य की ओर भागता है। रेस शुरू होते ही रनर पूरे जोश के साथ एक रणनीति के तहत अपने लक्ष्य की ओर बढ़ता है। उस वक्त उसका एक ही मकसद होता है, सबको पीछे छोड़, कम से कम समय में रेस जीत लेना और अपनी तेजी से दुनिया को रोमांचित कर देना। टीवी रिपोर्टर का काम भी

बहुत कुछ स्टार्टिंग प्वॉइंट से लक्ष्य की ओर बढ़ते रनर की तरह ही है।

लेकिन फील्ड में जाने का मतलब ये नहीं है कि रिपोर्टर ने विजुअल शूट करा लिए, कुछ लोगों का इंटरव्यू लिया और वापस आ गए। रिपोर्टर को हमेशा ख्याल

रखना चाहिए कि फील्ड में वो जिस स्टोरी को कवर करने निकला है, उसके पीछे एक मकसद भी है। रिपोर्टर का दायित्व है कि वो घटना की सही तस्वीर दर्शकों के सामने पेश करे और इस नजरिये से रिपोर्टर फील्ड में काम करेगा, तो उसकी स्टोरी निश्चिततौर पर साधारण स्टोरी से अलग होगी।

इसलिए स्टोरी कैसे करनी है, इसकी रणनीति बनाने के बाद ही रिपोर्टर को खबर इकट्ठा करने के लिए फील्ड में निकलना चाहिए। याद रखें कि एक अच्छा रिपोर्टर खराब स्टोरी में जान डाल सकता है, बशर्ते वो सही आदमी से बात करे, सही सवाल पूछे, जानकारी लेने की प्रक्रिया को लचीला रखे। फील्ड में रिपोर्टर अपने दिमाग का खुलकर इस्तेमाल नहीं करेगा, तो अच्छे आइडिया वाली स्टोरी भी बेकार और बेजान हो सकती है।

ड्यूटी और सावधानियां

आशुतोष का कहना है कि फील्ड में पहुंचे रिपोर्टर का पहला काम होता है, खबर से जुड़े लोगों से बातचीत। उसके लिए ये पता करना जरूरी है कि कौन शख्स खबर से वाकई जुड़ा है, और कौन नहीं। क्योंकि अक्सर कुछ लोग रिपोर्टर के इर्द-गिर्द इकट्ठा हो जाते हैं, जिनका खबर से कुछ लेना-देना नहीं होता।

किसी स्टोरी को कवर करने के लिए रिपोर्टर जब घटनास्थल पर पहुंचता है, तो कैमरा देखते ही लोगों की भीड़ रिपोर्टर के करीब पहुंच जाती है। कई लोग एक साथ घटना के बारे में जानकारी देना चाहते हैं और एक साथ ही बोलने लगते हैं। ऐसे हालात में कई बार रिपोर्टर खुद भी घटना के बारे में कन्फ्यूज हो सकता है। लेकिन इन सब के बीच रिपोर्टर को हमेशा ख्याल रखना चाहिए कि वो वहां, किस मकसद से आया है और मकसद पूरा करने के लिए उसे हर हाल में स्थिति को अपने नियंत्रण में लेने की कोशिश करनी चाहिए।

लोकेशन पर सबको बोलने का मौका दे दिया, तो फिर मुश्किल बढ़ सकती है। इसलिए मौके पर पहुंचकर रिपोर्टर भीड़ में तुरन्त उस आदमी की पहचान करे, जिसे घटना के बारे में विस्तार से जानकारी हो। भीड़ में रिपोर्टर ये पहचान कर ले कि उसे किस आदमी की बाइट लेनी है और मुमकिन हो, तो उसे भीड़भाड़ से थोड़ी दूर ले जाने की कोशिश करनी चाहिए। इससे बेवजह के शोरगुल और स्टोरी कवर करने में दूसरी तरह की बाधाएं खत्म हो जाएंगी।

रिपोर्टर को अपनी स्टोरी में आम लोगों को खासतौर पर जगह देने की कोशिश करनी चाहिए। आम लोग का मतलब है, ऐसा व्यक्ति जो समाज में जाना-पहचाना नाम नहीं है। सड़क के किनारे दुकान लगाने वाला या रास्ते चलता व्यक्ति, ये कोई

भी हो सकता है। ये लोग खबरों में सुर्खियां नहीं बनना चाहते, घटना से इनका असली सरोकार होता है और ऐसे लोग बेहिचक सही बात बताते हैं।

रिपोर्टर को ख्याल रखना चाहिए कि ज्यादातर घटनास्थलों पर किसी संगठन या संस्था से जुड़े लोगों की भीड़ होती है। रिपोर्टर को ऐसे लोगों से खासतौर पर सावधान रहने की जरूरत है, क्योंकि इस तरह के लोगों को अच्छी तरह पता होता है कि टीवी पर बोलने से उन्हें प्रचार मिलेगा। इसलिए ऐसे लोग अपने फायदे के लिए खबरों को तोड़-मरोड़कर भी पेश कर सकते हैं।

रिपोर्टर को ये नहीं भूलना चाहिए कि घटनास्थल पर जो कुछ हो रहा है, उससे उसका वास्ता सिर्फ और सिर्फ स्टोरी को लेकर ही है। इसलिए उसे पंच या दारोगा की भूमिका में न रहकर, रिपोर्टर के रोल को ही हमेशा याद रखना चाहिए। लोकेशन पर हंगामा जारी हो और रिपोर्टर को लगे कि ऐसे माहौल में उसके काम में रुकावट आ सकती है, तो ऐसी स्थिति में रिपोर्टर को भीड़ से दूर हटने की कोशिश करनी चाहिए।

घटनास्थल पर लोगों में गुस्सा हो, तो सबसे पहले अपनी सुरक्षा की सोचें।

रिपोर्टर के इर्द-गिर्द गुस्साई भीड़ हो, तो रिपोर्टर को वहां सावधानी से खुद को सुरक्षित रखकर काम करने की तरकीब तुरन्त सोचनी चाहिए। बहादुरी या धौंस दिखाने की कोशिश तो हरगिज नहीं करनी चाहिए।

कई बार घटनाक्रम की वास्तविकता को पेश करने के लिए भीड़ में लोगों का गुस्सा दिखना भी जरूरी होता है। स्टोरी को प्रभावी बनाने के लिए एंबिएंस के

साथ लोगों के गुस्साए तेवर को जरूर शूट करना चाहिए और एंबिएंस के साथ स्टोरी की ओपनिंग भी इस तरह के विजुअल से करनी चाहिए। इससे स्टोरी न केवल दमदार होगी, बल्कि यादगार भी रहेगी।

विजुअल हर स्टोरी का एक अहम हिस्सा होता है, इसलिए अच्छे रिपोर्टर को घटनास्थल के खूब सारे विजुअल शूट कराने चाहिए। कई बार शूट से लौटने के बाद स्टोरी तैयार करने के लिए रिपोर्टर न्यूज रूम में जब वीडियो देखता है, तो उसे पता चलता है कि स्टोरी में जितने विजुअल की जरूरत थी, उससे कम ही शूट हो पाया है। इससे सारी मेहनत पर पानी फिर सकता है।

स्टोरी में इस बात को बताने की जरूरत होती है कि रिपोर्टर ने लोकेशन पर क्या देखा है? ये बात सही है कि फील्ड में रिपोर्टर कैमरे का इस्तेमाल खुद नहीं करता, बल्कि कैमरामैन ही विजुअल शूट करता है। लेकिन रिपोर्टर को इस बात की जानकारी होनी चाहिए कि स्टोरी के लिए किस तरह के और कितने विजुअल चाहिए और इसकी जानकारी उसे कैमरामैन को जरूर देनी चाहिए।

परवेज अहमद का कहना है कि फील्ड में काम शुरू करने से पहले रिपोर्टर कैमरामैन को खबर का फोकस जरूर समझा दे और संभावित शूट के बारे में कैमरामैन से राय-मशविरा कर लें। उनका कहना है कि रिपोर्टर और कैमरामैन में तालमेल बहुत जरूरी है। रिपोर्टर के लिए कैमरे के बारे में गहराई से जानना उतना जरूरी नहीं है, जितना कैमरामैन की काबिलियत और क्षमता को जानना। कैमरामैन खबर की जरूरत और उसकी अहमियत को समझ लेता है, तो रिपोर्टर को इसका पूरा लाभ मिलेगा। क्योंकि विजुअल मीडिया में अच्छे शूट से ही यादगार खबर बन सकती है।

रिपोर्टर को लोकेशन पर कुछ भी अलग हटकर दिखे, तो उस विजुअल को भी शूट करने के लिए कैमरामैन से जरूर कहना चाहिए। हो सकता है, ऐसे विजुअल से ही स्टोरी में एक अलग एंगल निकल आए। अच्छे विजुअल से स्टोरी अच्छी बनेगी और दर्शक इसे पसन्द करेंगे। सीधी सी बात है कि रिपोर्टर को स्टोरी की क्वालिटी से समझौता नहीं करना चाहिए और विजुअल की जितनी वेरायटी हो, उसका स्टोरी में इस्तेमाल होना चाहिए।

लोकेशन पर रिपोर्टर को हमेशा कैमरा टीम के साथ रहना चाहिए। कैमरा टीम को अपनी स्टोरी के बारे में विस्तार से बताएं। आप किस एंगल से स्टोरी करना चाहते हैं और आप किसका इंटरव्यू करने जा रहे हैं, इसकी पूरी जानकारी कैमरा टीम को भी होनी चाहिए। विषय की जानकारी होने पर ही कैमरामैन अपनी कल्पनाशीलता का इस्तेमाल कर स्टोरी के लिए अच्छा विजुअल दे पाएगा।

लोकेशन पर पहुंचने के बाद स्टोरी में कुछ बदलाव की जरूरत हो तो, इस बारे में कैमरामैन को भी बताएं। बेकार के विजुअल शूट न करें। ये समय की बर्बादी है और तय समय पर स्टोरी देने में भी मुश्किल होगी।

लोकेशन से पीटीसी जरूर करें। शुरुआती दिनों में इसमें थोड़ी परेशानी होती है और नए रिपोर्टर इसे सहजतौर पर नहीं कर पाते। लेकिन याद रखें, ये कमी पीटीसी करते रहने से ही दूर होगी, भागने से नहीं।

रिपोर्टर को चाहिए कि हरहाल में वो लोकेशन से ही, वहां की स्थिति की सूचना दफ्तर को दे। पूरी खबर एक साथ भेजने के बदले रिपोर्टर को घटनास्थल पर हो रहे डवलपमेंट की जानकारी थोड़ी-थोड़ी देर में न्यूजरूम को देते रहना चाहिए। रिपोर्टर को हमेशा कोशिश करनी चाहिए कि वो फील्ड से खाली हाथ लौटकर नहीं आए। वो दूसरा एंगल खोजे और एक स्टोरी के साथ ही दफ्तर लौटे, भले ही नई स्टोरी पहले तय की गई स्टोरी से थोड़ी अलग हो।

स्टोरी शूट होने के बाद लोकेशन से कोऑडिनेशन/असाइनमेंट डेस्क (Co-ordination/Assignment Desk) को संक्षिप्त जानकारी दें कि क्या-क्या शूट किया गया है? खबर बड़ी हो तो डेस्क को उस पर फोन लेने का आग्रह करें और ये सुनिश्चित करें कि डेस्क, फोन पर जानकारी लेकर खबर को दर्शकों तक पहुंचा दे।

रिपोर्टर के लिए जरूरी है कि वो जिस इलाके में काम कर रहा हो, वहां के लोकेशन, भाषा, कल्चर और ऐसी दूसरी तमाम बातों की जानकारी रखे, जिसका सरोकार वहां के आम लोगों से हो। ऐसी चीजें वहां के माहौल को समझने में मददगार साबित हो सकती हैं। इलाके की भौगोलिक जानकारी, आबादी के बारे में जानकारी, उद्योग-धन्धे, परिवहन, संचार के साधनों की जानकारी से किसी भी रिपोर्टर का काम आसान हो सकता है।

रिपोर्टर हर रोज ब्रेकिंग या एक्सक्लूसिव न्यूज नहीं दे सकता। वो रुटिन स्टोरी ही ज्यादा करेगा और इसमें से भी कुछ ऐसी होंगी, जो ज्यादा प्रभावी न हों। लेकिन इससे दर्शकों के बीच उसकी मौजूदगी बनी रहेगी और दर्शक रिपोर्टर को नहीं भूले, इसलिए रिपोर्टर को हमेशा याद रखना चाहिए कि लगातार काम से ही उसकी पहचान बनेगी।

रिपोर्टर की एक स्टोरी के पीछे कई लोग काम करते हैं और रिपोर्टर की मदद से ही सबका काम आसान हो सकता है। अच्छा रिपोर्टर वही है, जो विषय को दर्शकों के नजरिये से व्याख्या करने की कोशिश करता है, साहित्य वाली भाषा या शब्दों के जरिए नहीं। जब रिपोर्टर स्पॉट पर हो, तो सबसे पहले उसे ये सोचना

चाहिए कि पूरी घटना को बताने के लिए किस तरह का वाइड शॉट चाहिए। एक्शन को दिखाने के लिए वो किस तरह का मिड शॉट इस्तेमाल करेगा। इसके साथ ही ये भी ध्यान रखना चाहिए कि इंटरव्यू के लिए क्लोज शॉट किस एंगल से लेना है। कहने का मतलब ये है कि इसी तरह पूरी शूटिंग होनी चाहिए और इसी ऑर्डर में स्क्रिप्ट भी लिखी जानी चाहिए। यानी विजुअल में वेरायटी होनी चाहिए और वो स्टोरी की मांग के मुताबिक सिक्वेंस में होने चाहिए।

रिपोर्टर को इस बात का ध्यान रखना चाहिए कि स्टोरी में एक शॉट (विजुअल का टुकड़ा) कम से कम छह से दस सेंकेंड के लगते हैं। दर्शक को किसी विजुअल को अपने दिमाग से रजिस्टर करने में कम से कम पाँच से छह सेकेण्ड का वक्त लगता है। इसलिए कोई भी विजुअल इससे कम शूट नहीं किया जाना चाहिए। स्टोरी में आमतौर पर विजुअल का एक टुकड़ा दस से बारह सेकेण्ड का लगाया जाना चाहिए।

शूटिंग के वक्त जितना सम्भव हो सके, ट्राइपोड का इस्तेमाल किया जाना चाहिए।

शूट से पहले एंबिएंस और दूसरे शोरगुल (हवाई जहाज, एसी, टीवी की आवाज) को चेक करना चाहिए। इंटरव्यू के लिए माइक्रोफोन का इस्तेमाल जरूर करें। इसका ये फायदा है कि इससे शोरगुल या ऐसा एंबिएंस रिकॉर्ड नहीं होता, जो मूल बातचीत में खलल डाले। लेकिन मौके पर प्रभावशाली एंबिएंस हो, तो उसे भी जरूर रिकॉर्ड किया जाना चाहिए। इसके इस्तेमाल से स्टोरी को जानदार बनाया जा सकता है।

न्यूज की स्टोरी छोटी होती है, इसमें जूम, टिल्ट या पैन शॉट का इस्तेमाल मुमकिन नहीं होता। इसलिए इस तरह के विजुअल तभी शूट किए जाने चाहिए, जब तीन-चार मिनट या उससे बड़ी स्टोरी बनानी हो।

रिपोर्टर जब लोकेशन पर हो, खास ध्यान दे कि क्या स्पेशल इफेक्ट के लिए स्पेशल लाइट की जरूरत है। न्यूज में ज्यादातर कैमरे में लगी लाइट या पोर्टेबल लाइट के जरिए ही शूटिंग होती है। लेकिन वक्त हो, तो जरूरत के मुताबिक लाइट की व्यवस्था होनी चाहिए। अच्छी रोशनी में की गई शूटिंग विजुअल में जान डाल देती है।

रिपोर्टर के लिए जरूरी है कि वो वक्त की कीमत समझे। पहले से ही तय होना चाहिए कि किसी से क्या पूछना है? जितनी जरूरत हो, उतनी बातें ही पूछें। इससे शूटिंग में वक्त बचेगा। एडिटिंग से पहले प्रिव्यू में कम वक्त लगेगा।

स्क्रिप्ट लिखने में आसानी होगी। ज्यादा लम्बी बातचीत से एडिटिंग के वक्त मुश्किल होगी। बेकार की लम्बी बातचीत से अपना और इंटरव्यू देने वाले, दोनों का कीमती वक्त बर्बाद होगा।

शॉट लिस्टिंग

टेलीविजन में समय सबसे ज्यादा अहमियत रखता है और यही रिपोर्टर की असली कामयाबी का मूलमंत्र भी है। जिस रिपोर्टर ने वक्त की अहमियत को समझ लिया, उसे बुलंदियों तक पहुंचने से कोई नहीं रोक सकता। समय बचाने और काम को अ.सान बनाने का तरीका है कि शूटिंग वाली जगह (लोकेशन) पर ही विजुअल और बाइट की शॉट लिस्ट बना ली जाए। इससे न्यूज रूम में बाइट और विजुअल खोजने में वक्त बर्बाद नहीं होगा और तय समय पर स्टोरी एयर करने में मदद मिलेगी।

शूटिंग शुरू होने से पहले ही रिपोर्टर को कैमरामैन से कहना चाहिए कि वो हर टेप को जीरो पर रिसेट कर शूट करने के बजाए टाइम कोड डालकर शूटिंग करे। इसका फायदा ये होगा कि रिपोर्टर कैमरा से दूर भी होगा, तो वो अपनी घड़ी देखकर स्टोरी की जरूरत के मुताबिक विजुअल और बाइट्स के टाइम कोड नोट कर लेगा। इससे एडिटबे में टेप को फास्ट-फॉरवर्ड और फास्ट-रिवाइंड मोड पर डालकर जरूरी बाइट्स और विजुअल जल्द पहचानने में मदद मिलेगी।

शॉट लिस्ट इस तरह बनाई जा सकती है–

मान लीजिए आपने किसी नेता की प्रेस कॉन्फ्रेंस कवर की हो। आप इसकी शॉट लिस्ट इस तरह बना सकते हैं।

समय कोड-3.00 pm

—प्रेस कॉन्फ्रेंस शुरू होने के कटअवेज यानी कॉन्फ्रेंस रूम में पत्रकारों का आना, बैठना, नेता का कॉन्फ्रेंस रूम में दाखिल होना।

समय कोड-3.10 pm

—प्रे[illegible]क्रेंस में बोलते हुए नेता के विजुअल

समय कोड-3.15 pm

—नेता की कही मुख्य बातें, जो आपकी स्टोरी का मुख्य एंगल हो।

समय कोड-3.22 pm

—नेता की कोई ऐसी बात जो आपकी स्टोरी को आगे बढ़ाती हो।

समय कोड-3.25 pm

—प्रेस कॉन्फ्रेंस खत्म होने के विजुअल, नेता उठकर जाते हुए, कॉन्फ्रेंस हॉल में मौजूद पत्रकारों का बाहर निकलना।

प्रेस कॉन्फ्रेंस के वक्त रिपोर्टर को कैमरामैन के पास ही रहना चाहिए, ताकि वो स्टोरी के लिए महत्वपूर्ण टाइम कोड तुरन्त नोट कर सके। इसके अलावा इस बात का भी ध्यान रखना पड़ता है कि प्रेस कॉन्फ्रेंस के दौरान कैमरा सिर्फ नेता के चेहरे पर ही न रहे, बल्कि बीच-बीच में हाथों के हाव-भाव और आसपास बैठे दूसरे नेताओं और पत्रकारों की ओर भी घूमता रहे। इस तरह के विजुअल स्टोरी बनाते वक्त काफी मदद करते हैं, क्योंकि कई बार बाइट काफी लम्बी होती है, जिसमें कही गई बातें, दो टुकड़ों में काटकर जोड़नी पड़ सकती हैं। जोड़ वाली जगह पर जम्प न दिखे, इसके लिए **कटअवेज** का इस्तेमाल किया जाता है। एक सेकेण्ड के किसी विजुअल में 24 फ्रेम होते हैं। यानी एक सेकेण्ड के विजुअल को 24 टुकड़ों में बांटा जा सकता है। कैमरा हल्का से हल्का मूवमेंट भी कैद करता रहता है। बातचीत का कोई हिस्सा हटाया जाता है, तो विजुअल की कंटिन्यूटी टूट जाती है और फ्रेम मैच नहीं होने से हटाई हुई जगह पर विजुअल झटके के साथ टीवी स्क्रीन पर दिखता है। टीवी की भाषा में इसे **जंप** कहते हैं।

प्रेस कॉन्फ्रेंस के बाद जब रिपोर्टर दफ्तर लौटकर आएगा, तब रफ नोट से उसे काफी मदद मिल सकती है। इसलिए हर रिपोर्टर को शूटिंग की, शुरू से अन्त तक शॉट लिस्ट बनानी चाहिए। इंटरव्यू हो, तो कही हुई मुख्य-मुख्य बातों को भी नोट करें। इससे एडिटबे में शॉट, बाइट्स और विजुअल खोजने में बेकार की माथापच्ची नहीं करनी पड़ेगी और स्टोरी को बेहतर बनाने के लिए ज्यादा वक्त मिल पाएगा।

एडिटिंग के वक्त वीटी एटिडर को भी शॉट लिस्ट के पेपर देना चाहिए और उसे ये भी बता देना चाहिए कि स्टोरी के लिए कौन-कौन सा विजुअल सबसे अहम है और उनका किस सिक्वेंस में इस्तेमाल किया जाएगा।

इसके अलावा रिपोर्टर की ये ड्यूटी भी होती है कि वो शूट किए गए अपने तमाम विजुअल के रिकॉर्ड रखे और उन्हें लाइब्रेरी में आर्काइव भी कराए। शॉट लिस्टिंग इस काम को आसान करती है। शॉट लिस्टिंग के दौरान नोट किए गए महत्वपूर्ण विजुअल के काउंटर (टेप का टाइम कोड) लाइब्रेरी को दिए जा सकते हैं। इससे फायदा ये होगा कि बाद में जब रिपोर्टर को फाइल फुटेज की जरूरत पड़ेगी, तो वो लाइब्रेरी से तुरन्त मनपसन्द विजुअल निकाल पाएगा और इसके लिए उसे माथापच्ची नहीं करनी पड़ेगी।

समय का सही इस्तेमालः असाइनमेंट पूरा कर जब रिपोर्टर न्यूज रूम लौटने

लगे, तब रास्ते में ही अपनी स्टोरी का खाका तैयार कर ले, इससे वक्त बचेगा। फील्ड से वापसी के लिए गाड़ी में बैठने के बाद स्टोरी का खाका तैयार करने में जुट जाना चाहिए। याददाश्त सही है, तो दिमाग में आउटलाइन बनानी चाहिए और नहीं तो घटनाक्रम का ब्यौरा सिलसिलेवार तरीके से कागज पर नोट कर लेना चाहिए। इससे पता लग जाएगा कि कौन से विजुअल कहां लगाने हैं। नोट कर लेना चाहिए कि स्टोरी किस विजुअल से खुलेगी। उसके पास सबसे प्रभावी विजुअल क्या है? जो दर्शकों को स्टोरी देखने पर मजबूर कर देगा। बाइट का कैसे इस्तेमाल करना है, स्टोरी की शुरुआत और अन्त कैसे करना है। स्टोरी के लिए लिखी जाने वाली लाइन कैसी होगी। रास्ते में ही स्टोरी का रफ इंट्रो भी लिख लेना चाहिए।

रिपोर्टर को रास्ते में ही सोचना चाहिए कि उसके पास बाइट का सबसे अच्छा हिस्सा कौन सा है। इंटरव्यू लम्बा है, तो उसमें से कौन सी बात स्टोरी के लिए ज्यादा अहम है। किसी स्टोरी में एक बाइट अमूमन बीस सेकेण्ड की होती है, तो ये देखना पड़ेगा कि वैसी कौन सी बात है, जो बीस सेकेण्ड में स्टोरी को आगे बढ़ाती है।

रिपोर्टर रास्ते में ये भी तय कर सकता है कि किन-किन लोगों की बाइट स्टोरी में लगानी है और ये सोचा जा सकता है कि क्या किसी इंटरव्यू में ऐसी बात है, जिसे बाइट के तौर पर इस्तेमाल कर स्टोरी की ओपनिंग की जा सके और स्टोरी को एक नया एंगल मिल सके। कई लोगों के इंटरव्यू हों, तो उसे इस बात को मार्क करना चाहिए कि किसने वो बातें कही है, जो रिपोर्ट को बेहतर और असरदार बना सकती है। हमेशा ऐसी बाइट खोजनी चाहिए, जो कुछ हटकर हो।

रास्ते में ही रिपोर्टर को शूट टेप का पूरा विवरण लिख लेना चाहिए। विवरण में स्टोरी का नाम, लोकेशन, विजुअल क्या-क्या हैं, किसका इंटरव्यू या बाइट है और इनके टीसी काउंटर (टाइम कोड) जैसी बातों का जिक्र होना चाहिए। इससे स्टोरी बनाते वक्त सुविधा होगी। इसके अलावा भविष्य में इसकी जरूरत पड़ सकती है। कई बार स्टोरी में पुराने विजुअल और बाइट की जरूरत होती है और शूट टेप के रिकॉर्ड ऐसे वक्त में मददगार साबित होंगे।

इस तरह रिपोर्टर चाहे तो वो दफ्तर लौटने के समय का सदुपयोग कर सकता है। इससे उसका काम आसान हो जाएगा और डेड लाइन पर स्टोरी देने के तनाव से राहत मिलेगी। ज्यादातर रिपोर्टर इस समय का सही इस्तेमाल नहीं कर पाते। वे इस बात को भी नहीं समझ पाते हैं कि तेजी से सोचने के लिए ये वक्त काफी महत्वपूर्ण होता है और रास्ते में किया गया काम एडिटिंग के दौरान काफी मददगार होता है।

अध्याय-8

इंटरव्यू (साक्षात्कार)

जब कोई बड़ी और चौंकाने वाली घटना होती है, तो ऐसे हालात में जरूरी हो जाता है कि उसकी पूरी जानकारी दर्शकों को दी जाए। कोई न कोई इंसान हर घटना का एक पक्ष होता है और उसकी मुकम्मल राय के लिए की गई बातचीत इंटरव्यू कहलाती है। इंटरव्यू का विषय किसी की निजी जिन्दगी भी हो सकती है और इसका विषय सार्वजनिक, राष्ट्रीय और अंतर्राष्ट्रीय मुद्दा, कुछ भी हो सकता है।

आशुतोष कहते हैं कि इंटरव्यू का मतलब है, खबर से जुड़े शख्स से सवाल-जवाब करना। खबर की तह तक जाने के लिए इंटरव्यू की काफी अहमियत

है। उनके मुताबिक इंटरव्यू लेने का आसान तरीका यही है कि रिपोर्टर विषय की पूरी जानकारी हासिल करे और सवालों को लिख ले।

इंटरव्यू बहुत लम्बा भी हो सकता है और छोटा भी हो सकता है। ये इस बात पर निर्भर करता है कि मुद्दा कितना बड़ा है और उस मुद्दे पर बातचीत करने वाले की हैसियत कितनी बड़ी है। अमेरिका के साथ परमाणु संधि के मुद्दे पर प्रधानमन्त्री मनमोहन सिंह किसी चैनल से लम्बी बातचीत के लिए तैयार हो जाएं, तो इस तरह के इंटरव्यू में अमूमन काटछांट की गुंजाइश कम ही रहती है और चैनल पूरी की पूरी बातचीत कम से कम एक बार तो जरूर दिखाएगा और उसकी कोशिश होगी कि बातचीत का लाइव टेलीकास्ट ही दर्शकों तक पहुंचाए। सोनिया गांधी, लालकृष्ण आडवाणी, अमिताभ बच्चन, सलमान खान या शाहरूख खान के साथ की गई बेबाक बातचीत को शायद ही कोई चैनल कुछ मिनटों में समेटना चाहेगा। बातचीत दमदार हो, तो घंटे-दो घंटे भी दिखाई जा सकती है और एक दिन में कई बार दिखाई जा सकती है।

प्रबल प्रताप सिंह के मुताबिक खबरों में चर्चित चेहरे या फिर ऐसे शख्स का, जिसके बोलने या कहने का खास असर हो, का ही इंटरव्यू लिया जाना चाहिए। इंटरव्यू इसलिए भी जरूरी है, क्योंकि इसमें बातचीत करने वाले की शख्सियत टीवी पर खुलकर सामने आ जाती है। चर्चित मुद्दे पर उसके बात कहने का अंदाज, हावभाव, उसकी प्रतिक्रिया को, उसकी कही गई बातों से जोड़कर देखा जा सकता है। कई बार आप दो मिनट में पूरी कहानी नहीं कह पाते, लेकिन इंटरव्यू में पूरी बात आ जाती है, इसलिए भी इंटरव्यू जरूरी है।

रिपोर्टर के दिमाग में एक बात साफ होनी चाहिए कि स्टोरी में इस्तेमाल होने वाली बाइट भी इंटरव्यू का हिस्सा हो सकती है, लेकिन बाइट और इंटरव्यू में बुनियादी फर्क है। बाइट ज्यादतर ताजा मुद्दे पर ही ली जाती है, लेकिन इंटरव्यू में भूत, वर्तमान और भविष्य के अलावा निजी जीवन से जुड़े सवाल भी हो सकता है।

इंटरव्यू या साक्षात्कार एक रिपोर्टर के लिए बड़ी चुनौती होती है। क्योंकि बिना खास तैयारी के इंटरव्यू दिलचस्प नहीं हो सकता और दर्शकों ने दिलचस्पी नहीं दिखाई, तो समझ लें, रिपोर्टर की मेहनत बेकार गई।

इंटरव्यू के प्रकार

न्यूजबेस्ड या समाचार पर आधारित इंटरव्यू-इस तरह के इंटरव्यू ताजा घटनाओं पर आधारित होते हैं। सवाल-जवाब भी घटना के इर्द-गिर्द घूमते रहते हैं। आमतौर पर इंटरव्यू देने वाला घटना के एक पक्ष का समर्थन करता है और दूसरे पक्ष की

आलोचना करता है।

पर्सनॉलिटीबेस या व्यक्तित्व पर आधारित इंटरव्यू-इस तरह के इंटरव्यू निजी जिन्दगी पर ज्यादा आधारित होते हैं। खास मौके पर सेलिब्रेटी या बड़े नेताओं से बातचीत पर्सनॉलिटीबेस इंटरव्यू के दायरे में आते हैं।

स्टूडियो के अन्दर इंटरव्यू-स्टूडियो के अन्दर होने वाले टॉक शो, चैट शो भी इंटरव्यू का हिस्सा है।

फोनो इंटरव्यू-कई बार किसी खास मुद्दे पर किसी खास व्यक्ति की राय जरूरी होती है, लेकिन परिस्थितियां ऐसी बन जाती हैं कि उस व्यक्ति के पास रिपोर्टर का तुरंत पहुंचना मुमकिन नहीं हो पाता। ऐसी स्थिति में बातचीत के लिए फोन सबसे अच्छा जरिया है। फोन पर की गई बातचीत रिकॉर्ड कर ली जाती है और ग्राफिक्स की मदद से बातचीत को एयर कर दिया जाता है। लेकिन इसमें एक बात ध्यान रखने वाली है कि मुद्दा बहुत बड़ा नहीं हो, तो फोन पर लिया गया इंटरव्यू बहुत छोटा ही रहना चाहिए। क्योंकि बहुत देर तक सिर्फ ऑडियो सुननाउबाऊ हो सकता है। इसी लिए फोनो इंटरव्यू के साथ ग्राफिक्स प्लेट के अलावा सम्बन्धित घटना या व्यक्ति का फाइल फुटेज भी दिखाना चाहिए।

वॉक्स पॉप-किसी मुद्दे पर लोगों की तुरंत राय जानने का सबसे अच्छा जरिया है वॉक्स पॉप। वॉक्स पॉप मुद्दे के पक्ष और विपक्ष, दोनों में हो सकता है। रिपोर्टर एक मुद्दा लेकर लोगों के बीच सीधे पहुंच जाता है और कैमरे के सामने मुद्दे से जुड़ा सवाल बता कर संक्षेप में आम लोगों की राय लेता है। अमेरिका के साथ परमाणु करार से लेकर रसोई गैस की कीमत में इजाफा तक, मुद्दा कुछ भी हो सकता। मतलब ये कि विषय का आम लोगों से सरोकार हो, समस्या से समाज का बड़ा तबका प्रभावित होने वाला हो।

रिपोर्टर को लोगों की राय लेते वक्त इस बात का ख्याल रखना चाहिए कि जिससे बात की जा रही हो, उस व्यक्ति का उस मुद्दे से सीधा सरोकार हो। मसलन अमेरिका के साथ परमाणु करार पर पढ़े-लिखे लोगों की राय ज्यादा प्रासंगिक होगी। इस मुद्दे पर गांव के अनपढ़ किसान से बात करना बेवकूफी ही कहलाएगी। इसी तरह रसोई गैस की कीमतों में इजाफा के मुद्दे पर एक गृहिणी से अच्छी प्रतिक्रिया कोई नहीं दे सकता। रसोई गैस का इस्तेमाल तो होटल, रेस्तरां वाले भी करते हैं, लेकिन उनकी प्रतिक्रिया अहम नहीं मानी जा सकती, क्योंकि रसोई गैस की कीमत बढ़ते ही वो अपने सामानों की कीमत बढ़ा देंगे और उनका कुछ नुकसान नहीं होगा। वॉक्स पॉप ज्यादा लम्बा नहीं होना चाहिए। हर व्यक्ति की राय पन्द्रह से बीस सेकेण्ड से ज्यादा बड़ी नहीं होनी चाहिए। लेकिन इस

फॉर्मेट में एक सुविधा है कि कई लोगों की राय एक साथ बैक टू बैक दिखाई जा सकती है।

परवेज अहमद का कहना है कि वॉक्स पॉप में छोटी-छोटी बाइट्स का ज्यादा से ज्यादा इस्तेमाल होना चाहिए, ताकि कई लोगों की अलग-अलग राय भी स्टोरी में शामिल हो जाए और स्टोरी में कसावट भी बनी रहे।

वॉक्स पॉप का सीमित इस्तेमाल ही बेहतर होता है। जब कुछ लोगों की राय तुरन्त चाहिए, तभी इसका इस्तेमाल करें, क्योंकि किसी मुद्दे पर ज्यादातर लोगों की अपनी अलग राय होती है। साथ ही कोई जरूरी नहीं कि मुद्दे से वो प्रभावित हों या मुद्दे के नफा-नुकसान का उन पर असर हो। एक बात और, वॉक्स पॉप के लिए लोगों की राय लेने से पहले, रिपोर्टर को भी उस मुद्दे के बारे में पूरी जानकारी इकट्ठा कर लेनी चाहिए।

इंटरव्यू की तैयारी

अच्छे इंटरव्यू के लिए जरूरी है कि इंटरव्यू से पहले उसकी तैयारी कर ली जाए, इसलिए कुछ चीजों का ध्यान रखें। टेलीफोन, रिपोर्टर की कार्य क्षमता को बढ़ाने में

खूब मदद करता है। स्टोरी कवर करने से पहले उसका भरपूर इस्तेमाल करें। मसलन किसी का इंटरव्यू चाहिए, तो पहले फोन से बात कर समय और जगह तय कर लें। ये पूछ लें कि आपको, वो कितना वक्त दे पाएंगे। आपको किन मुद्दों पर सवाल करने हैं, इसकी भी जानकारी पहले ही दे दें। इसका फायदा ये होगा कि

इंटरव्यू से पहले की इस बातचीत में ही ये पता लग जाएगा कि मुद्दे पर जवाब देने वाले की क्या राय है और आपको स्टोरी का खाका तैयार करने में इंटरव्यू के पहले ही मदद मिल जाएगी।

एक बात हमेशा ध्यान रखना चाहिए कि जब भी आप किसी का इंटरव्यू करते हैं, तो अमूमन वो व्यक्ति अपने फील्ड का एक्सपर्ट होता है और जिस विषय पर उससे बात की जानी है, उसकी उसे पूरी जानकारी होती है। इस लिए रिपोर्टर के लिए भी बेहतर है कि वो पूरी तैयारी के साथ इंटरव्यू के लिए जाए। साथ ही रिपोर्टर को इस बात का भी कुछ अंदाज होना चाहिए कि इंटरव्यू देने वाला व्यक्ति उस विषय के बारे में क्या सोचता है, जिस पर उससे सवाल पूछे जाने हैं। इंटरव्यू में खबर से जुड़ा व्यक्ति दर्शकों के सामने होता है इसलिए रिपोर्टर को न सिर्फ विषय, बल्कि उस व्यक्ति के बारे में भी पूरी जानकारी होनी चाहिए।

जिस विषय पर बात करनी हो, उस पर इंटरव्यू से पहले रिसर्च बहुत जरूरी है। जिस विषय पर इंटरव्यू के दौरान बात की जानी है, उस विषय पर रिपोर्टर की राय भी बिल्कुल स्पष्ट होनी चाहिए। रिपोर्टर को इंटरव्यू लेने से पहले उस विषय के बारे में पूरी जानकारी इकट्ठा कर लेनी चाहिए, जिस विषय में उसे सवाल पूछने हैं। इसके लिए विषय पर शोध जरूरी है। विषय की पूरी जानकारी होने से इंटरव्यू देने वालों के साथ बेवजह बहस से बचा जा सकता है और इसमें समय भी बर्बाद नहीं होगा। इसलिए पहले ही सोचिए और जो सवाल आप पूछना चाहते हैं, उसे लिख लीजिए। इस बात पर भी गौर कर लें कि आपके सवाल का, क्या जवाब मिल सकता है। इससे, जवाब से निकलने वाले सवाल तैयार करने में मदद मिलेगी।

रिपोर्टर को किसी का इंटरव्यू लेने से पहले ये तय कर लेना चाहिए कि वो दर्शकों के सामने क्या पेश करना चाहता। क्या उसके दिमाग में कुछ खास सवाल हैं, जिसका वो जवाब चाहता है। ये सवाल पहले से ही लिख लिए जाने चाहिए। सवाल छोटे और स्पष्ट होने चाहिए। दो-तीन सवाल एक साथ नहीं पूछे जाने चाहिए और सवालों का सन्दर्भ भी बहुत लम्बा नहीं होना चाहिए। **परवेज अहमद** कहते हैं कि जिस व्यक्ति का इंटरव्यू लिया जा रहा हो, उसे अपनी बात कहने का पूरा मौका दिया जाना चाहिए। क्योंकि उस व्यक्ति की जानकारी से खबर निकलेगी, खबर आगे बढ़ेगी, खबर की पुष्टि होगी या खबर गलत साबित होगी।

इंटरव्यू से पहले माहौल को सामान्य बनाने के लिए गेस्ट के साथ बातचीत जरूर करनी चाहिए, न कि सीधे सवाल। इससे, जिस मुद्दे पर आप बात करने वाले हैं, उस पर इंटरव्यू देने वाले के रुख का पहले ही पता चल जाएगा और रिपोर्टर को इस बात का पहले ही अंदाज मिल जाएगा कि वो, जो कुछ पूछना

चाहता है, सामने वाला उसका जवाब देगा या नहीं। इससे रिपोर्टर को पहले ही अपने सवालों में थोड़े फेरबदल का मौका मिल जाएगा।

इंटरव्यू की शुरुआत कठिन सवालों से न करें। सवाल छोटे और सीधे हों। सीधा सवाल इस तरह हो सकता है।

—मसलन, मुद्दे के बारे में आपकी क्या राय है?

—ये महत्वपूर्ण क्यों हैं?

—इसके दूरगामी प्रभाव क्या हो सकते हैं?

सुनने में ऐसी बातें दूसरों को आसान लगेगी, लेकिन यकीन मानिए, जवाब देनेवालों के लिए इस तरह के सवाल आसान नहीं होंगे। संसद में वित्त मंत्री चिदंबरम ने 2007-08 के लिए बजट की घोषणा करते वक्त ऐलान किया कि किसानों को कर्ज माफी के लिए साठ हजार करोड़ रुपये का बजट में प्रावधान किया गया है। लेकिन एक टीवी चैनल के वरिष्ठ पत्रकार ने इंटरव्यू के दौरान जब चिदंबरम से पूछा कि इतना पैसा कहां से आएगा, तो पहले तो वित्त मंत्री ने इस सवाल को टालने की कोशिश की, लेकिन पत्रकार अपने सवाल पर जब अड़ा रहा और उसने दोबारा जवाब देने का आग्रह किया तो, वित्त मंत्री आपे से बाहर हो गए।

दिल्ली में मेट्रो का काम जोरशोर से चल रहा है और एक रिपोर्टर इसके काम की प्रगति का जायजा लेने के लिए मेट्रो अधिकारी का इंटरव्यू लेने जाता है, तो उसे कुछ इस तरह सवाल शुरू करने चाहिए।

—क्या जिस तरह योजना बनाई गई है, उसके मुताबिक काम चल रहा है?

—परियोजना को पूरा करने में किस तरह की कठिनाई आ रही है?

—मेट्रो परियोजना में कितने लोगों को रोजगार मिला है?

—क्या परियोजना को पूरा करने के लिए पर्याप्त पैसे हैं?

—इस परियोजना में क्या विदेशों से भी मदद मिल रही है?

—ये मदद किस तरह की है, वित्तीय या तकनीकी?

—परियोजना कब तक पूरी हो जाएगी?

—परियोजना का काम ढीला चल रहा हो तो पूछिए

—काम शुरू हुए इतने दिन हो गए, अभी तक तीसरा चरण पूरा क्यों नहीं हुआ?

—कब तक पूरा होने की उम्मीद है?

—क्या समस्या है?

—समस्या खत्म करने के लिए सरकार क्या कर रही है?

—परियोजना में धांधली की जानकारी हो, तो सीधा सवाल पूछिए कि घोटाला हो रहा है, क्या इसकी जानकारी है?

—जानकारी है, तो इसे रोकने के लिए क्या कदम उठाए गए हैं?

लेकिन भ्रष्टाचार से जुड़े सवालों को पूछने से पहले रिपोर्टर के पास ठोस सबूत होने चाहिए। इससे जुड़े कागजात रिपोर्टर के पास जरूर होने चाहिए।

सीधे और आसान सवाल सिर्फ इंटरव्यू देने वाले को सहज बनाने के लिए होते हैं, ताकि वो आपस में खुलकर बातें कर सकें। इस वार्मिंग अप भी कहते हैं। एक बार जब गेस्ट सहज हो जाए, तो आपको उन सवालों पर आ जाना चाहिए, जिनके जवाब बड़ी खबर बन सकते हैं और जो इंटरव्यू का असली मकसद भी होता है। इंटरव्यू का असली मकसद होता है छिपी हुई सूचनाओं, जानकारियों को बाहर लाना। याद रखिए वार्मिंग अप, माहौल को सहज बनाने या इंटरव्यू देने वाले का दिल जीतने वाले सवाल और जवाब सिर्फ फिलर होते हैं। असली सवाल तो वो है, जो दबाई जा रही सूचना या जानकारी को सामने लाए। मसलन ये जरा पूछ कर देखिए कि—

मेट्रो के पहले और दूसरे चरण के मुकाबले तीसरे चरण में जानलेवा दुर्घटनाएं ज्यादा क्यों हो रही हैं?

क्या ठेकेदार अपना मुनाफा बढ़ाने के लिए पर्याप्त सावधानी नहीं बरत रहे?

दुर्घटना के लिए जिम्मेदार ठेकेदार कम्पनियों के खिलाफ क्या कार्रवाई हो रही है?

क्या मेट्रो के निर्माण की क्वालिटी गिर रही है?

इन सब के बारे में आपके पास जो खास जानकारी हो, उसे अपने सवाल में बेबाक तरीके से रखें और अधिकारी को ग्रिल (घेराबन्दी) करें। नजर मिलाकर बातें करें। बॉडी लैंगवेज ऐसी हो, जिसमें आत्मविश्वास झलके।

सावधानियां

सवाल पूछते समय गेस्ट की तरफ ही देखें, कैमरे की तरफ नहीं और गेस्ट को भी बता दें कि वो आपकी तरफ ही देखकर जवाब दे, कैमरे की तरफ नहीं देखे। इंटरव्यू खत्म करने से पहले एक बार जरूर सोच लें, कि क्या और कुछ पूछना बाकी रह गया है।

इंटरव्यू के दौरान कोशिश होनी चाहिए कि पूछे गए सवालों का पूरा जवाब मिले। यानी जवाब हां-हूं में कह कर टाल न दिए जाएं। ऐसी स्थिति में अपने कॉमेंट के साथ रिपोर्टर को तुरन्त सवाल फिर दागना चाहिए। उसे बताना चाहिए कि पूछे गये सवाल का जवाब नहीं मिला है। लेकिन इंटरव्यू देने वाला इसके बाद भी जवाब देने से बचना चाहे, तो बेहतर यही है कि रिपोर्टर को भी अपना सवाल

वहीं छोड़ देना चाहिए। सवाल पर अड़े रहने से हो सकता है, इंटरव्यू देने वाला भड़क जाए और आगे बातचीत करने से मना करे दे।

रिपोर्टर को इंटरव्यू के दौरान इस बात का हमेशा ख्याल रखना चाहिए कि उसके व्यवहार में शालीनता बनी रहे। बातचीत के दौरान उसके चेहरे पर तनाव नहीं दिखना चाहिए। कई बार पूछे गए सवालों से इंटरव्यू देने वाला भड़क सकता है और माहौल तनावपूर्ण भी हो सकता है। लेकिन अच्छा रिपोर्टर वही है, जो ऐसी स्थिति को भी अपने कुशल व्यवहार से संभाल ले। आप जवाब देने वाले के विचारों को चुनौती दे सकते हैं, लेकिन खुद पर संयम रखें, अपनी आवाज ऊंची नहीं करें। साथ ही अपने सवाल पर अड़े रहें। अपने ऊपर एक पक्ष का समर्थन करने का आरोप कभी न लगने दें।

लोकेशन की लाइट पर खास ध्यान दें। खुली खिड़की से आती तेज रोशनी से बचें। ज्यादा या कम रोशनी आपकी पूरी मेहनत को बिगाड़ सकती है। इसलिए कैमरामैन से कहें कि बातचीत रिकॉर्ड करने से पहले ये चेक कर ले कि लाइट पर्याप्त है।

इंटरव्यू वाली जगह के बैकग्राउन्ड पर जरूर गौर करें। कैमरे में कैद कैलेंडर, घड़ी दरअसल इंटरव्यू का टाइमकोड बन सकती है और इंटरव्यू शूटिंग के कुछ दिनों बाद एयर करनी हो, तो इससे पता लग जाएगा कि इंटरव्यू पुराना है।

टेलीविजन में समय काफी अहमियत रखता है और तारीख, इंटरव्यू के अहमियत को कम कर सकती है।

इंटरव्यू इनडोर हो, तो शूटिंग से पहले एयरकंडिशनर भी बन्द कर देना चाहिए, क्योंकि इसकी हिसिंग (आवाज) बातचीत की क्लीयर रिकॉर्डिंग में बाधा पैदा करेगी।

समय मिले और जरूरत हो, तो अपने सवाल को दोबारा रिकॉर्ड कर लें। खासकर तब, जब इंटरव्यू के लिए एक कैमरे का इस्तेमाल किया गया हो और रिपोर्टर पीछे की ओर से दिखाई दे रहा हो। इसे **रिवर्स क्वेशचन रिकॉर्डिंग** कहते है। रिपोर्टर और गेस्ट के सिर हिलाते हुए कुछ विजुअल भी शूट किए जाने चाहिए। इसे **नॉर्डिंग** कहते हैं। हाथ हिलाते या सवाल सुनते गेस्ट का कटअवेज भरपूर शूट किए जाने चाहिए। एडिटिंग के दौरान इसकी जरूरत पड़ जाती है। ऐसे हालात में जब टेप की गड़बड़ी से बातचीत के थोड़े बहुत विजुअल खराब हो जाए, लेकिन उन जगहों पर ऑडियो ठीक हो, तो ऐसे कटअवेज काफी मददगार साबित होते हैं। इंटरव्यू छोटा करना हो, तो जम्प कट छिपाने के लिए भी ऐसे विजुअल की मदद ली जाती है।

लोकेशन को स्थापित करने वाला शॉट जरूर लें। कटअवेज के लिए वाइड और वॉकिंग टू शॉट भी ले सकते हैं। गेस्ट के घर के बाहर का विजुअल भी जरूर शूट करें।

इंटरव्यू आमतौर पर मिड या क्लोज शॉट में लिया जाता है। इस दौरान ख्याल रखना चाहिए कि बातचीत कैमरा फ्रेम के अन्दर ही हो। बीच-बीच में टू शॉट भी शूट किया जाना चाहिए, जिसमें रिपोर्टर और इंटरव्यू देने वाले, दोनों के एक साथ विजुअल हों।

इंटरव्यू के दौरान ट्राइपोड का इस्तेमाल सबसे बेहतर तकनीक है। लेकिन कई बार चलते-फिरते, घूमते-टहलते भी बातचीत शूट हो सकती है। रिपोर्टर को चाहिए कि ऐसी स्थिति में वो कैमरामैन को फ्रेम का ख्याल रखने की हिदायत जरूर दे। इंटरव्यू शूटिंग का सही फॉर्मूला है इंटरव्यू देने वाला और इंटरव्यू लेने वाला, दोनों का फ्रेम अपोजिट डायरेक्शन (एक दूसरे के आमने-सामने) में होना चाहिए। दोनों का फ्रेम एक डायरेक्शन में कभी नहीं हो सकता। और अन्त में, इंटरव्यू सही तरीके से एडिट कराएं। लम्बे सवाल और जवाब को एटिडिंग के दौरान छोटा किया जा सकता है, लेकिन ध्यान रखें कि छोटा करने के चक्कर में सवाल-जवाब का मतलब नहीं बदल जाए।

अध्याय-9

पीटीसी (पीटूसी) पीस टू कैमरा

सूचना को लाइव अन्दाज में सही और सटीक तरीके से दर्शकों तक पहुंचाने का मौका टीवी रिपोर्टर के पास ही होता है। किसी अखबार या रेडियो के रिपोर्टर के पास ये क्षमता नहीं होती। टीवी रिपोर्टर ये काम करता है, पीटीसी के जरिए। जब दर्शक टीवी पर खबर देख रहा होता है, तब उसके मन में ये सवाल आता है कि उस खबर को देने वाला रिपोर्टर कौन है? दर्शक को रिपोर्टर के बारे में तीन तरह

से जानकारी मिलती है। पहला, एस्टन के जरिए टीवी स्क्रीन पर नाम, दूसरा, स्टोरी के आखिरी वीओ में साइन ऑफ (रिपोर्ट आवाज के जरिए अपना नाम और उस

जगह को बताता है, जहां से उसने रिपोर्ट फाइल की है) और तीसरा जरिया है पीटीसी। दर्शक रिपोर्टर का चेहरा पहचानता है पीटीसी के जरिए ही और उस पहचान के बाद ही दर्शकों का रिपोर्टर और उसकी स्टोरी पर भरोसा बढ़ता है।

जब रिपोर्टर ऑन स्क्रीन अपनी स्टोरी का कोई हिस्सा दर्शकों के सामने पेश करता है, तो टेलीविजन न्यूज की भाषा में इसे पीटीसी (पीस टू कैमरा) कहते हैं। पीटीसी किसी स्टोरी का वो हिस्सा है, जिसमें रिपोर्टर कहानी की शुरुआत अपनी बातों से करता है, स्टोरी के दो हिस्सों को जोड़ने के लिए खुद स्टोरी के बीच में आता है, या स्क्रीन पर खुद आकर अपने नाम और लोकेशन के साथ स्टोरी का अंत करता है। पीटीसी से दर्शकों को पता चलता है कि रिपोर्टर घटनास्थल पर खुद मौजूद था और घटना पर उसकी पैनी नजर थी।

पीटीसी किसी भी स्टोरी का सबसे अहम हिस्सा माना जाता है और हर रिपोर्टर से उम्मीद की जाती है कि वो अपनी स्टोरी का अन्त पीटीसी से जरूर करे। हर स्टोरी में पीटीसी एक छोटे टुकड़े के तौर पर ही होता है, लेकिन इसके जरिए रिपोर्टर को दर्शकों से सीधे रू-ब-रू होने का मौका मिलता है। यानी यही वो जरिया है, जिसमें रिपोर्टर अपनी स्टोरी के साथ लोगों के ड्राइंग रूम में पहुंचता है और रिपोर्टर को टीवी स्क्रीन पर चमकने का मौका भी मिलता है।

किसी भी स्टोरी में पीटीसी की अहमियत इसलिए है कि इसके जरिए रिपोर्टर एक तरह से खबर की जिम्मेदारी लेता है। वह दर्शकों के सामने साबित करता है कि ये खबर उसकी दी हुई है और वो इसके जरिए घटनास्थल पर खुद होने का अहसास बखूबी दर्शकों को करा सकता है। एक शानदार पीटीसी असल में वो दिलचस्प सूचना है, जिसका जिक्र खबर यानी एंकर, वीओ और बाइट में नहीं है। यह सूचना महत्वपूर्ण तो है, लेकिन एंकर में इसका जिक्र जरूरी नहीं है। ये रिपोर्टर के लिए आरक्षित सूचना है। जैसे कि एंड पीटीसी में रिपोर्टर ये बता सकता है कि उस खबर में आगे क्या होने वाला है।

परवेज अहमद कहते हैं कि पीटीसी खबर को तो आगे बढ़ाती ही है, उसे नया अर्थ भी दे सकती है। हर खबर में प्रभावशाली पीटीसी किसी भी रिपोर्टर की काबिलियत का पैमाना होता है।

आशुतोष के मुताबिक पीटीसी रिपोर्टर के लिए बाइलाइन की तरह है। टीवी विजुअल मीडियम है, इसलिए दर्शकों के लिए ये जानना जरूरी है कि किस रिपोर्टर ने उसे खबर दी है। पीटीसी रिपोर्टर की स्टोरी पर फाइनल टिप्पणी है। उनका कहना है कि रिपोर्टर को तब भी पीटीसी करना चाहिए, जब स्टोरी से सम्बन्धित विजुअल नहीं हों, या फिर स्टोरी के एक एंगल से दूसरे एंगल को

जोड़ने के लिए लिंक के तौर पर आना जरूरी हो।

प्रबल प्रताप सिंह का कहना है कि पीटीसी करते वक्त रिपोर्टर खबर से खुद को जोड़ता है, अपनी समझ के मुताबिक उस खबर को एक एंगल देता है। पीटीसी के जरिए टीवी रिपोर्टर यह साबित करता है कि वो घटनास्थल पर मौजूद था। इससे खबर विश्वसनीय बनती है।

दर्शकों के बीच रिपोर्टर की पहचान बनाने के लिए भी पीटीसी एक अच्छा जरिया है, लेकिन किसी रिपोर्टर के लिए शुरुआती दौर में पीटीसी करना आसान नहीं। ज्यादातर रिपोर्टर ये समझ नहीं पाते कि पीटीसी में क्या कहें? इसके लिए जरूरी है कि रिपोर्टर को सबसे पहले ये देखना चाहिए कि आइडियल पीटीसी क्या है? क्या ये पूरी स्टोरी का संक्षेप (Summary) होना चाहिए? कुछ पत्रकार मानते हैं कि आइडियल पीटीसी में रिपोर्टर को अपनी स्टोरीSummarise नहीं करनी चाहिए। रिपोर्टर की ड्यूटी है कि वो सिर्फ खबर दे और दर्शकों पर छोड़ दे कि वो उस खबर का क्या निष्कर्ष निकालते हैं।

पीटीसी में रिपोर्टर को अपने विचार (Opinion) देना चाहिए या नहीं, इस मुद्दे पर अलग-अलग राय है। कुछ पत्रकारों का कहना है कि किसी रिपोर्ट में रिपोर्टर को अपनी राय देने का अधिकार नहीं है। रिपोर्टर को कोई अधिकार नहीं है कि वो अपने विचार या अपनी राय दर्शकों पर थोपे। किसी खबर पर विचार बनाने का काम दर्शकों पर ही छोड़ दिया जाना चाहिए। रिपोर्टर किसी घटना पर अपनी तरफ से पक्ष या विपक्ष में कोई फैसला नहीं दे सकता। लेकिन कुछ पत्रकार इससे सहमत नहीं हैं। उनका कहना है कि रिपोर्टर को पूरा हक है कि वो खबरों को अपने विचार के साथ दर्शकों के सामने पेश करे और पीटीसी ही इसके लिए बेहतर जरिया है।

एक सवाल ये भी उठता है कि पीटीसी में रिपोर्टर को कयास लगाना चाहिए या नहीं। **प्रबल प्रताप सिंह** इस मुद्दे पर बिल्कुल बेबाक हैं। उनका कहना है कि किसी भी स्तर पर रिपोर्टर को कयास के आधार पर कोई भी रिपोर्ट, कभी फाइल नहीं करनी चाहिए। रिपोर्टर इस तरह का काम करता है, तो वो बहुत बड़ी गलती करता है। इसलिए रिपोर्टर को....आनेवाला वक्त बताएगा.....आगे क्या होगा..... अब देखना है....जैसे वाक्य पीटीसी में इस्तेमाल नहीं करना चाहिए।

तब ऐसी स्थिति में एक नए रिपोर्टर को जिज्ञासा हो सकती है कि अच्छा और सटीक पीटीसी क्या हो? **परवेज अहमद** कहते हैं कि अच्छे पीटीसी में रिपोर्टर का आत्मविश्वास और उसकी अदायगी काफी अहमियत रखती है।

इसमें दो राय नहीं कि अच्छा पीटीसी रोचक होना चाहिए। पीटीसी के जरिए

रिपोर्टर, खबर के उस महत्वपूर्ण हिस्से को दर्शकों के सामने लाए, जिसका जिक्र स्टोरी में नहीं हुआ हो। पीटीसी में कही गई बात इतनी महत्वपूर्ण हो कि वो दर्शकों का ध्यान तुरन्त खींचे। इसके लिए रिपोर्टर के दिमाग में ये बात बिल्कुल साफ होनी चाहिए कि उसकी स्टोरी की बनावट कैसी होगी। वो पीटीसी में क्या कहेगा, वीओ में किन बातों का जिक्र करेगा। स्टोरी में जो बाइट लगाई जा रही है, उसमें क्या कहा जा रहा है। कई बार ऐसा होता है कि पीटीसी में रिपोर्टर उन्हीं सूचनाओं को दोहरा देता है, जिसे वो स्टोरी में पहले ही कह चुका होता है। ऐसी स्टोरी में क्लियरिटी नहीं दिखती और रिपोर्टर भी दर्शकों पर अपना प्रभाव नहीं छोड़ पाता।

पीटीसी के प्रकार

एक स्टोरी में आमतौर पर **चार** तरह की पीटीसी की गुंजाइश रहती है।

ओपनिंग पीटीसी-जब रिपोर्टर अपनी स्टोरी की शुरुआत में न्यूज को बताने के लिए खुद ऑन स्क्रीन होता है, तो स्टोरी का ये टुकड़ा ओपनिंग पीटीसी कहलाता है। ओपनिंग पीटीसी तब करना चाहिए, जब रिपोर्टर किसी ऐसे लोकेशन

पर हो, जो अपने-आप में खबर हो। यानी रिपोर्टर जहां खड़ा हो, उससे खबर की अपने-आप जानकारी मिलती हो। जैसे युद्ध-क्षेत्र, जहां एक्शन दिखाई दे रहा हो। ऐसे में रिपोर्टर ये कह सकता है कि आप मेरे पीछे देखकर अंदाज लगा सकते हैं कि लड़ाई किस घमासान तरीके से जारी है। कभी ऐसी स्थिति हो सकती है कि जब रिपोर्टर के पास महत्वपूर्ण सूचना तो हो, लेकिन उससे सम्बन्धित विजुअल

नहीं हों। ऐसी स्थिति में रिपोर्टर ओपनिंग पीटीसी से शुरुआत कर विजुअल की कमी को पूरा करता है और अपनी विश्वसनीयता के जरिए खबर को आगे बढ़ता है।

मिड पीटीसी-किसी भी स्टोरी में एक से ज्यादा एंगल हो सकते हैं। खबर के नाटकीय पहलू को बताने या दो हिस्सों को जोड़ने के लिए स्टोरी के बीच में भी रिपोर्टर, खबर की अहम बातों के साथ हाजिर हो सकता है। इसके अलावा कई बार दो या तीन रिपोर्टर मिलकर अलग-अलग लोकेशन से एक स्टोरी करते हैं। ऐसी स्थिति में भी स्टोरी को संतुलित तौर पर पेश करने के लिए पैकेज (स्टोरी) के बीच में सभी रिपोर्टरों का पीटीसी इस्तेमाल किया जाता है।

ब्रिज पीटीसी-किसी-किसी स्टोरी के दो दिलचस्प पार्ट होते हैं। ऐसी स्थिति में पहली स्टोरी खत्म होने और दूसरी स्टोरी की शुरुआत में पीटीसी का इस्तेमाल किया जाना चाहिए। ये लिंक दोनों स्टोरी को जोड़ने के लिए होगा। इसे ब्रिज पीटीसी कहते हैं। एक ही कहानी पर दो अलग-अलग जगहों से रिपोर्टर काम कर रहे हों, तो पहला रिपोर्टर, ब्रिज पीटीसी के जरिये दूसरे रिपोर्टर की कहानी को टॉस कर (आगे बढ़ा) सकता है और अन्त में दूसरा रिपोर्टर एंड पीटीसी के जरिए अपनी कहानी को पूरा करेगा। यहां गौर करने वाली बात ये है कि ज्यादातर रिपोर्टर या प्रोड्यूसर मिड और ब्रिज पीटीसी में फर्क नहीं कर पाते और इसलिए स्टोरी में इनके सही जगह पर इस्तेमाल की जानकारी जरूरी है।

एंड पीटीसी-ये स्टोरी का सबसे अहम हिस्सा होता है। इसके जरिए रिपोर्टर अपनी स्टोरी का सबसे महत्वपूर्ण मोड़ दर्शकों के सामने पेश करता है। यहीं रिपोर्टर चैनल की माइक के साथ अपना नाम भी लेता है, घटना कहां घटी है, उस लोकेशन की जानकारी देता है और चैनल का नाम भी दर्शकों को बताता है। किसी स्टोरी को बनाने में भले ही दो-तीन रिपोर्टरों का योगदान रहा हो, लेकिन एंड पीटीसी एक रिपोर्टर ही करता है और वही अन्त में अपने नाम के साथ तमाम सहयोगियों, उनके लोकेशन, कमैरामैन और चैनल का भी नाम दर्शकों को बताता है। इसे साइन ऑफ कहते हैं। ओपनिंग, ब्रिज और मिड पीटीसी में साइन ऑफ नहीं होता।

रिपोर्टर अपनी स्टोरी में ओपनिंग, मिड, ब्रिज या एंड पीटीसी का इस्तेमाल कर सकता है, लेकिन इस बात का ख्याल रखना चाहिए कि वो बोरिंग न हो और विषय से अलग न हो।

एक बात और है कि पीटीसी कितना लम्बा हो सकता है। वरिष्ठ पत्रकार, **संदीप चौधरी** के मुताबिक पीटीसी पन्द्रह सेकेण्ड से बड़ा नहीं होना चाहिए, हालांकि स्टोरी की अहमियत के हिसाब से इसे 20 सेकेण्ड तक भी बढ़ाया जा

सकता है। इसलिए रिपोर्टर को कम शब्दों में अपनी बात कहने की कला भी आनी चाहिए। साथ ही इस बात का पूरा ख्याल रखना चाहिए कि वो जो कुछ भी कहे, प्रभावशाली शब्दों के साथ पूरे आत्मविश्वास से कहे। रुक-रुककर, घबराए चेहरे के साथ कैमरा के सामने आने से बेहतर है कि रिपोर्टर पीटीसी करे ही नहीं।

सावधनियां

रिपोर्टर दर्शकों के सामने अपने चैनल का प्रतिनिधित्व करता है और दर्शक उसके विचार को ही चैनल का विचार मानता है। उसकी ईमानदारी, निष्पक्षता और निष्ठा से चैनल की विश्वसनीयता बढ़ती है। पीटीसी में कुछ भी कहने से पहले रिपोर्टर को अच्छी तरह सोच-विचार लेना चाहिए।

शुरू-शुरू में कैमरा के सामने आने पर रिपोर्टर को थोड़ी घबराहट हो सकती है, लेकिन ऐसे में भी आत्मविश्वास की कमी नहीं झलकनी चाहिए। रिपोर्टर को ये बात दिमाग में बैठा लेनी चाहिए कि वो कैमरे के सामने भले ही खड़ा हो, लेकिन जो कुछ कह रहा है, वो विशाल दर्शक वर्ग से कह रहा है।

पीटीसी करते वक्त रिपोर्टर को जल्दबाजी नहीं करनी चाहिए। बात कहने के अंदाज में घबराहट नहीं झलकनी चाहिए। पीटीसी करने से पहले कैमरा के सामने अभ्यास बहुत जरूरी है। ऐसा करने से रिटेक कम होंगे। कैमरा के सामने अच्छी तरह बोलने का अभ्यास करने से स्क्रीन पर रिपोर्टर के चेहरे पर तनाव भी नहीं दिखेगा। पीटीसी में जो बात कहनी हो, उसे लिख लिया जाना चाहिए। स्क्रिप्ट के साथ अभ्यास करने पर रिपोर्टर एक बार में ही फाइनल टेक दे सकता है।

पीटीसी करते वक्त आवाज का पेस सही होना चाहिए। रिपोर्टर को बिल्कुल साफ उच्चारण में, सही ठहराव के साथ बोलना चाहिए। अस्पष्ट आवाज, उच्चारण की अशुद्धता खबर के प्रभाव पर असर डालती है।

पीटीसी से दर्शकों को स्टोरी के लोकेशन भी पता चलता है। पीटीसी में रिपोर्टर खबर की मूल बातों के अलावा, ये बताता है कि वो उस जगह पर मौजूद है, जहां घटना घटी है। इससे स्टोरी की वास्तविकता पर दर्शकों का भरोसा बढ़ता है। इसलिए पीटीसी में लोकेशन ऐसा हो, जो स्टोरी का हिस्सा लगे। लोकेशन का चुनाव करते वक्त ध्यान रखें कि बैकग्राउंड एक्शन से भरपूर हो। एक्शन नहीं मिले तो, जगह कम से कम ऐसी हो, जो घटनास्थल पर रिपोर्टर के मौजूद होने का अहसास कराती हो। ये भी ध्यान रखने वाली बात है कि कैमरे का फ्रेम ऐसा हो, जो रिपोर्टर और लोकेशन को एक साथ स्थापित (Establish) करे।

बैकग्राउंड में गंदगी नजर नहीं आनी चाहिए। बैकग्राउंड को रिपोर्टर अपनी

स्टोरी से लिंक कर भाषा को ज्यादा प्रभावशाली बना सकता है। पीटीसी के लिए किसी भी बैकग्राउंड का चुनाव हो सकता है। रिपोर्टर अपनी बात खड़े होकर या बैठकर लोगों को बता सकता है। अक्सर खड़े होकर ही पीटीसी करने का चलन है, लेकिन स्टोरी के मूड के हिसाब से शालीनता का ख्याल रखते हुए रिपोर्टर किसी भी पोजिशन में, कहीं भी पीटीसी कर सकता है। रिपोर्टर को सोचना है कि स्टोरी को ज्यादा प्रभावी बनाने के लिए कौन सा बैकग्राउंड और पोजिशन सही रहेगा।

रिपोर्टर का कैमरा फ्रेंडली होना भी बहुत जरूरी है। रिपोर्टर जिस तरीके से अपनी बात दर्शकों तक पहुंचाना चाहता है, उस मुद्दे पर वो कैमरामैन से जरूर बात कर ले। कैमरामैन को पीटीसी शूट करते वक्त आईलुक का भी विशेषतौर पर ध्यान रखना चाहिए। रिपोर्टर का चेहरा फ्रेम से बाहर नहीं होना चाहिए और उसे इधर-उधर नहीं, बल्कि सीधे कैमरे के लेंस में देखना चाहिए। वो कैमरामैन से कहे कि पीटीसी शूट करते वक्त प्री रोल और पोस्ट रोल का भी ख्याल रखे। बोलना शुरू करने से करीब पांच सेकेण्ड पहले कैमरा ऑन होना चाहिए और साइन ऑफ खत्म होने के पांच सेकेण्ड बाद तक कैमरा उसी पोजिशन में ऑन रहना चाहिए।

रिपोर्टर को अपने लुक का भी ख्याल रखना चाहिए। शर्माए या थके हुए चेहरे से लोगों के बीच रिपोर्टर की छवि खराब बनेगी और टीवी चैनल की प्रतिष्ठा भी घटेगी। पीटीसी के लिए कैमरा के सामने आने से पहले रिपोर्टर को सजने-संवरने की जरूरत नहीं होती, जैसा कि न्यूज पढ़ने से पहले तमाम एंकर करते हैं। लेकिन कैमरा के सामने आने से पहले उसे टिसू पेपर से चेहरा साफ कर लेना चाहिए। चेहरे का पसीना विजुअल की क्वालिटी को खराब कर सकता है।

रिपोर्टर को इस बात का हमेशा ख्याल रखना चाहिए कि वो किसी फैशन शो में हिस्सा लेने वाला शख्स नहीं होता। स्क्रीन पर आप कितना खूबसूरत दिखते हैं, पीटीसी का मतलब ये नहीं है। पीटीसी का मतलब है कि स्क्रीन पर आप क्या कहते हैं और कितने प्रभावशाली अंदाज में कहते हैं। लेकिन ये जरूर ध्यान रखना चाहिए कि बाल बिखरे नहीं हों, चेहरा फ्रेश दिखना चाहिए, अलसाए या नींद से भरे चेहरे स्टोरी की अहमियत को खत्म कर देते हैं।

ड्रेस सलीकेदार होनी चाहिए। रिपोर्टर के कपड़ों पर सिलवटें नहीं होनी चाहिए। टाई बांध रखी है, तो उसकी नॉट सही जगह पर होनी चाहिए। उसे छोटे चेक या पतली लाइनों वाली शर्ट नहीं पहननी चाहिए। कैमरे पर छोटे चेक या पतली लाइनें एक-दूसरे से मिली हुई और चमकती (जिटर) नजर आती हैं।

पीटीसी करते वक्त रिपोर्टर के लिए सबसे ध्यान रखने वाली बात ये भी है

कि उसके चेहरे का हावभाव स्थिति के मुताबिक ही होना चाहिए। दुख या तनाव भरे माहौल में रिपोर्टर का मुस्कराता हुआ चेहरा किसी को भी पसन्द नहीं आएगा, भले ही वो कितनी महत्वपूर्ण बातें क्यों नहीं बता रहा हो। स्टोरी दर्दनाक हो, तो पीटीसी में रिपोर्टर के चेहरे पर झलकता दर्द, दर्शकों को उसकी स्टोरी से सीधे जोड़ेगा। कहने का मतलब ये है कि चेहरे का हावभाव स्टोरी के मूड के हिसाब से ही होना चाहिए। याद रखें, खबरों की गम्भीरता को चेहरे के भाव और शब्दों की बुनावट में पेश करने में जो रिपोर्टर जितना माहिर होगा, दर्शक उस पर उतना ही ज्यादा भरोसा करेंगे।

अच्छे पीटीसी के लिए अच्छी लाइटिंग भी जरूरी है। ब्राइट या डल लाइट में किया गया पीटीसी दर्शकों पर अपना प्रभाव नहीं छोड़ पाएगा। डल लाइट में चेहरा और बैकग्राउंड काला दिखेगा, जबकि ब्राइट लाइट में विजुअल बर्न करेगा। पीटीसी के लिए सॉफ्ट लाइट बेहतर होती है।

अंत में हम कह सकते हैं कि पीटीसी आपकी स्टोरी को सिर्फ आपका बनाने में मदद करता है और इससे दर्शकों में रिपोर्टर की व्यक्तिगत पहचान भी बनती है। लेकिन खबर की सही तस्वीर रिपोर्टर के दिमाग में होगी, तभी वो अच्छा और सटीक पीटीसी कर सकता है। पीटीसी रिपोर्टर का विचार नहीं हो सकता, ये सिर्फ किसी स्टोरी का समअप (Sumup) भी नहीं हो सकता। इसमें अनुमान लगाने वाली बात भी नहीं होनी चाहिए और ये एडिटोरियल कॉमेंट भी नहीं होना चाहिए। असल में पीटीसी खबर का एक हिस्सा है, इसलिए रिपोर्टर को पीटीसी में ऐसी सूचना देनी चाहिए, जिसका जिक्र ऊपर खबर में नहीं हो। ये सूचना बेहद दिलचस्प और जानकारी से भरपूर हो और खबर को आगे बढ़ाने वाली होनी चाहिए।

अध्याय-10

स्टोरी स्ट्रक्चर

रिपोर्टर फील्ड में कैमरामैन के साथ जाता है, घटना को पूरी तरह शूट कर लेता है, बाइट के लिए संबंधित व्यक्ति का इंटरव्यू भी ले लेता है। लेकिन जब स्टोरी लिखने की बारी आती है, तो उलझकर रह जाता है। उसे पता ही नहीं चलता कि उसके पास जो शूट मटेरियल है, उसकी मदद से प्रभावशाली स्टोरी बनाई कैसे जाए। किसी स्टोरी का नजरिया (एंगल), उसे लिखने वाले की सोच पर पूरी तरह निर्भर करता है। एक प्रभावशाली स्टोरी बनाने के लिए स्क्रिप्ट लिखने से पहले उस पर गंभीरता से सोच-विचार जरूरी है। इसके अलावा लिखने वाले ने अपने

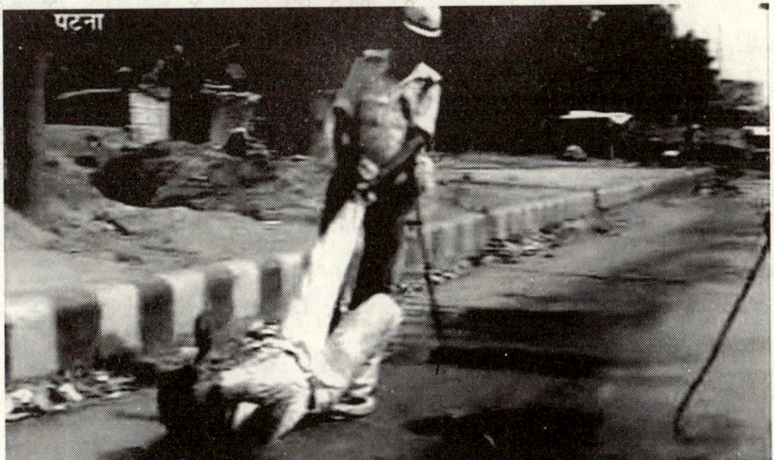

अनुभवों का कितना इस्तेमाल किया है, अच्छी स्टोरी का दारोमदार बहुत कुछ इस पर भी निर्भर करता है। स्टोरी लिखने से पहले रिपोर्टर के दिमाग में उसका एंगल साफ होना चाहिए। सॉफ्ट और हार्ड नेचर की स्टोरी की स्क्रिप्ट लिखने की स्टाइल का रिपोर्टर को जानकारी होनी चाहिए।

एक स्टोरी कई तरीके से लिखी जा सकती है। लेकिन सबसे अच्छा तरीका ये है कि सबसे पहले आप पता कर लें कि आपके पास अच्छे विजुअल क्या हैं और स्टोरी को सपोर्ट करने वाली बाइट कितनी दमदार है। इसके आधार पर ही शब्दों के तानाबाना से दिलचस्प स्टोरी खड़ी की जा सकती है।

म्यूजिक का नाता दिल से होता है, इसलिए एक स्टोरी में म्यूजिक का इस्तेमाल भी काफी असरदार साबित हो सकता है। स्टोरी बनाने से पहले एक रिपोर्टर को जरूर सोचना चाहिए कि बैकग्राउंड में कहां, किस मूड का म्यूजिक लगाया जा सकता है। माहौल से मिलता-जुलता संगीत, भावना (Emotion) को उभारता है। हालांकि हादसों और गम्भीर घटनाओं के साथ संगीत का प्रयोग नहीं करना चाहिए। संगीत का इस्तेमाल रोचक, कलात्मक, खुशी और त्योहार जैसी खबरों के साथ अच्छा लगता है। गंभीर खबरों के साथ एंबिएंस का इस्तेमाल ही उचित है। सच्चाई तो ये है कि न्यूज स्टोरी में म्यूजिक का इस्तेमाल नहीं होना चाहिए। न्यूज में सिर्फ एंबिएंस का ही प्रयोग होना चाहिए। लेकिन आजकल खबर को दिलचस्प या इमोशनल बनाने के लिए धड़ल्ले से म्यूजिक का इस्तेमाल हो रहा है।

अखबार की तुलना में एक स्टोरी को टेलीविजन में काफी कम जगह मिल पाती है। यानी टेलीविजन के रिपोर्टर को लिखने की उतनी छूट नहीं होती, जितना कुछ अखबार का रिपोर्टर लिख लेता है। इसलिए टीवी रिपोर्टर को हमेशा इस बात का ख्याल रखना चाहिए कि कम वक्त में ही वो अपनी पूरी कहानी दर्शकों के सामने पेश कर सके। उसकी स्टोरी अधूरी नहीं होनी चाहिए या ऐसा नहीं होना चाहिए कि पूरी स्टोरी देखने के बाद भी दर्शक ये सोचता रह जाए कि आखिर हुआ क्या? इसलिए जरूरी हो, तो रिपोर्टर को अपनी बात ग्राफिक्स के जरिए स्टोरी में जोड़नी चाहिए।

आंकड़े वैगरह तो बिना ग्राफिक्स के स्टोरी में डाले ही नहीं जाने चाहिए। अंकों को सिर्फ वीओ के जरिए पढ़ देने से तो दर्शकों को बिल्कुल समझ नहीं आएगा। उदाहरण के लिए सेंसेक्स के बीस हजार का आंकड़ा पार कर लेने पर स्टोरी बनाई जा रही हो, तो इसमें ये दिखना जरूरी होगा कि इस मुकाम को हासिल करने से पहले सेंसेक्स की स्थिति क्या रही। पिछले हफ्ते सेंसेक्स में कितना उतार-चढ़ाव रहा, एक-दो महीने पहले इसकी क्या स्थिति थी, एक साल या पांच साल पहले, इसी दिन सेंसेक्स कितने अंकों पर था। ये तमाम बातें ग्राफिक्स के जरिए ही लोगों को अच्छी तरह समझाई जा सकती है।

स्टोरी के अन्त के लिए भी खास विजुअल का चुनाव करें। सूखे पर स्टोरी हो,

तो डूबते सूरज के साथ जूम आउट कर खेतों में पड़ी दरार को बखूबी दिखाया जा सकता है और इस तरह के प्रतीकात्मक विजुअल दर्शकों पर अपना एक अलग प्रभाव छोड़ेंगे। खबर में लिखे वाक्यों और वॉइस ओवर के मुताबिक ही विजुअल होने चाहिए। वाक्य से विजुअल मैच नहीं करेगा, तो स्टोरी कभी दमदार नहीं बन सकती।

स्टोरी का खाका

टीवी स्क्रीन पर अपनी बात कहने के लिए रिपोर्टर के पास कई विकल्प हैं। रिपोर्टर अपनी सूचना को कई तरीके से दर्शकों तक पहुंचा सकता है।

रिपोर्टर सबसे पहले अपनी खबर फोन (PHONO) के जरिए देता है। बड़ी और ब्रेकिंग खबर को दर्शकों तक पहुंचाने के लिए सबसे पहले फोन की मदद ली जाती है। आमतौर पर रिपोर्टर को जैसे ही किसी बड़ी खबर की जानकारी मिलती है, तो वो फोन के जरिए न्यूज रूम को इसकी जानकारी देता है और प्रोड्यूसर फ्लैश या ब्रेकिंग बैंड के तहत खबर की मुख्य बातों को दर्शकों तक पहुंचा देता है।

इस बीच ग्राफिक्स की मदद से फोनो प्लेट बना ली जाती है। फोनो प्लेट तकनीकी शब्द है, जिसमें आमतौर पर स्क्रीन पर फोन का ग्रैब विजुअल, रिपोर्टर का फोटो, घटना का लोकेशन और स्टोरी, स्लग के साथ खबर की मुख्य जानकारी लिख कर दर्शकों तक पहुंचाई जाती है। फोनो प्लेट के साथ घटना से जुड़े विजुअल भी दिखाए जा सकते हैं। लेकिन ध्यान रखने वाली बात है कि पुराने विजुअल चलाएं तो ये बताया जाना जरूरी है कि विजुअल किस तारीख के हैं। फाइल लिखकर भी दर्शकों को बताया जा सकता है कि तस्वीरें ताजा नहीं है। ध्यान रखें कि विजुअल देखकर हिंसा या तनाव भड़कने की आशंका हो, तो

ऐसी हालत में पुराने विजुअल कतई नहीं दिखाए जाने चाहिए।

केवल फोनो प्लेट दिखाने से बेहतर है कि दर्शकों को टेक्स्ट या विजुअल के साथ ही खबर दिखाई जाए। ज्यादातर चैनलों में सिर्फ ग्राफिक्स प्लेट पर तो खबर दिखाने की सख्त मनाही है। लेकिन टेलीविजन में कोई नियम, अंतिम नियम नहीं है। टेलीविजन का पहला सिद्धान्त है खबर को जितनी जल्दी हो सके, उसे दर्शकों के बीच पहुंचाया जाए और रिपोर्टर का फर्ज है कि वो अपनी खबर को जल्द से जल्द टेलीकास्ट करने के लिए प्रोड्यूसर पर दबाव बनाए रखे। खबर बहुत बड़ी न हो तो फोनो डेढ़, दो मिनट से ज्यादा लम्बा नहीं होना चाहिए।

लाइव-रिपोर्टर घटनास्थल से अपनी खबर लाइव भी दर्शकों तक पहुंचा सकता है। लाइव खबर पहुंचाने के लिए ओबी (आउट स्टेशन ब्रॉडकास्ट) वैन का इस्तेमाल किया जाता है। ओबी वैन एक छोटी गाड़ी है, जिसमें डिस एंटिना लगा होता है और इसके जरिए घटनास्थल की गतिविधियां सीधे न्यूज रूम भेजी जा सकती है। लाइव प्रसारण में आमतौर पर एडिटिंग नहीं होती और दर्शक घटनास्थल पर होने वाली हर बात सीधे देख और सुन रहा होता है।

लाइव कितना लम्बा होगा, इसका फैसला न्यूज प्रोड्यूसर करता है। खबर के महत्व के हिसाब से लाइव घंटों लम्बा हो सकता है। 2006 में हरियाणा के कुरुक्षेत्र में बोरवेल में गिरे छोटे बच्चे प्रिंस की खबर दिखाने के लिए ज्यादातर चैनलों पर साठ घंटे तक लगातार लाइव होता रहा और एक चैनल पर तो एक ही एंकर साठ घंटे एंकरिंग करता रहा। भारतीय टेलीविजन के इतिहास अब तक शायद ही किसी एंकर ने इतनी लम्बी एंकरिंग की हो।

घटनास्थल पर पहुंचने के बाद रिपोर्टर की कोशिश होनी चाहिए कि जैसे ही थोड़े से विजुअल शूट हो जाएं, लोगों की बाइट (प्रतिक्रिया) मिल जाए, उसे अपने न्यूजरूम भेजने का इंतजाम करे। विजुअल, बाइट मिलने के बाद प्रोड्यूसर उस खबर को, स्टूडियो-वॉइसओवर-विजुअल (STD-VO), स्टूडियो-वाइसओवर-शूट विजुअल-सॉट (STD-VO-SOT) फॉर्मेट में तुरन्त दर्शकों तक पहुंचा सकता है। STD-VO फॉर्मेट में खबर की मुख्य बातें स्क्रिप्ट में लिख दी जाती हैं और इससे जुड़े विजुअल के क्लिप अलग से रनडाउन में लगा दिए जाते हैं। एंकर स्क्रिप्ट पढ़ता है और करीब दस सेकेण्ड के बाद पीसीआर विजुअल चला देता है। स्क्रिप्ट खत्म होने के बाद न्यूज से जुड़े किसी व्यक्ति की कोई बाइट (प्रतिक्रिया) हो, तो उसे चलाया जाता है। तकनीकी भाषा में इस फॉर्मेट को (STD-VO-SOT) कहते हैं। विजुअल नहीं हो, लेकिन घटना से जुड़े लोगों की प्रतिक्रिया मिल जाए तो, एंकर खबर पढ़कर बता देता है और इसके बाद लोगों की प्रतिक्रिया (बाइट) दिखा

दी जाती है। इसे STD-SOT कहते हैं। इन तमाम फॉर्मेट में स्क्रिप्ट 45 सेकेण्ड से ज्यादा लम्बी नहीं होनी चाहिए। एंकर या न्यूज रीडर के लिए लिखी गई स्क्रिप्ट को स्टूडियो या STD कहते हैं।

कभी-कभी रिपोर्टर को खबर की जानकारी तो मिल जाती है, लेकिन उससे जुड़ा विजुअल नहीं मिलता या मिलने में देरी होती है। ऐसी स्थिति में दर्शकों को खबर दिखाने के लिए **ग्राफिक्स** (GFX) की मदद ली जा सकती है। इसे (STD-GFX) कहते हैं। इसमें खबर की मुख्य बातें ग्राफिक्स की मदद से लिख दी जाती हैं और विजुअल की जगह टेक्स्ट को रखा जाता है। हालांकि ग्राफिक्स टेक्स्ट

लिखने का काम प्रोड्यूसर करता है, लेकिन रिपोर्टर न्यूजरूम में मौजूद हो, तो उसे खुद ग्राफिक्स टेक्स्ट लिखना चाहिए। रिपोर्टर को ध्यान रखना चाहिए कि ग्राफिक्स में लिखी गई बातें ज्यादा लम्बी न हों। वाक्य छोटे-छोटे लिखे गए हों। ग्राफिक्स के साथ दिखाई जाने वाली खबरों की स्क्रिप्ट भी तीस से पैंतालिस सेकेण्ड के बीच ही लिख जानी चाहिए। STD-GFX के साथ SOT (बाइट) भी दिखाए जा सकते हैं।

पैकेज फॉर्मेट (PKG)

फिल्ड में रिपोर्टर जब घटना के बारे में जानकारी इकट्ठी कर लेता है, तो न्यूजरूम आकर वो पूरी खबर को पैकेज (PKG) फॉर्मेट में दर्शकों के सामने पेश करता है। पैकेज फॉर्मेट में पीटीसी के साथ तीन वीओ वाली स्टोरी आइडियल मानी जाती है। कोई भी तैयार आइडियल स्टोरी (पैकेज) डेढ़ मिनट से बड़ी नहीं होनी चाहिए।

रिपोर्टर को पैकेज के लिए स्क्रिप्ट लिखने से पहले अपनी कॉपी में इन बातों का सिलसिलेवार तरीके से जिक्र कर देना चाहिए।

–**स्टोरी का नाम** (टाइटल)-स्टोरी जिस नाम से कम्प्यूटर पर लिखी गई हो

–**रिपोर्टर का नाम-**जिसने स्टोरी फाइल की है

–**स्लग-**दो तीन शब्दों का कैची टाइटल

–**सुपर्स-**स्टोरी में जिन लोगों की बाइट इस्तेमाल की जा रही हो, उन लोगों के नाम,पद का जिक्र

–**लोकेशन-**उस जगह का नाम, जहां की स्टोरी हो।

–**फुटेज विवरण-**फ्रेश विजुअल का ज्यादा इस्तेमाल करें। बेहतरीन विजुअल के इन, आउट काउंटर लिखें। फाइल (पुरानी) फुटेज का कम इस्तेमाल ही बेहतर होता है। फाइल फुटेज का इस्तेमाल करें तो, इसकी तारीख का जिक्र जरूर किया जाना चाहिए।

–**एंकर रीड (STD)**-(स्टूडियो) पन्द्रह सेकेण्ड का लिखा जाना चाहिए। इसके तहत दो या तीन लाइनों में जो भी बातें लिखी जाएं, वो पूरी खबर की मुख्य बातें होनी चाहिए। एंकर ऐसा हो, जिसे सुनकर लोगों में स्टोरी देखने की उत्सुकता जगे।

–**बाइट, पीटीसी** से स्टोरी शुरू हो, तो ये पन्द्रह-बीस सेकेण्ड से ज्यादा लम्बी न हो। स्क्रिप्ट में बाइट के टीसी (टाइम कोड) काउंटर का जिक्र करें। न्यूज में अमूमन दो बाइट वाली स्टोरी बनाई जाती है। लेकिन स्टोरी की मांग के मुताबिक कई बार चार बाइट भी एक स्टोरी में इस्तेमाल कर लिए जाते हैं।

–**पहले** वीओ की स्क्रिप्ट बीस से पचीस सेकेण्ड लम्बी होनी चाहिए। एंबिएंस से स्टोरी शुरू हो रही हो, तो टेप पर एंबिएंस के इन, आउट काउंटर का स्क्रिप्ट में जिक्र करें। इससे वीटी एडिटर को स्टोरी एडिट करते वक्त सही एंबिएंस का चुनाव करने में सुविधा होगी। जहां जरूरी हो, एंबिएंस ब्रेक देकर स्टोरी को नाटकीय तरीके से पेश करें। स्टोरी के मूड के हिसाब से एक से ज्यादा बार भी इसका इस्तेमाल किया जा सकता है। लेकिन एंबिएंस ब्रेक एक जगह पर पांच सेकेण्ड से ज्यादा लम्बा नहीं होना चाहिए।

–**बाइट** पन्द्रह से बीस सेकेण्ड की लगनी चाहिए।

–**दूसरा** वीओ भी पचीस सेकेण्ड के अन्दर लिखा जाना चाहिए।

–**इसकी** सपोर्टिंग बाइट भी बीस सेकेण्ड से लम्बी न हो।

–**तीसरा** वीओ भी पचीस सेकेण्ड के अन्दर लिखा गया हो।

–**अन्त में** पीटीसी पन्द्रह-बीस सेकेण्ड से बड़ी न हो।

उदाहरण के लिए IBN7 पर पैकेज फॉर्मेट में चली दो अलग-अलग खबरों का नमूना देखें। इसके आधार आपको पैकेज फॉर्मेट में स्टोरी लिखने की जानकारी

मिल सकती है।

पैकेज-1

स्टोरी का नाम-INDORE BJP

लोकेशन-इंदौर

रिपोर्टर का नाम-सुकेश रंजन

स्लग-नए रास्ते की तलाश, बदलेगी बीजेपी

सुपर्स-(बाइट)-नितिन गडकरी, अध्यक्ष, बीजेपी

बाइट-रविशंकर प्रसाद, प्रवक्ता, बीजेपी

पैकेज-

एंकर रीड-बीजेपी बदलने की कोशिश कर रही है। इंदौर की राष्ट्रीय परिषद में उसने राम राग छेड़ा है, लेकिन थोड़ा अलग अंदाज में। पार्टी अध्यक्ष नितिन गडकरी ने मुस्लिमों से अपील की है कि वो अयोध्या में राम मन्दिर बनाने में सहयोग करें। पास की जमीन पर भव्य मस्जिद बनाने में बीजेपी उन्हें सहयोग देगी। माना जा रहा है कि बीजेपी अब सबको साथ लेकर चलने की रणनीति बना रही है।

बाइट-नितिन गडकरी, अध्यक्ष बीजेपी (मुस्लिम राम मन्दिर बनाने में सहयोग करें....TC काउंटर 01 01 30 00-01 01 50 00)

वीओ-1 गडकरी का ये बयान यूं ही नहीं आया है। इसके राजनीतिक मायने हैं। नए रास्ते की तलाश में जुटी बीजेपी अपनी छवि बदलने की कोशिश कर रही है। राम मन्दिर के लिए मुस्लिमों से अपील और फिर मन्दिर के पास मस्जिद बनाने का प्रस्ताव रखकर गडकरी ने भगवा रंग को हल्का करने के संकेत दिए हैं।

बाइट-रविशंकर प्रसाद, प्रवक्ता, बीजेपी।....(TC काउंटर 01 05 35 00 - 01 05 55 00)

वीओ-2 दरअसल 2009 में मिली करारी हार के बाद से ही बीजेपी में रणनीति को लेकर पुनर्विचार हो रहा है। सोच ये बन रही है कि विकास और सबको साथ लेकर चलने की राजनीति में ही बीजेपी का भविष्य है।

मिड पीटीसी---लोकसभा चुनाव में हार के बाद सुधीन्द्र कुलकर्णी से लेकर अरुण जेटली तक ने इस ओर इशारा किया था।...(TC काउंटर 01 10 25 00-01 10 42 00)

वीओ-3 कमान संभालने के साथ ही गडकरी का विकास की राजनीति पर जोर देना इसी प्लान का हिस्सा है। इन्दौर आने के बाद गडकरी का अम्बेडकर

जन्मस्थली पर जाना, दलित के घर खाना और फिर कार्यकारिणी से लेकर राष्ट्रीय परिषद तक दलितों की बात करना, बताता है कि पार्टी किस दिशा में आगे बढ़ना चाहती है। उसने समझ लिया है कि युवाओं, दलितों और मुस्लिमों में पैठ बनाए बिना शिखर पर पहुंचना मुश्किल है। ये वही वोट बैंक है जिस पर इन दिनों राहुल गांधी की नजर है।

एंड पीटीसी-सुकेश रंजन, इन्दौर, IBN7 (TC काउंटर 01 15 05 00-01 15 20 00)

पैकेज-2

स्टोरी का नाम-DELHI SECURITY

लोकेशन-दिल्ली

रिपोर्टर का नाम-राजू राज

स्लग-चाकचौबंद सुरक्षा

सुपर्स (बाइट)-वाई एस डडवाल, कमिश्नर, दिल्ली पुलिस

बाइट-राजन भगत, प्रवक्ता, दिल्ली पुलिस

एंकर-दिल्ली में होने वाले हॉकी वर्ल्ड कप पर हूजी की धमकी के बाद दिल्ली पुलिस ने किसी भी आतंकी हमले से निपटने के लिए नेशनल स्टेडियम सहित आसपास के इलाके को अभेद किले का रूप देने की योजना बनाई है। 28 फरवरी से शुरू होने वाले हॉकी वर्ल्ड कप के लिए एनसीआर में भी सुरक्षा के चाकचौबंद इंतजाम किए गए हैं।

वीओ-1---चप्पे-चप्पे पर सुरक्षाकर्मी....हथियारों से लैस जवान...हर तरफ पुलिस...जो रख रही है हर आने-जाने वाली गाड़ियों पर नजर। सुरक्षा के ये पुख्ता इन्तजाम किए गए हैं हॉकी वर्ल्ड कप के लिए। दिल्ली के नेशनल स्टेडियम में 28 फरवरी से शुरू होने वाले हॉकी के इस महाकुम्भ में 12 देशों की टीमें हिस्सा ले रही हैं। दिल्ली पुलिस के होश इसलिए भी उड़े हैं, क्योंकि वर्ल्ड कप इस बार आतंक के साये में हो रहा है।

बाइट1--वाई एस डडवाल, कमिश्नर, दिल्ली पुलिस (TC काउंटर 01 03 25 00-01 03 45 00)

वीओ-2---दरअसल आतंकवादी इलियास कश्मीरी ने दिल्ली में होने वाले हॉकी वर्ल्ड कप में आतंकी हमले की धमकी दी थी। आतंकी संगठन ने विदेशी खिलाड़ियों को भारत में नहीं खेलने की धमकी दी है। यही वजह है कि दिल्ली

पुलिस ने प्ले ग्राउंड से लेकर ली मिरीडियन होटल तक करीब तीन किलोमीटर के दायरे को छावनी में बदल दिया है।

खिलाड़ियों की सुरक्षा के लिए

(ग्राफिक्स इन)

दिल्ली पुलिस के 16,000 जवानों

1000 पैरा मिलिट्री फोर्स

और 200 एनएसजी के कमांडो को तैनात किया गया है।

(ग्राफिक्स आउट)

इसके अलावा खिलाड़ियों के होटल में सीसीटीवी कैमरे लगाए गए हैं। हॉकी वर्ल्ड कप के मैच इण्डिया गेट के पास मेजर ध्यानचन्द स्टेडियम यानी नेशनल स्टेडियम में खेले जाएंगे। इस स्टेडियम में भी 4 स्तरीय सुरक्षा होगी। सुरक्षा के लिहाज से स्टेडियम की दीवारें चौड़ी और ऊंची कर दी गई हैं।

बाइट-राजन भगत, प्रवक्ता, दिल्ली पुलिस....(TC काउंटर 01 04 10 00-01 04 22 00)

वीओ-3-स्टेडियम में प्रवेश से पहले दर्शकों को एक्सरे मशीन से गुजरना होगा। गेट पर स्कैनर्स और मेटल डिटेक्टर्स लगाए जाएंगे। स्टेडियम में मौजूद लोगों पर नजर रखने के लिए दिल्ली पुलिस ने स्टेडियम और उसके आसपास 100 सीसीटीवी कैमरे लगाए हैं।

साफ है कि आतंकी धमकी के बीच हॉकी वर्ल्ड कप को कराना दिल्ली पुलिस के लिए भारी चुनौती है। वर्ल्ड कप के दौरान दिल्ली पुलिस किसी स्तर पर चूक नहीं चाहती। यही वजह है कि खुद दिल्ली पुलिस के तमाम वरिष्ठ अधिकारी व्यक्तिगत तौर पर सुरक्षा का जिम्मा संभाले हुए हैं।

पीटीसी-(TC काउंटर 01 06 23 00- 01 06 41 00)-दिल्ली में 6 महीनों के भीतर तीन अंतर्राष्ट्रीय खेलों का आयोजन और ऊपर से आतंकियों की धमकी। जिसके चलते देश की साख दांव पर है। अब सुरक्षा का सारा दारोमदार दिल्ली पुलिस पर है। लेकिन पुलिस के सामने सबसे बड़ी चुनौती इन खेलों का शांतिपूर्ण तरीके से सफल आयोजन कराने के साथ-साथ जनता की सुविधाओं का ख्याल रखना भी है। राजू राज, दिल्ली, IBN7

विजुअल और इन्फॉर्मेशन ज्यादा हों, तो अलग-अलग एंगल से एक खबर की दो-तीन स्टोरी भो बनाई जा सकती है। बड़ी स्क्रिप्ट बोरिंग होती है और खबर की अहमियत खत्म कर देती है। सबसे अच्छे और चौंका देने वाले विजुअल से हर स्टोरी (पैकेज) की शुरुआत होनी चाहिए।

प्रोड्यूसर ने फील्ड से लौटने से पहले ही खबर पैकेज फॉर्म में एयर कर दी हो, तो फील्ड से लौटने के बाद रिपोर्टर को अपनी स्टोरी अपडेट जरूर करनी चाहिए। इसके लिए वो अपनी एडिटेड स्टोरी का वॉइस ओवर बदलकर, उसमें नई सूचनाएं डाल सकता है, उसमें नए विजुअल लगा सकता है। स्टोरी के कुछ हिस्से को ग्राफिक्स के जरिए दिखा सकता है, पीटीसी लगाकर Complete स्टोरी एयर करने के लिए दे सकता है।

सावधानियां

फ्लैट स्टोरी से बचें। खबरों को लेकर रिपोर्टर को बेबाक और आक्रामक होना चाहिए।

टेलीविजन रिपोर्टिंग में हमेशा इस बात को याद रखना चाहिए कि विजुअल ही स्टोरी है, बोलने वाले लोग यानी टॉकिंग हेड नहीं। लेकिन लोगों की बाइट शामिल करने से स्टोरी की विश्वसनीयता बढ़ती है। वही बाइट सही है, जो स्टोरी को आगे बढ़ाए, एक ऐसी नई सूचना दे, जो उसके ऊपर के वीओ, बाइट या एंकर पीस में न हो। स्टोरी में रोज-रोज एक ही आदमी की बाइट बिल्कुल इस्तेमाल नहीं होनी चाहिए। हर नई स्टोरी में बाइट के लिए नया चेहरा बेहतर रहता है।

खबर फाइल करने या लिखने से पहले दो मिनट सोचिए।

—क्या ये खबर पूरी तरह सही है?

—क्या आपने हर तरह से इसकी जांच-पड़ताल कर ली है?

—इस खबर का आम जनता, देश और समाज पर क्या असर होगा?

—क्या आपकी खबर स्थिति को संभालने में मदद करेगी या स्थिति और खराब होगी?

हमेशा याद रखें, आप एक रिपोर्टर होने के साथ-साथ एक जिम्मेदार नागरिक भी हैं और आपका काम सनसनी या अफवाह फैलाना नहीं है। आपको सिर्फ सही सूचना देने का अधिकार है और वो भी सामाजिक जिम्मेदारी के साथ। इसलिए खबर फाइल करने से पहले इन बातों पर भी जरूर गौर करें। खबर लिखने के बाद ध्यान से जरूर पढ़ें और तसल्ली कर लें कि खबर में सबकुछ ठीक-ठाक है। आप जो सूचनाएं दर्शकों को देना चाहते हैं, उन्हें स्क्रिप्ट में शामिल कर लिया गया है। कोई भी अपुष्ट (Unconfirmed) सूचना आपकी खबर में नहीं है और सूचना का क्रम भी सही है। सबसे महत्वपूर्ण कि आपने सोच लिया है कि खबर का क्या असर हो सकता है और आप खबर पर होने वाली प्रतिक्रियाओं से निपटने के लिए पूरी तरह तैयार हैं।

अध्याय-11

स्क्रिप्ट राइटिंग

अच्छी खबर एक माला की तरह है। जैसे एक माला में कई फूल होते हैं, लेकिन एक धागा उन्हें जोड़ता है। उसी तरह एक खबर में कई सूचनाएं होती हैं और एक केन्द्रीय थीम उसे जोड़ता है। थीम, धागा या थ्रेड की तरह है और वो हमेशा एक ही होना चाहिए। जैसे धागा टूटने से माला बिखर जाता है, उसी तरह थीम बदलने

से खबर बदल जाती है और दर्शकों पर उसका प्रभाव नहीं पड़ता। पिरामिड स्ट्रक्चर अखबार के लिए खबर लिखने का एक सामान्य नियम है। उसकी बनावट उल्टे पिरामिड या Inverted Pyramid की तरह होती है। यानी सबसे ऊपर

सबसे महत्वपूर्ण सूचना और नीचे की तरफ कम महत्वपूर्ण सूचना। ऐसा इसलिए किया जाता है कि पेज बनाते समय, जितनी खबर पेज में उस खबर के लिए छोड़ी गई जगह में एडजस्ट हो सके, उतनी रख ली जाए और बाकी नीचे से काट दी जाए।

लेकिन ये सिद्धान्त टीवी न्यूज में काम नहीं करता। आप सारी सूचना, एंकर या पहले वीओ तक खत्म कर दें, तो आगे दर्शक की दिलचस्पी खबर में नहीं रह जाएगी और वो चैनल बदल लेगा। इससे सिर्फ रिपोर्टर का ही नहीं, चैनल का भी नुकसान होगा। इसलिए टीवी न्यूज लिखने का नया फॉर्मूला है-

Bullet Train Structure

बुलेट ट्रेन की क्या विशेषता होती है? एक तो ये कि इसमें आगे और पीछे दो इंजन लगे होते हैं। एक इंजन आगे से खींचता है और दूसरा पीछे से धक्का देता है। इसके चलते ही बुलेट ट्रेन, दूसरी ट्रेनों से तेज चलती है। दो इंजन के बीच यात्री डिब्बों की बनावट लगभग एक जैसी होती है। इसी तरह टीवी न्यूज में पैकेज एक बुलेट ट्रेन की तरह है। उसका आगे वाला इंजन एंकर यानी एंकर रीड है, तो पीछे वाला इंजन रिपोर्टर का पीटीसी है। इन दोनों में दी जाने वाली सूचनाओं के बीच सही और दमदार तालमेल हो, तो खबर बुलेट की तरह शक्तिशाली होगी।

वॉयस ओवर (वीओ) और बाइट्स बुलेट ट्रेन के डिब्बे की तरह हैं। जैसे ट्रेन के डिब्बे एक समान होते हैं, वैसे ही खबर के हर वीओ और बाइट में समान रूप से नई सूचनाओं को विभाजित किया जाना चाहिए और इसके लिए जरूरी है दमदार स्क्रिप्ट।

रिपोर्टर को खबर खोजने में माहिर होने के साथ-साथ अच्छा कॉपी राइटर बनने की भी कोशिश करनी चाहिए। आजकल दर्शक न्यूज में भी मनोरंजन खोजता है। दर्शकों का ध्यान खींचने के लिए जरूरी है कि खबरें इस तरह बनाई जाएं, जिसमें ठोस जानकारी के अलावा उसका प्रस्तुतीकरण यानी स्टोरी का ट्रीटमेंट भी दिलचस्प हो।

टेलीविजन न्यूज ऑडियो-विजुअल माध्यम है और ये भी सही है कि इसमें विजुअल की सबसे ज्यादा अहमियत होती है। लेकिन एक रिपोर्टर दर्शकों तक घटना की सारी जानकारी सिर्फ विजुअल के जरिये ही नहीं पहुंचा सकता। घटनाक्रम को समझाने के लिए जरूरी है कि सिलसिलेवार तरीके से उसकी पूरी कहानी लिखी जाए। तकनीकी भाषा में इसे न्यूज स्क्रिप्ट कहते हैं। एक अच्छी

स्क्रिप्ट के जरिए ही कहानी को प्रभावी तरीके से दर्शकों के सामने पेश किया जा सकता है।

अच्छी स्क्रिप्ट की विशेषता

अब सवाल ये है कि अच्छी स्क्रिप्ट किसे कहेंगे। इस सवाल का कोई तय जवाब नहीं है, क्योंकि अभिव्यक्ति भावना से जुड़ी होती है और हर व्यक्ति के कहने का अंदाज भी अलग-अलग होता है। साथ ही लोगों के शब्द भंडार भी अलग-अलग होते हैं। लेकिन इसमें दो राय नहीं कि हर अच्छी और दमदार स्टोरी में तीन बातें होती हैं। इसकी एक शुरुआत होती है, बीच में कहानी की मुख्य बातों का जिक्र होता है और इसका एक अन्त भी होता है। स्क्रिप्ट भी इसी आधार पर लिखी जानी चाहिए।

एक स्टोरी की शुरुआत हमेशा प्रभावशाली तरीके से होनी चाहिए। उसके बीच के हिस्से में खबर के विभिन्न पहलुओं को डालें, खबर को प्रभावी तरीके से समझाने की कोशिश करें और खास सन्देश के साथ अन्त करें। किसी स्टोरी का अन्तिम हिस्सा भी उसकी शुरुआत की तरह ही महत्वपूर्ण होता है। कई बार रिपोर्टर अपनी तमाम महत्वपूर्ण सूचनाएं एंकर या खबर के शुरुआती हिस्से में डाल देता है और आखिरी में खबर को कमजोर कर देता है। ये गलत है। टीवी की खबर अन्त तक दिलचस्प और सूचनाओं से भरपूर होनी चाहिए।

अच्छी स्क्रिप्ट वो है, जिसके अंत में खबर से जुड़ी एक या दो महत्वपूर्ण

सूचना दी जाती है। इसका मकसद होता है, थोड़ी सी सूचना देकर दर्शक के मन में जिज्ञासा और उत्सुकता पैदा करना। इसी तरह वीओ एक में दूसरी एक-दो महत्वपूर्ण सूचना दी जानी चाहिए। साथ ही इस बात का ख्याल रखना चाहिए कि एंकर और वीओ में सूचना रिपीट नहीं हो, बल्कि एक-एक करके माला में लगने वाले नए फूलों की तरह सूचनाएं जोड़ी जानी चाहिए। बाइट इस तरह चुनी जानी चाहिए कि उसमें एक नई सूचना हो और वो खबर को आगे बढ़ाए, न कि सिर्फ उन बातों को दोहराया जाए, जिसे एंकर या वीओ में पहले ही कहा जा चुका हो। दूसरे वीओ और बाइट में भी नई सूचनाएं देकर खबर में दर्शकों की दिलचस्पी बरकरार रखने की कोशिश की जानी चाहिए। जरूरी हो, तो दूसरे वीओ में बैकग्राउंडर का भी इस्तेमाल किया जाना चाहिए, जिससे खबर की गहराई का पता चले। आखिरी वीओ में सूचनाओं को इस तरह गूंथा जाना चाहिए कि खबर आगे की दिशा, प्रोजेक्शन या पर्सपेक्टिव को सामने लाए।

इसी तरह पीटीसी में एक ऐसी सूचना होनी चाहिए, जो रिपोर्टर ने अब तक बचाकर रखी हो। ये सूचना ऐसी नहीं हो, जिसे एंकर या वीओ में देना जरूरी हो, लेकिन वो कम महत्वपूर्ण भी नहीं हो। पीटीसी में ऐसी सूचना हो, जो दर्शकों को चौंका दे और उसे वाह-वाह करने पर मजबूर कर दे। ऐसा होता है तो ये रिपोर्टर की जीत होगी।

परवेज अहमद कहते हैं कि टीवी की खबर, कहानी की तरह आसान तरीके से कही जानी चाहिए, जिसे एक बार सुनने पर ही दर्शक समझ लें। भाषा आसान हो, वाक्य अधूरे और उलझे हुए न हों। खबर के हिसाब से शब्दों का चयन ऐसा हो, जो कानों को भला लगे। दोहराव बिल्कुल नहीं होना चाहिए, न शब्दों का और न ही तथ्यों का। क्योंकि दोहराव सबसे ज्यादा ऊब पैदा करते हैं।

आशुतोष अच्छी स्क्रिप्ट की परिभाषा कुछ इस तरह देते हैं। उनका कहना है कि अच्छी स्क्रिप्ट वही है, जो पानी की धारा की तरह हो। रिपोर्टर जो खबर देना चाहता है, वो बिना लाग-लपेट के दर्शकों को पता चल जाए। दर्शकों को खबर समझने के लिए दिमाग पर ज्यादा जोर न देना पड़े। भाषा सिंपल होनी चाहिए, ज्यादा घुमावदार भाषा दर्शकों को तंग करती है। उनका कहना है कि एक स्टोरी का एक ही फोकस होना चाहिए, यानी एक स्टोरी में एक ही बात कहने की कोशिश करनी चाहिए। एक से ज्यादा फोकस होने पर स्टोरी भटकने लगती है और दर्शकों को कहानी समझने में दिक्कत होती है।

प्रबल प्रताप सिंह के मुताबिक वो कहानी, जिसमें बातें सरल शब्दों में कही गई हों और जिसे आप और दर्शक अच्छी तरह समझ सकें, अच्छी स्क्रिप्ट वही है।

रिपोर्टर जो कहना चाहता है, वो पूरी बात उसमें शामिल हो, कहानी आधी-अधूरी नहीं हो। स्क्रिप्ट में कठिन और बोझिल शब्दों का इस्तेमाल नहीं हुआ हो।

इस तरह हम कह सकते हैं कि अच्छी और दमदार स्क्रिप्ट वही है, जिसमें कम से कम शब्दों में निष्पक्ष तरीके से पूरी बात रोचक अंदाज में कही गई हो। भाषा में प्रवाह हो, वो सरल हो और अंत तक दर्शकों को बांधकर रखने में सक्षम हों। कोई भी कहानी, जो रोमांच के साथ आगे बढ़ती जाए और उसका अन्त एक खास सन्देश के साथ हो, तो ऐसी कहानी लोगों को काफी प्रभावित करती है। टेलीविजन पत्रकार को ये याद रखना चाहिए कि जब भी वो कोई स्टोरी लिखने बैठे, तो इस बात का जरूर ख्याल रखे कि वो अपनी कहानी के जरिए दर्शकों को कैसे बांधेगा।

जब आप स्क्रिप्ट लिखने बैठें तो उस वक्त दिमाग, विषय पर पूरी तरह फोकस हो, इसका ध्यान रखें। इससे आप बेहतर लिख पाएंगे और आपके शब्द दूसरों को रोमांचित भी करेंगे। स्क्रिप्ट लिखने से पहले समाचार के तथ्यों को अच्छी तरह समझ लेना चाहिए। इससे गलती की गुंजाइश कम हो जाती है और स्टोरी का एंगल भी पता चल जाता है। इसका फायदा ये है कि स्क्रिप्ट जब तैयार होगी, तो उसमें कही गई बातें शीशे की तरह साफ दिखेंगी। कहानी में घालमेल नहीं दिखेगा। इसलिए जरूरी है कि स्टोरी में बहुत सारे तथ्यों (Facts) को एक साथ न डालें। एक मुद्दे पर ही दो-तीन स्टोरी बनाई जा सकती है। इसमें ध्यान रखने वाली बात ये है कि स्टोरी एक-दूसरे से जुड़ी रहे और पहली स्टोरी की बात

दूसरी स्टोरी में रिपीट न हो।

स्क्रिप्ट तर्कसंगत होनी चाहिए। आप जो कुछ कहना चाहते हैं, उसका आधार होना चाहिए। रिपोर्टर को हमेशा कोशिश करनी चाहिए कि उसकी स्टोरी दूसरे रिपोर्टरों से अलग हटकर हो और दर्शकों पर अलग प्रभाव छोड़े। खबर को प्रभावी तरीके से पेश करने का एक पुराना फॉर्मूला है-जिसे संक्षेप में Kiss भी कहते हैं।

K-Keep

I-It

S-Simple

S-Straight

यानी Keep it simple and straight.

किसी भी खबर को लिखने का ये सबसे शानदार फॉर्मूला है। खबर को घूमा-फिरा कर यानी अस्पष्ट तरीके से लिखने पर दर्शकों को उसे समझने में दिक्कत आ सकती है। सबसे बेहतर खबर वही होती है, जिसे सीधेतौर पर बिना लाग-लपेट के बता दिया जाए। खबर की भाषा बिल्कुल सामान्य होनी चाहिए और उसमें ऐसे शब्दों और विशेषणों का प्रयोग नहीं किया जाना चाहिए, जिसे समझने में दर्शकों को दिमाग पर जोर लगाना पड़े।

स्क्रिप्ट राइटिंग में सावधानियां

स्क्रिप्ट में लिखे गए वाक्य का मतलब साफ होना चाहिए। वाक्य ऐसे हों, जो सुनने वालों में भावनात्मक लगाव पैदा करें। टारगेट ऑडिएंस को ध्यान में रखकर ही स्टोरी को आगे बढ़ाना चाहिए। यानी जो कुछ लिख रहे हों, उसे दर्शक भी अच्छी तरह समझ सकेगा, ये सुनिश्चित कर लें।

न्यूज स्क्रिप्ट ब्रॉडकास्ट स्टाइल में लिखी जानी चाहिए। यानी जो विजुअल हो, उसके मुताबिक ही शब्दों का इस्तेमाल किया गया हो। अतिरिक्त शब्दों का इस्तेमाल स्टोरी की आत्मा को मार देगा।

स्क्रिप्ट का लहजा बातचीत के अंदाज में होना चाहिए। लेकिन स्टोरी तैयार करते वक्त ध्यान रखें कि पिक्चर में जो बात साफ दिख रही हो, उसे शब्दों में दोहराया नहीं जा रहा हो। उदाहरण के लिए मकबूल फिदा हुसैन की जिन्दगी पर कोई स्टोरी बनानी है। कैनवास पर तेजी से पेंटिंग करते हुसैन के विजुअल हमारे पास हों, तो इसे सीधे तौर पर ये कहना ठीक नहीं होगा कि मकबूल फिदा हुसैन कैनवास पर तेजी से पेंटिंग कर रहे हैं, क्योंकि ये तो विजुअल में भी दिखेगा। **इसे इस तरह भी कहा जा सकता है कि हुसैन की उम्र भले ही नब्बे**

साल की हो गई है, लेकिन चुस्ती में वो 20 साल के नौजवान को भी मात देने का हौसला रखते हैं।

विजुअल की खासियत को उभारने के लिए लिखने का अन्दाज अलग होना चाहिए। इसका मतलब ये है कि विजुअल में गोली चलने के शॉट हैं, तो इसे इस तरह नहीं लिखना चाहिए कि देखिए, पुलिस गोलियां चला रही है। बल्कि इसे इस तरह कहा जा सकता है कि भीड़ को काबू करने के लिए पुलिस ने गोलियां चलाई या पुलिस ने अन्धाधुन्ध फायरिंग शुरू कर दी। बात कहने का अंदाज थोड़ा अलग होना चाहिए। विजुअल के एक्शन को प्रभावी शब्दों से व्यक्त करने की कोशिश करें।

स्टोरी में जहां जरूरी हो, एंबिएंस का इस्तेमाल किया जाना चाहिए। एंबिएंस का मतलब है वो आवाज, शोरगुल, जो घटनास्थल पर शूटिंग के वक्त थी, और जिसे कैमरे ने रिकॉर्ड किया है। एंबिएंस स्टोरी के माहौल को प्रभावी बनाता है। ये किसी भी बात को शब्दों में कहने से ज्यादा असरदार होगा। कहते हैं, तस्वीरे बोलती हैं। आपके पास इस तरह विजुअल हैं, तो तस्वीरों को जरूर बोलने दें। खुद चुप रहें। शब्दों के जरिए व्याख्या करने के चक्कर में हो सकता है, हम वास्तविकता का उतना अहसास दर्शकों को नहीं करा पाएं। लेकिन एंबिएंस बहुत लम्बा भी नहीं होना चाहिए।

छोटे-छोटे वाक्य लिखना चाहिए, जो पेंचीदे न हों। वाक्य में कम से कम शब्द होने चाहिए। वाक्य बहुत लम्बे होंगे, तो मुमकिन है कि लोगों की समझ में न आए और उसका मतलब भी गड़बड़ हो जाए। स्क्रिप्ट पूरी हो जाए, तो उसे एक बार बोलकर जरूर पढ़ें और देखें कि वाक्य लम्बा तो नहीं है। नॉर्मल फ्लो में एक पूरा वाक्य खत्म करने में सांस फूलने लगे, तो समझ लें कि वाक्य लम्बा है और उसे छोटा करने की जरूरत है। एडिटिंग में आमतौर पर छह से दस सेकेण्ड का एक विजुअल फ्रेम इस्तेमाल किया जाता है। बेहतर है दस सेकेण्ड में एक वाक्य भी पूरा हो जाए और वाक्य दूसरे विजुअल फ्रेम पर ओवरलैप नहीं करे। कुल मिलाकर एक वाक्य में, दस से ज्यादा शब्द नहीं होने चाहिए।

पढ़ते वक्त किसी शब्द के उच्चारण में दिक्कत हो, तो उसके वैकल्पिक शब्द का इस्तेमाल करें। उदाहरण के लिए कई लोगों को **श** या **ड़** के उच्चारण में दिक्कत होती है। आपको **सड़क** बोलने में दिक्कत हो, तो **रास्ता** लिखें।

मुमकिन हो, तो स्टोरी का हर महत्वपूर्ण हिस्सा ग्राफिक्स के जरिए दिखाया जाना चाहिए। स्टोरी में इस्तेमाल होने वाले ग्राफिक्स में वाक्य छोटे हों, लेकिन

शब्द अधूरे न हों। जैसे अमिताभ बच्चन के लिए अमि...लिखना गलत होगा। एक तो अमिताभ का उपनाम अमि...नहीं है और दूसरे, कोई जरूरी नहीं कि हर दर्शक अमिताभ को इस उपनाम से पहचान सके। लेकिन अमिताभ के लिए बिग बी लिख सकते हैं। क्योंकि बार-बार लिखे जाने के चलते लोग अब समझ लेते हैं कि बिग बी का मतलब अमिताभ बच्चन से ही है। बिग बी को मीडिया ने एक तरह से अमिताभ का उपनाम ही बना दिया है।

वीओ और ग्राफिक्स के लिए वाक्य पूरे लिखे जाने चाहिए। यानी ऐसा नहीं हो, कि वाक्य में आधी बात कह दी और बाकी के शब्द सुनने वालों के लिए छोड़ दिए जाएं, जैसा कि प्रिंट में होता है। प्रिंट में अधूरे वाक्यों को कई जगह (....) डॉट पर छोड़ दिया जाता है।

कई शब्द एक जैसे मिलते-जुलते दिखते हैं, लेकिन उनका अर्थ अलग-अलग होता है। मसलन **कार्रवाई** और **कार्यवाही** दोनों शब्दों का मतलब अलग-अलग है। कार्रवाई शब्द एक्शन के लिए प्रयोग होता है। जैसे पुलिस ने कार्रवाई की। कार्यवाही का मतलब प्रोसिडिंग है। जैसे संसद की कार्यवाही कल तक के लिए स्थगित कर दी गई।

स्क्रिप्ट में किन्तु, परन्तु, चूंकि, द्वारा जैसे शब्दों का इस्तेमाल नहीं करें। टेलीविजन में इस तरह के शब्दों का इस्तेमाल नहीं होता, हालांकि हिन्दी इलाके में बातचीत के दौरान ऐसे शब्द खूब सुनने को मिलते हैं। टेलीविजन में इन शब्दों पर एक तरह से पाबंदी है। इसका कारण ये है कि ऐसे शब्द कई बार भ्रम पैदा करते हैं और वाक्य का सही अर्थ सामने नहीं आने देते। इनके इस्तेमाल से कई बार वाक्य का असर भी खत्म हो जाता है। प्रधानमंत्री **द्वारा** मेट्रो का उद्घाटन लिखने या कहने से ये पता नहीं चलता कि प्रधानमंत्री ने मेट्रो का उद्घाटन कर दिया या करने वाले हैं। इसकी जगह ये लिखें कि प्रधानमंत्री ने मेट्रो का उद्घाटन किया, तो यह साफ हो जाएगा कि उद्घाटन हो चुका है। हालांकि इससे वाक्य थोड़ा लम्बा जरूर जाता है। इसके अलावा किन्तु, परन्तु जैसे शब्द किसी वाक्य में अतिरिक्त शब्द होते हैं। इनके बिना भी किसी वाक्य का पूरा मतलब निकाला जा सकता है।

खबर से जुड़े लोगों के नाम, जगह और उनका पता बिल्कुल सही लिखा जाना चाहिए। याद रखिए, गलत नाम लिखना भी जुर्म है। स्क्रिप्ट में आंकड़े और तारीख आदि का जिक्र हो, तो वो सही हो। जब स्क्रिप्ट तैयार हो जाए तो एक बार जरूर जांच लें, कि नीचे लिखी बातों का स्टोरी में जिक्र है या नहीं।

–क्या हुआ?
–कब हुआ?
–क्यों हुआ?
–कहां हुआ?
–कैसे हुआ?
–कौन शामिल?

स्टोरी लिखने के बाद दोबारा उसे जरूर पढ़ें। हो सके, तो स्टोरी लिखने के बाद कुछ मिनट का ब्रेक लें और फिर पूरी स्टोरी ध्यान से पढ़ें। इससे स्टोरी की गलतियों पर नजर जाएगी और भाषा और शब्दों की अशुद्धियों को सुधारने का मौका मिलेगा।

टीवी स्क्रिप्ट केवल सूचनाओं का संग्रह नहीं, बल्कि इसकी हर लाइन विजुअल से भी जुड़ी होती है। इसलिए स्टोरी से जुड़े हर तरह के विजुअल ही शूट किए जाने चाहिए और विजुअल के आधार पर ही स्क्रिप्ट लिखी जानी चाहिए। नब्बे के दशक में, जब देश में निजी चैनलों पर टीवी न्यूज का दौर शुरू हुआ, तो इस परंपरा को भी स्थापित करने की कोशिश की गई थी कि पहले विजुअल एडिट करा लिए जाएं, फिर उसके आधार पर ही स्क्रिप्ट लिखी जाए। हालांकि ये प्रयोग सफल नहीं हो सका और आज सभी न्यूज ऑर्गेनाइजेशन में स्टोरी के लिए पहले स्क्रिप्ट लिखने का ही चलन है। हां, स्क्रिप्ट लिखने से पहले विजुअल और बाइट जरूर देख लिए जाने चाहिए।

अच्छी स्क्रिप्ट आप तभी लिख सकते हैं, जब आप फील्ड में ही खबर शूट करते समय, खबर का खाका अपने मन में बना लें। आप मोटा-मोटी ये तय कर लें कि जब आप स्क्रिप्ट लिखने बैठेंगे, तब एंकर, वीओ और बाइट में कौन सी सूचनाएं डालेंगे। यह तय करने के बाद पीटीसी कीजिए और उसमें भी पहले से तय सूचना ही डालें। इस तरह लिखी गई खबर से आप दर्शकों का दिल जीत लेंगे।

भाषा की अहमियत

इलेक्ट्रोनिक मीडिया की स्क्रिप्ट, प्रिंट मीडिया से बिल्कुल अलग होती है। टीवी का दर्शक किसी स्टोरी को पढ़ नहीं सकता है। एक बार सुनी हुई लाइन को दर्शक दोबारा सुन भी नहीं सकता। इसलिए स्क्रिप्ट की भाषा ऐसी होनी चाहिए, जिसे एक बार सुनने के बाद ही पूरी बात समझ में आ जाए। रिपोर्टर को हमेशा याद रखना चाहिए कि वो अपनी स्क्रिप्ट पढ़ने के लिए नहीं, सुनने के लिए लिख रहा

है। जब हम किसी चीज को पढ़ते हैं, तो एक साथ कई शब्दों पर नजर जाती है, लेकिन जब हम सुनते हैं, तो एक बार में एक ही शब्द सुनते हैं। **आशुतोष** के मुताबिक टीवी स्क्रिप्ट की भाषा किस्सागोई की भाषा होनी चाहिए, बिल्कुल सिम्पल और रोचक।

किसी भी खबर को समझने के लिए अखबार का पाठक उस खबर को दो, तीन या जितनी बार मर्जी हो पढ़ सकता है, लेकिन टीवी पर कोई भी खबर एक सुपरफास्ट ट्रेन की तरह होती है। एक बार, एक खबर या उसका हिस्सा निकल जाए, तो दर्शक उसे तुरन्त दोबारा देख, सुन नहीं सकता। इसलिए टीवी न्यूज की भाषा, अखबारी भाषा से सरल और सहज होनी चाहिए।

दर्शकों तक अपनी बात पहुंचाने के लिए जरूरी है कि स्टोरी की भाषा बोलचाल वाली होनी चाहिए। बोलचाल में इस्तेमाल होने वाले आम शब्द ही स्क्रिप्ट में लिखे जाने चाहिए। कठिन और ऐसे शब्द जिनका बोलचाल में ज्यादा इस्तेमाल नहीं होता, इससे बचना चाहिए। भाषा नीरस भी नहीं होनी चाहिए। भाषा ऐसी हो, जो लोगों में रुचि पैदा करे।

भाषा उपदेश वाली भी नहीं होनी चाहिए। यहां पर गौर करने वाली बात ये है कि पढ़ने और बोलने में शब्दों के प्रयोग में फर्क होता है। अखबार या किताबों में कई ऐसे शब्द और मुहावरे मिलेंगे, जिन्हें हम बोलते वक्त शायद ही इस्तेमाल करते हैं। टीवी रिपोर्टर को अपने शब्द ज्ञान से दर्शकों को प्रभावित करने की कोशिश नहीं करनी चाहिए। ध्यान रखना चाहिए कि जो शब्द ज्यादा चलन में नहीं है, उन्हें नहीं लिखा जाए।

वाक्य में आंचलिक मुहावरों के इस्तेमाल से बचना चाहिए, क्योंकि ऐसे मुहावरे हर जगह प्रचलित नहीं होते और उनका मतलब भी अलग-अलग निकाला जा सकता है।

सरकारी भाषा, शब्दों के प्रयोग से बचना चाहिए। दिग्गज पत्रकार **एस पी सिंह** ने टेलीविजन में भाषा को लेकर नब्बे के दशक में कई प्रयोग किए और भाषा को सहज और सरल, लेकिन प्रभावशाली बनाने की कोशिश की। इसका असर टीवी न्यूज की भाषा पर आज भी दिखाई देता है। **(सुरेन्द्र प्रताप सिंह 'नवभारत टाइम्स' अखबार और 'रविवार' जैसी पत्रिका के सम्पादक रहे। आजतक न्यूज चैनल के भी वो पहले सम्पादक और एंकर थे। टेलीविजन की भाषा पर उन्होंने कई प्रयोग किए और एक तरह से कह सकते हैं कि उनकी कोशिश से ही टेलीविजन में हिन्दुस्तानी बोली का चलन बढ़ा।)**

आमतौर पर स्क्रिप्ट की भाषा में हिन्दी की खड़ी बोली और उर्दू के प्रचलित

शब्दों का इस्तेमाल सही रहता है। साथ ही अंग्रेजी के प्रचलित शब्द जो हिन्दी में घुल-मिल गए हैं, उनका प्रयोग भी सही रहता है। उदाहरण के लिए अग्नि की जगह आग, अग्निशमन की जगह फायरब्रिगेड, जैसे शब्द टीवी न्यूज के लिए सही रहते हैं। टीवी न्यूज की स्क्रिप्ट में संस्कृत के कठिन शब्दों का इस्तेमाल नहीं होना चाहिए।

ध्यान रखें ग्रामर यानी व्याकरण सही हो और उसमें स्त्रीलिंग, पुलिंग का ख्याल रखा गया हो। स्क्रिप्ट में स्पेलिंग, ग्रामर और फैक्ट्स तीनों की बराबर अहमियत होती है। इन पर बराबर ध्यान रखना चाहिए।

स्क्रिप्ट में ऐसी भाषा का इस्तेमाल न करें, जो किसी के लिए अपमानजनक हो। रिपोर्टर को ये भी जरूर देख लेना चाहिए कि उसने जो कुछ लिखा है, उससे किसी का अपमान तो नहीं हो रहा या बाद में कोई कानूनी पचड़ा तो नहीं फंसेगा। जो कुछ भी लिखा जाए, वो तथ्यों पर आधारित हों और आरोप को प्रमाणित करने के लिए सबूत मौजूद हों।

अच्छे स्क्रिप्ट राइटर के गुण

रिपोर्टर को बतौर स्क्रिप्ट राइटर भी काम करना पड़ता है, इसलिए उसमें अच्छे स्क्रिप्ट राइटर के गुण भी होने चाहिए। आइये जानते हैं कि अच्छा स्क्रिप्ट राइटर किसे कहेंगे।

लेखन शैली का ज्ञान-लिखना एक कला है और हर रिपोर्टर को इस कला में माहिर होना चाहिए। उसकी लेखनी में नदी की शान्त धारा की तरह प्रवाह होना चाहिए। उसकी कही गई बातें इतनी असरदार होनी चाहिए कि वो सुनने वालों के दिल की गहराइयों में उतर जाए, लोगों के मन में बस जाए।

माध्यम की समझ-टीवी न्यूज के स्टोरी राइटर के लिए जरूरी है कि उसे टेलीविजन माध्यम की पूरी समझ हो। उसे इस बात की जानकारी होनी चाहिए कि न्यूजरूम कैसे काम करता है, न्यूज में उसकी, क्या और कितनी भूमिका है। उसे कोई स्टोरी कितनी देर में लिखनी है और किस फॉर्मेट में लिखनी है। टेलीविजन की स्क्रिप्ट विजुअल को आधार देती है, इसलिए स्क्रिप्ट राइटर को विजुअल के मुताबिक स्क्रिप्ट लिखने की कला आनी चाहिए। उसे विजुअल के मूड के मुताबिक शब्द लिखने की कला आनी चाहिए, क्योंकि इसके बिना स्टोरी बेजान लगती है।

तकनीकी शब्दों का ज्ञान-स्क्रिप्ट राइटर के लिए जरूरी है कि उसे टेलीविजन के तमाम तकनीकी शब्दों की जानकारी हो। पैकेज, वीओ, एसटीडी, सॉट, बाइट,

स्टन, सुपर जैसे कई शब्द हैं, जिनका न्यूज स्क्रिप्ट में इस्तेमाल होता है।

विषय का ज्ञान-जिस विषय पर स्क्रिप्ट लिखी जानी हो, उसकी पूरी जानकारी के बिना कोई भी कहानी अधूरी रहेगी। इसलिए स्क्रिप्ट लिखना शुरू करने से पहले स्टोरी से जुड़ी तमाम बातों की जानकारी इकट्ठा कर ली जानी चाहिए।

शोध-स्क्रिप्ट लिखने से पहले स्टोरी से जुड़े तथ्यों की सही जानकारी शोध (रिसर्च) से ही मुमकिन है। इसके लिए लाइब्रेरी या रिसर्च विभाग की मदद लेनी चाहिए। यहां से स्टोरी से जुड़े सही आंकड़े और घटनाक्रम की सिलसिलेवार जानकारी मिल जाती है और स्टोरी में तथ्यात्मक गलतियों की गुंजाइश नहीं रहती। आजकल इंटरनेट ने रिसर्च या शोध के काम को आसान बना दिया है। कम्प्यूटर पर गूगल या दूसरे सर्च इंजन पर जाकर आप कुछ भी तलाश कर सकते हैं। यहां जानकारी की कमी नहीं है, जरूरत है तो बस जानकारी तलाशने की।

सरल भाषा-स्टोरी राइटर की भाषा पर पकड़ होनी चाहिए और सीधे तौर पर वाक्य लिखने में उसे माहिर होना चाहिए। स्टोरी में किसी बात को कहने का अंदाज ऐसा होना चाहिए, जिसे ज्यादा से ज्यादा लोग समझ सकें। वाक्य में कठिन शब्दों का इस्तेमाल न हो। स्टोरी में दूसरी भाषाओं के प्रचलित शब्दों का जरूरत के हिसाब से इस्तेमाल होना चाहिए।

लिखने में सावधानी-स्टोरी में गलतियां न हों। कोई बात दोहराई न गई हो। एक स्टोरी में कई एंगल एक साथ नहीं होने चाहिए। उसकी भाषा मार्यादित हो, यानी भड़काऊ न हो और किसी का अपमान न करती हो।

तटस्थ विचार-स्टोरी में विचार तटस्थ होने चाहिए। स्टोरी राइटर को किसी की भावना से खिलवाड़ करने का कोई हक नहीं है। इसलिए उसकी लेखनी संयमित होनी चाहिए। स्टोरी में सभी पक्षों की बात रखी जानी चाहिए।

ग्राफिक्स और आंकड़े-स्टोरी राइटर को स्टोरी में जरूरत के हिसाब से आंकड़ों का इस्तेमाल जरूर करना चाहिए। इससे स्टोरी की प्रामाणिकता बढ़ती है। आंकड़े, रिसर्च विभाग से इकट्ठा किए जा सकते हैं। टेलीविजन न्यूज में आंकड़ों का इस्तेमाल ग्राफिक्स प्लेट के जरिए होता हे। स्टोरी राइटर को इस बात की जानकारी होनी चाहिए कि ग्राफिक्स प्लेट पर सूचनाओं को संक्षिप्त तरीके से कैसे लिखा जाए और स्टोरी को रोचक और प्रभावशाली बनाने के लिए किस स्टाइल के ग्राफिक्स प्लेट का इस्तेमाल किया जाए। इस सिलसिले में स्टोरी राइटर को अपने सुझाव ग्राफिक्स डिजाइनर या पैकेज प्रोड्यूसर को भी देने चाहिए।

अध्याय-12
ग्राफिक्स

दर्शकों को पूरी और स्पष्ट सूचना देना टीवी पत्रकारिता का मूलमंत्र है। एक स्टोरी में कई पहलू हो सकते हैं और कई बार ऐसा होता है कि केवल विजुअल के जरिए ही हर पहलू को सटीक तरीके से दर्शकों को समझाया नहीं जा सकता है। कई बार ऐसा लगता है कि सिर्फ विजुअल ही दर्शकों को सूचनाएं मुहैया नहीं करा

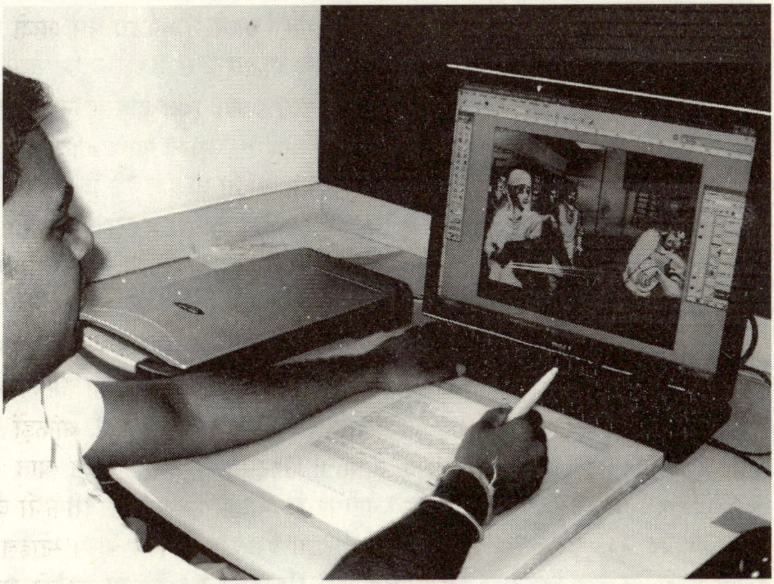

सकते और ऐसी स्थिति में रिपोर्टर को ग्राफिक्स का सहारा लेना चाहिए। इसके अलावा ग्राफिक्स स्टोरी को खूबसूरत भी बनाता है। ग्राफिक्स सुन्दर तरीके से बनाए गए हों, तो इसका आकर्षण दर्शकों को स्टोरी पर नजर टिकाए रखने के

लिए विवश कर सकता है। इसलिए स्टोरी को ज्यादा प्रभावी बनाने के लिए ग्राफिक्स का इस्तेमाल जरूर करें।

प्रबल प्रताप सिंह के मुताबिक ग्राफिक्स कहानी में वेल्यू ऐड करता है। आप अपनी बात, खास कर आंकड़े, केवल तस्वीरों के ऊपर शब्दों के जरिए बताते हैं, तो मुमकिन है कि दर्शक उसे समझ ही नहीं पाए। लेकिन इसे ग्राफिक्स के जरिए समझाया जाए, तो उसका ज्यादा प्रभाव होगा।

आशुतोष कहते हैं कि ग्राफिक्स स्टोरी का आभूषण है। जो बात शब्दों के जरिए नहीं कही जा सकती, वो बात ग्राफिक्स की मदद से आसानी से हो सकती है। आंकड़ों को ग्राफिक्स बेहतर ढंग से बताते हैं। विजुअल की कमी की भरपाई ग्राफिक्स के जरिए बेहतर हो सकती है।

ग्राफिक्स के लिए सावधानी और सुझाव

ग्राफिक्स देखने-पढ़ने में बोरिंग नहीं होना चाहिए और तथ्य, आंकड़े बिल्कुल सही होने चाहिए। ग्राफिक्स ऐसा न हो कि उसे समझने के लिए दर्शकों को दिमाग पर जोर डालना पड़े। ऐसी स्थिति आई, तो स्टोरी चाहे कितनी महत्वपूर्ण क्यों न हो, दर्शक आपकी खबर छोड़ देगा। ग्राफिक्स इस्तेमाल करने से पहले कुछ बातों पर गौर करना जरूरी है। इन पर अमल कर स्टोरी को दिलचस्प बनाया जा सकता है।

ग्राफिक्स के टेक्स्ट में कम से कम शब्द होने चाहिए। ध्यान रहे कि स्क्रिप्ट की तुलना में ग्राफिक्स की लाइन के टेक्स्ट छोटे होने चाहिए। पूरी बात, एक लम्बे वाक्य में कभी नहीं लिखें। वाक्य बहुत लम्बे न हों, बल्कि छोटे-छोटे प्वॉइंट में लिखे जाने चाहिए। मसलन डॉक्टर राम प्रसाद का कहना है कि उन्होंने अपनी बेटी की हत्या नहीं की है। ग्राफिक्स प्लेट पर कोई वाक्य इस तरह नहीं लिखा जाएगा। इसे इस तरह लिखा जाना चाहिए। मैंने बेटी की हत्या नहीं की-ग्राफिक्स प्लेट पर बयान देने वाले का फोटो और नाम-पता अलग से लिखा होता है, इसलिए वाक्य में इनका जिक्र नहीं किया जाना चाहिए।

ग्राफिक्स के टेक्स्ट पढ़ने में अटपटे नहीं लगने चाहिए। ध्यान रहे कि प्वॉइंट में लिखी गई बातें सरल हों और उनमें अशुद्धियां बिल्कुल न हों। याद रखें कि दर्शक बुद्धिमान है। उसे सही और गलत की पूरी जानकारी है। वो स्क्रीन पर गलत शब्द पढ़ता है, तो उसके दिमाग में सबसे पहली प्रतिक्रिया यही होती है कि रिपोर्टर मूर्ख है, उसे सही लिखना नहीं आता। इसलिए जो लिखें, सही लिखें। शक हो, तो बेहिचक अपने साथियों की मदद लें। ऐसी स्थिति में प्रोड्यूसर

सबसे ज्यादा मददगार साबित होते हैं। आप डिक्शनरी यानी शब्दकोष की भी मदद ले सकते हैं।

स्पेलिंग और आंकड़े की गलती सुधारने का काम रिपोर्टर का होता है। प्रोड्यूसर भी इस काम में रिपोर्टर की मदद करते हैं। लेकिन रिपोर्टर गलत आंकड़ा देता है, तो प्रोड्यूसर के लिए उसे सुधारना मुश्किल हो जाता है। ग्राफिक्स आर्टिस्ट तकनीकी एक्सपर्ट होता है, यानी उसे स्पेलिंग और आंकड़ों की जानकारी नहीं भी हो सकती है। उसका मूल काम ग्राफिक्स के स्टाइल को डिजाइन करना है।

ग्राफिक्स में जरूरत के मुताबिक नक्शे (मैप) का इस्तेमाल किया जाना चाहिए। बड़ी स्टोरी की शुरुआत मैप से हो, तो ये अच्छी बात मानी जाती है। इससे दर्शकों को शुरू में ही पता चल जाता है कि स्टोरी किस जगह की है और अन्त तक स्टोरी में उसकी दिलचस्पी बनी रह सकती है।

ग्राफिक्स विभाग को सारी बातें लिखकर दी जानी चाहिए और इस्तेमाल से पहले उसे चेक भी जरूर कर लिया जाना चाहिए। मैप हो, तो उस पर जगह का नाम और लोकेशन सही-सही मार्क होना चाहिए। इन सब चीजों के लिए ग्राफिक्स आर्टिस्ट पर भरोसा नहीं किया जा सकता। रिपोर्टर को लोकेशन की सही स्थिति और इनकी स्पेलिंग जरूर चेक कर लेनी चाहिए। ग्राफिक्स आर्टिस्ट की भाषा पर पकड़ कमजोर हो सकती है और वो स्पेलिंग की गलतियां कर सकता है। बेहतर ये है कि स्टोरी में ग्राफिक्स के इस्तेमाल से पहले उसकी स्पेलिंग, डेस्क के किसी होशियार प्रोड्यूसर से जरूर चेक करा ली जाए।

ग्राफिक्स में इस्तेमाल होने वाले फौंट, ड्राइंग या फोटोग्राफ स्पष्ट होने चाहिए। दर्शक दूर से बैठकर टीवी देखता है, इसलिए ग्राफिक्स में इस्तेमाल अक्षर बड़े, चमकीले और उसका रंग आंखों को अच्छा लगने वाला होना चाहिए। दर्शकों को छोटे और धुंधले अक्षर पढ़ने में परेशानी हो सकती है। ग्राफिक्स के फौंट छोटे होंगे या इस्तेमाल किया गया फोटो धुंधला होगा, तो ऑन एयर उसकी क्वालिटी कभी अच्छी नहीं होगी।

स्टोरी में आंकड़ों का जिक्र हो, तो इसे ग्राफिक्स पर ही दिखाया जाना चाहिए और इसके टेक्स्ट में अंक और अक्षर दोनों का इस्तेमाल करें। अंक और अक्षर में लिखे गए आंकड़े पढ़ने में आसान होते हैं। मान लें कि 1 करोड़ लिखना है, तो बेहतर है कि इसे 1 करोड़ या एक करोड़ लिखा जाए, न कि 10000000। अंकों को जल्द गिनना असान नहीं होता और इतना वक्त भी नहीं होता है कि इसे पढ़ने के लिए स्क्रीन पर ज्यादा स्टे (ठहराव) दिया जाए। अक्षर में एक करोड़ लिखते हैं,

तो इससे टेक्स्ट ज्यादा लम्बा होगा, इसलिए 1 करोड़ लिखना ही बेहतर है।

स्टोरी का कुछ हिस्सा एनिमेशन के जरिए भी दिखाया जा सकता है। स्टोरी आखिरकार रिपोर्टर की होती है और उसका खूबसूरत प्रजेंटेशन भी रिपोर्टर की ही जिम्मेदारी होती है। ग्राफिक्स इसमें काफी मदद कर सकता है। स्टोरी में हमेशा नए डिजाइन और स्टाइल का ग्राफिक्स इस्तेमाल करना चाहिए। स्टोरी को ज्यादा आकर्षक बनाने के लिए ग्राफिक्स आर्टिस्ट से बात कर नए स्टाइल को विकसित करने की कोशिश करें। ग्राफिक्स एक क्रिएटिव काम है और इसमें नएपन की हमेशा गुंजाइश रहती है।

आजकल एनिमेटेड ग्राफिक्स का चलन खूब बढ़ रहा है और सूझबूझ से बनाए गए इस तरह के ग्राफिक्स विजुअल की तरह ही प्रभावी होते हैं। कोई ऐसी खबर, जिसे दर्शकों को बताना जरूरी है, लेकिन उसकी शूटिंग मुमकिन नहीं हो या विजुअल देरी से मिलने की सम्भावना हो, तो स्टोरी एनिमेटेड ग्राफिक्स के जरिए भी बनाई जा सकती है।

स्टार न्यूज ने कांचीपीठ के शंकराचार्य के जेल जाने और जेल में उनकी पहली रात की खबर एनिमेटेड ग्राफिक्स के जरिए ही दर्शकों को दिखाई और दर्शकों की खूब वाहवाही लूटी। शंकराचार्य से जेल में क्या पूछताछ हुई, उन्होंने क्या-क्या कहा, संवाददाता को ये सब जानकारी अपने सूत्रों से तो मिल गई, लेकिन इस पूछताछ के विजुअल मिलने मुश्किल थे। इसलिए घटना का क्रमबद्ध तरीके से पहले स्केच बनाया गया, फिर उसे दर्शकों के सामने एनिमेशन के जरिए पेश किया गया। इस तरह के ग्राफिक्स कई बार नाटकीय लगते हैं और न्यूज की जगह फिक्शन या काल्पनिक कहानी की तरह दिखते हैं। लेकिन ये एक अच्छा विकल्प है। दो हवाई जहाज टकरा जाएं, तो उसे ग्राफिक्स के जरिए दिखाना गलत नही हैं, बल्कि इससे खबर ज्यादा प्रभावशाली दिखेगी। क्योंकि ऐसे हादसे की तस्वीरें शायद ही मिलें और एनिमेशन ही घटना को सही तरीके से समझाने का एकमात्र विकल्प रह जाता है।

किसी खास व्यक्ति की बाइट नहीं हो, तो उसकी कही गई बातों को ग्राफिक्स की मदद से दिखाना एक बढ़िया विकल्प है। कई बार हमारे पास अहम बाइट नहीं होते, लेकिन उसके बिना स्टोरी भी पूरी होती नहीं दिखती। उदाहरण के लिए अमेरिका के साथ 123 एटमी करार का मसला ही लें। लेफ्ट पार्टियों ने प्रधानमंत्री को चेतावनी दे दी कि करार हुआ तो सरकार से वो अपना समर्थन वापस भी ले सकती हैं। प्रधानमंत्री मनमोहन सिंह ने भी लेफ्ट को करारा जवाब दिया कि उन्हें सरकार की चिन्ता नहीं, देशहित में जो सही होगा, वही काम वो

करेंगे। प्रधानमंत्री का इतना महत्वपूर्ण बयान कोई भी रिपोर्टर अपनी स्टोरी में नजरअंदाज नहीं कर सकता था। लेकिन प्रधानमंत्री की बाइट तुरन्त उपलब्ध नहीं थी, क्योंकि ये बात उन्होंने विदेश में कही थी। उनके इस बयान को सभी चैनलों ने ग्राफिक्स टेक्स्ट के जरिए ही दर्शकों तक पहुंचाया।

महत्वपूर्ण लोग कई बार अचानक बयान जारी कर देते हैं, जहां सभी रिपोर्टरों का पहुंचना मुमकिन नहीं होता, लेकिन सूत्रों से रिपोर्टरों को बयान के बारे में जानकारी मिल जाती है। कई बार सूत्र अहम खबर दे देते हैं, जिसका विजुअल, बाइट मिलना मुमकिन नहीं होता। ऐसी तमाम स्थितियों में रिपोर्टर के लिए ग्राफिक्स सबसे बड़ा संकटमोचक साबित होता है। अपनी स्टोरी में जरूरत की बातों को वो ग्राफिक्स की मदद से दिखा सकता है। प्रधानमंत्री या सम्बन्धित व्यक्ति का एक बॉक्स में फोटो लगाकर दूसरे बॉक्स में टेक्स्ट के जरिये बयान को दिखाया जा सकता है। इस पद्धति को **टेलीमेशन** कहते हैं। लेकिन ध्यान रखें कि जब टेलीमेशन का इस्तेमाल किया जा रहा हो, तो स्क्रिप्ट में भी बिलकुल वही बात, वीओ के जरिए कही जानी चाहिए, जो ग्राफिक्स में लिखी गई हों। ऐसा नहीं किया जाता तो, दर्शक सुन तो कुछ और रहा होगा और स्क्रीन पर उसे लिखा हुआ कुछ और दिखेगा।

ग्राफिक्स फुल फ्रेम और विंडो में दिखाया जा सकता है, लेकिन पैकेज में विंडो ग्राफिक्स दिखाना ज्यादा बेहतर और आकर्षक होता है। टू विंडो ग्राफिक्स में स्क्रीन पर दो विंडो दिखते हैं, जिसमें एक तरफ स्टोरी से जुड़ा विजुअल चलता रहता है और दूसरी तरफ सम्बन्धित टेक्स्ट आते रहते हैं। न्यूज में ये पद्धति ही ज्यादा प्रचलित है। लेकिन इसका एक नियम है। इसमें हमेशा विजुअल बाईं तरफ और टेक्स्ट दाईं तरफ ही लिखे होने चाहिए। ग्राफिक्स फुल स्क्रीन भी हो सकता है। जब फुल स्क्रीन का इस्तेमाल करें, तो इसके बैकग्राउंड में स्टोरी से सम्बन्धित विजुअल भी जरूर होने चाहिए। फुल स्क्रीन के बैकग्राउंड में भी स्टोरी से जुड़े विजुअल या फोटोग्राफ लगाए जाने चाहिए। प्लेन बैकग्राउंड पर ग्राफिक्स नीरस दिखता है।

किसी भी स्टोरी में ग्राफिक्स टेक्स्ट का स्क्रीन पर ठहराव उतनी देर तक जरूर होना चाहिए, जितनी देर में दर्शक लिखी हुई बातों को आराम से पढ़ ले। आम नियम ये है कि ग्राफिक्स टेक्स्ट का ठहराव पांच सेकेण्ड से कम नहीं होना चाहिए और इसकी अधिकतम समय सीमा ये है कि किसी भी स्टोरी का ज्यादातर हिस्सा सिर्फ ग्राफिक्स की मदद से भी तैयार किया जा सकता है।

अध्याय-13

वॉइस ओवर (वीओ)

टीवी रिपोर्ट में विजुअल या ग्राफिक्स के पीछे से जो आवाज आती है, उसे तकनीकी भाषा में वॉइस ओवर या वीओ कहते हैं। रिपोर्टर चाहे अखबार का हो या टीवी का, सबके लिए कोई भी खबर एक जैसी ही अहमियत रखती है। लेकिन टीवी रिपोर्टर को हमेशा ख्याल रखना चाहिए कि वो जो कुछ लिख रहा है, उसे दर्शक पढ़ेंगे नहीं, बल्कि सुनेंगे। इसलिए आवाज टीवी पर एक ऐसा जरिया है, जो

किसी स्टोरी को बिल्कुल अलग पहचान दिला सकती है, या कहें कि दमदार आवाज किसी स्टोरी में नई जान डाल सकती है।

हर रिपोर्टर को अपनी स्टोरी के लिए वीओ भी खुद करना चाहिए। क्योंकि अपनी लिखी बात को रिपोर्टर दर्शकों के सामने किस अंदाज में पेश करना चाहता है, इस बात को खुद रिपोर्टर से बेहतर कोई दूसरा नहीं जान सकता।

वीओ करना भी एक कला है और हर रिपोर्टर को इस कला में माहिर होना चाहिए। अलग-अलग नेचर की स्टोरी लिए वॉइस ओवर का अंदाज भी अलग-अलग होता है और रिपोर्टर को चाहिए कि वो स्टोरी के मूड के हिसाब से वॉइस ओवर की क्षमता विकसित करे। शुरुआती दौर में थोड़ी मुश्किल हो सकती है, लेकिन कुछ दिनों की कोशिश के बाद आवाज में उतार-चढ़ाव या मोड्यूलेशन आ जाता है।

रिपोर्टर जब अपनी स्टोरी का वीओ खुद करता है, तो इससे दर्शकों में उसकी अपनी पहचान बनती है। दर्शक आवाज से ही रिपोर्टर को पहचानने लगते हैं। कई बार दर्शक का ध्यान टीवी स्क्रीन पर नहीं होता है, लेकिन परिचित आवाज सुनकर वो टीवी देखने लगता है। रिपोर्टिंग का एक मकसद ये भी है कि खबर ज्यादा से ज्यादा लोगों तक पहुंचे और सधा हुआ वीओ, रिपोर्टर के इस मिशन को घर-घर तक पहुंचाने में मदद कर सकता है।

वीओ करने से पहले कुछ खास बातें

वीओ की पहली शर्त है कि स्क्रिप्ट दमदार आवाज में स्टोरी के मूड के मुताबिक पढ़ी जानी चाहिए, जो खबर के साथ-साथ स्टोरी के भाव को भी उभार सके। नरम और ढीली आवाज में पढ़ी गई स्टोरी दर्शकों पर अपना प्रभाव नहीं छोड़ पाती है।

आवाज में जरूरत के हिसाब से उतार-चढ़ाव या मोड्यूलेशन भी जरूरी है। किसी रिपोर्टर की आवाज में मोड्यूलेशन नहीं है, तो उसे वीओ नहीं करना चाहिए। आवाज ऐसी होनी चाहिए, जो सुनने में कान को अच्छा लगे। वीओ की आवाज ऐसी न हो, कि वो नाक से निकलती प्रतीत हो। आवाज साफ गले से निकलनी चाहिए।

बोलते समय हमेशा पेस का ख्याल रखें, वर्ना सुनने वाले को स्टोरी अटपटी लगेगी। **संदीप चौधरी** का कहना है कि पेस मतलब है, पूरे वीओ के दौरान आपकी आवाज कसी हुई रहे, ढीली न हो। उनका ये भी कहना है कि वीओ में पेस के साथ वॉइस मोड्यूलेशन तो किया जा सकता है, लेकिन मोड्यूलेशन का मतलब ये नहीं है कि पेस को ही खत्म कर दिया जाए। कहने का मतलब ये है कि वीओ के दौरान स्क्रिप्ट कहीं ऊंची और कहीं नीची आवाज में पढ़ी जा सकती है, लेकिन सुर में भी समानता होनी चाहिए। यानी स्क्रिप्ट मेल ट्रेन की तरह

दनदनाती आवाज में भी नहीं पढ़ी जानी चाहिए कि कोई उसे सुन या समझ ही नहीं पाए, और इसकी रफ्तार बैलगाड़ी की तरह धीमी चाल वाली भी नहीं होनी चाहिए, कि सुनने में अटपटा लगे।

स्क्रिप्ट पढ़ते समय वाक्य के बीच में सही जगह पर पॉज (ठहराव) का इस्तेमाल करें। यहां पर **संदीप चौधरी** बड़ी दिलचस्प बात कहते हैं। उनका कहना है कि स्क्रिप्ट पढ़ते समय पॉज या ठहराव जरूर हो, लेकिन ऐसा न हो कि आपकी आवाज ही ठहर जाए। ठहराव और ठहर जाने में बहुत बड़ा फर्क है और रिपोर्टर को वीओ करते वक्त इसका ख्याल रखना चाहिए। वीओ करते वक्त सही जगह पर पॉज नहीं लगाने से कई वाक्य या शब्द के मायने बदल सकते हैं। शब्द के बीच में पॉज इस्तेमाल नहीं किया जाता। ऐसा करना उच्चारण दोष है।

इसके अलावा जब हम किसी वाक्य को ऊंची आवाज में जोर से पढ़ते हैं, तो उसमें ताकत की जरूरत होती है और सांसें भी फूलने लगती हैं। ख्याल रखने वाली बात ये है कि जब वीओ करें, तो सांस नहीं फूलनी चाहिए और इसके लिए भी जरूरी है, वाक्य में सही जगह पर पॉज का इस्तेमाल। इससे वाक्य की कंटिन्यूटी बनी रहती है और आवाज बीच में टूटती नहीं है। इसलिए हर रिपोर्टर को वीओ करने से पहले पूरी स्क्रिप्ट को जोर से तीन-चार बार जरूर पढ़ लेना चाहिए। इससे वो सही जगह पर अपनी आवाज को ब्रेक दे सकेगा और पेस ठीक रहेगा।

वीओ के दौरान पूरे वाक्य को कहां तोड़कर आगे बढ़ना है, इसका भी अभ्यास होना चाहिए। इसका सबसे अच्छा तरीका ये है कि वीओ से पहले स्क्रिप्ट पढ़ें और जहां सांस टूटती नजर आए, स्क्रिप्ट पर वहां कलम से निशान लगा लें। इस तरह अभ्यास करने से बार-बार टेक नहीं देना पड़ेगा और वक्त नहीं बर्बाद होगा।

महिला रिपोर्टर की स्टोरी का वीओ महिला की आवाज में और पुरुष रिपोर्टर की स्टोरी का वीओ पुरुष की आवाज में ही होना चाहिए। हर स्टोरी में रिपोर्टर का पीटीसी या साइन ऑफ होता है। जब कोई पुरुष या महिला एक-दूसरे का साइन ऑफ करते हैं, तो ये बड़ा हास्यास्पद लगता है। स्टोरी ब्यूरो की है, तो वीओ महिला या पुरुष कोई भी कर सकता है।

परवेज अहमद कहते हैं कि वॉइस ओवर में उच्चारण की बेहद अहमियत है। हर शब्द, हर वाक्य दर्शकों के कान में पड़ते ही उनके दिल में उतरनी चाहिए। आवाज और उच्चारण कानों को चुभना नहीं चाहिए। माना कि हिन्दी में नुक्ते नहीं पढ़ाए जाते, लेकिन रिपोर्टर को उर्दू के शब्दों, नामों और स्थानों के सही उच्चारण की जानकारी होनी चाहिए।

हिन्दी के न्यूज चैनलों में हिन्दी नहीं, हिन्दुस्तानी बोली जाती है। यानी बोलचाल में उर्दू के शब्दों का भी इस्तेमाल होता है और हिन्दुस्तानी बोलने के लिए जरूरी है, उर्दू के शब्दों की जानकारी के साथ-साथ नुक्ते का ज्ञान। जैसे ज, ज़, फ, फ़, क, क़, ग, ग़ में फर्क की जानकारी और उच्चारण कैसे हो, ये जानना निहायत जरूरी है। न्यूज़ में काम करने वाले कुछ रिपोर्टर इसका सही उच्चारण नहीं कर पाते, वो इसे न्यूज बोलते हैं। ऐसे उच्चारण से बोलने वाले की अज्ञानता झलकती है।

शब्द कठिन हों, जिनका सही उच्चारण नहीं हो पा रहा हो, तो उसे बदलकर आसान वैकल्पिक शब्द का इस्तेमाल किया जाना चाहिए। गलत उच्चारण रिपोर्टर की योग्यता पर सवाल खड़े करता है। इसके अलावा उच्चारण (क्लीयर) साफ होना चाहिए। आवाज में क्लीयरिटी नहीं होगी, तो वो साफ सुनाई नहीं देगी और स्टोरी देखना कोई पसन्द नहीं करेगा। इसलिए हर लाइन सुस्पष्ट आवाज में पढ़ी जानी चाहिए। एक वाक्य को, दूसरे वाक्य के साथ घालमेल न करें। इसके लिए जरूरी है कि शब्द के हर अक्षर का शुद्ध उच्चारण भी साफ आवाज में हो।

हर व्यक्ति की बोली पर उसकी आंचलिक भाषा का असर होता है, जो उसकी बोली में साफ दिखती है। लेकिन हिन्दी, अंग्रेजी या कोई भाषा क्यों न हों, हर भाषा का एक अपना स्टैंडर्ड लहजा है और स्टोरी भी इसी स्टैंडर्ड लहजे में कही जानी चाहिए। हिन्दी चैनलों में काम करने वाले रिपोर्टरों को इस पर खास गौर करने की जरूरत है। हिन्दी खड़ी बोली में बोली जाती है और साथ लिंग भेद और शब्दों का सटीक उच्चारण इसमें खास अहमियत रखता है।

आमतौर पर पूर्वांचल से आने वाले टीवी पत्रकारों के साथ सबसे बड़ी मुश्किल भाषा को लेकर ही होती है। भाषा पर आंचलिक प्रभाव की वजह से इनका लिंग भेद अक्सर गलत होता है और श, स, र, ड़ जैसे अक्षर का ये सही ढंग से उच्चारण नहीं कर पाते। लेकिन थोड़े प्रयास के बाद इस कमी को आसानी से दूर किया जा सकता है। रिपोर्टर को ख्याल रखना चाहिए कि वो आम शब्दों के अलावा किसी व्यक्ति या जगह के नाम का भी गलत उच्चारण न करे। कठिनाई हो, तो उसे सही बोलने का अभ्यास करना चाहिए।

अच्छी आवाज के लिए पान मसाला, तम्बाकू जैसी चीजों से बचना चाहिए। इसे खाने वालों की आवाज स्पष्ट नहीं निकलती। पान मसाला, तम्बाकू के साथ बोलने में आप परेशानी महसूस करेंगे और सुनने में भी भद्दा लगेगा।

अध्याय-14

स्टोरी एडिटिंग

स्टोरी चाहे कितनी महत्वपूर्ण क्यों न हो, उसे सजा-संवारकर एक निश्चित फॉर्मेट में पेश नहीं किया जाए, तो वो दर्शकों पर अपना प्रभाव नहीं छोड़ पाती। घटना की जानकारी हासिल करने, दमदार विज़ुअल शूट कराने, मुद्दे पर लोगों की बाइट लेने,

फील्ड से लौट कर शानदार स्क्रिप्ट लिखने और ग्राफिक्स तैयार कर लेने के बाद भी किसी रिपोर्टर की स्टोरी दर्शकों तक नहीं पहुंच पाएगी। दर्शकों तक उसकी स्टोरी पहुंचेगी, एडिटिंग के बाद।

रिपोर्टर जब फील्ड में होता है, तो अपनी स्टोरी के लिए उसे ढेर सारे विजुअल शूट कराने पड़ते हैं और कई लोगों से लम्बी-लम्बी बात करनी पड़ती है। लेकिन स्टोरी के तौर पर इस शूट मेटेरियल को सीधे एयर पर नहीं डाला जा सकता, क्योंकि इसमे बहुत सारी ऐसी बातें भी रिकॉर्ड होती हैं, जिनका स्टोरी से कोई सरोकार नहीं होता है। इसलिए इन्हें काट-छांटकर छोटा करना निहायत जरूरी होता है। रिपोर्टर को एडिटिंग की पूरी प्रक्रिया की समझ होनी चाहिए। क्योंकि एक विजुअल में ट्रांजिशन कहां चाहिए, स्टोरी में कौन सा विजुअल कहां लगाना है, किस जगह स्पेशल इफेक्ट की जरूरत है, जैसी चीजों की रिपोर्टर समझ रखता है, तो इससे उसकी स्टोरी बेहतर बनेगी। इसके अलावा ऑडियो-वीडियो जम्प, जर्क, सिंक, ग्लिच जैसे वीडियो दोष को खत्म करने के लिए भी एडिटिंग की जानकारी होनी चाहिए।

आशुतोष कहते हैं कि रिपोर्टर को कैमरा संचालन की तरह एडिटिंग की जानकारी भी होनी चाहिए। क्योंकि स्टोरी एयर पर जाने के बाद किसी को पता नहीं होता कि कैमरामैन कौन है और स्टोरी को एडिट करने वाला वीटी एडिटर कौन है। सब सिर्फ रिपोर्टर को जानते हैं। स्टोरी बनाने की तकनीक का भी रिपोर्टर को ज्ञान होना चाहिए, ताकि उसे कोई बेवकूफ नहीं बना सके।

एडिटिंग दो तरीके से होती है-ऑन लाइन और ऑफ लाइन

ऑन लाइन-पीसीआर यानी प्रोडक्शन कन्ट्रोल रूम में ऑन लाइन एडिटिंग की सुविधा होती है। कोई खास खबर, जिसे तुरन्त दिखानी हो, पीसीआर में उसके इन और आउट प्वॉइंट फिक्स किए जा सकते हैं। लेकिन ऑन एयर होने पर विजुअल को बीच में, जरूरत के मुताबिक एडिट नहीं किया जा सकता। यानी इन और आउट प्वॉइंट के बीच जो कुछ भी शूट मेटेरियल होगा, वो ब्रॉडकास्ट हो जाएगा। आमतौर पर लाइव प्रोगाम की ऑन लाइन एडिटिंग की जाती है।

ऑफ लाइन एडिटिंग-इसमें स्टोरी की जरूरत के मुताबिक विजुअल के एक-एक फ्रेम को एडिट किया जा सकता है। ऑफ लाइन एडिटिंग के लिए दो तरह की मशीनें होती हैं।

लीनियर-इसमें दो एडिट मशीनें होती हैं और एक मशीन में शूट टेप चलाकर, खबर के लिए दूसरे टेप पर विजुअल ट्रांसफर किए जाते हैं। यह पुरानी तकनीक है और इसका चलन धीरे-धीरे खत्म होता जा रहा है।

नॉन लीनियर-यह कम्प्यूटर पर आधारित वीडियो एडिट प्रणाली है। इसमें कैमरा या किसी वीडियो प्लेयर की मदद से शूट टेप का वीडियो, कम्प्यूटर के हार्ड

डिस्क पर ट्रांसफर कर दिया जाता है। कम्प्यूटर में एडिट सॉफ्टवेयर (प्रोग्राम) होते हैं। इसकी मदद से शूट टेप को कम्प्यूटर पर चलाकर खबर के लिए जरूरी वीडियो सेलेक्ट कर लिया जाता है। बाद में एक कमांड पर चुने हुए विजुअल एडिटेड स्टोरी के रूप में सामने आ जाते हैं। इस प्रणाली से वीडियो का मूल स्वरूप उसका असली रंग, टोन वगैरह पूरी तरह सुरक्षित रहता है। इस तरह की एडिटिंग प्रणाली में कई तरह के स्पेशल इफेक्ट देने की सुविधा रहती है। वॉइस ओवर इसी टर्मिनल पर रिकॉर्ड हो जाता है और ग्राफिक्स, सुपर, स्लग भी यहीं लगाकर फाइनल स्टोरी तैयार कर ली जाती है।

आजकल ज्यादातर न्यूजरूम, ऑटोमेशन का इस्तेमाल करते हैं। इसलिए जब आप कम्प्यूटर पर वीडियो लोड करते हैं, तो वो एक केन्द्रीय कम्प्यूटर (सर्वर) पर चला जाता है और फिर खबर दिखाने के लिए एडिट की हुई स्टोरी को भी सर्वर पर डाल दिया जाता है। इससे वीडियो क्वालिटी शानदार बनी रहती है। शूट टेप को कम्प्यूटर सर्वर पर डालने की प्रक्रिया को तकनीकी भाषा में **इन्जेस्ट** कहते हैं। नॉन लीनियर एडिटिंग में वैलोसिटी, एफसीपी, एबिट, न्यूज फ्लैश जैसी मशीनें इस्तेमाल होती हैं और स्टोरी में कट-पेस्ट, स्लो-फास्ट, फ्रीज फ्रेम, इफेक्ट, कलर करेक्शन, डिजॉल्व, फेड इन, फेड आउट, जूम इन, जूम आउट, टिल्ट अप, टिल्ट डाउन, हॉरिजेंटिकल-वर्टिकल मूवमेंट आसानी से दिखाए जा सकते हैं।

हर न्यूज चैनल में स्टोरी एडिट करने के लिए वीटी (वीडियो टेप) एडिटर होते हैं। ये लोग टेक्निकल साइड के स्टाफ होते हैं और इन्हें एडिटिंग के तकनीकी पक्ष की पूरी जानकारी होती है। लेकिन ज्यादातर चैनलों में खबर की प्रारम्भिक एडिटिंग, जिसे रफ कट कहते हैं, रिपोर्टर को ही करनी पड़ती है। वीटी एडिटर उसमें जरूरत के मुताबिक स्पेशल इफेक्ट डालता है, वॉइस ओवर और विजुअल की तकनीकी क्वालिटी चेक करता है। इसलिए टीवी रिपोर्टर के लिए एडिटिंग सीखना निहायत ही जरूरी है।

एडिटिंग से स्टोरी बेहतर बनती है और बेहतर स्टोरी का सबसे पहला नियम ये है कि स्टोरी की शुरुआत सबसे प्रभावशाली विजुअल से होनी चाहिए। रिपोर्टर को सबसे पहले से तय करना चाहिए कि उसके पास जो विजुअल हैं, उसमें

—कौन सा विजुअल दर्शक पर सबसे ज्यादा प्रभाव छोड़ेगा।

—कौन सा विजुअल दर्शक को आगे खबर देखने के लिए मजबूर कर देगा।

—किस विजुअल में दर्शक को चौंकाने की ताकत है।

—कौन सा विजुअल दर्शकों पर भावनात्मक असर डालेगा।

कमजोर विजुअल से शुरू होने वाली खबर दर्शकों को कभी बांधकर नहीं रख

सकती। इसलिए स्टारी एडिट करते समय ध्यान रखें कि खबर की शुरुआत ऐसे विजुअल से हो, जिसमें जीवन की धड़कन हो। दीवार, साइन बोर्ड, नेम प्लेट, स्थिर और बेजान विजुअल से शुरू होने वाली स्टोरी दर्शकों को बांध नहीं सकती।

इसी तरह विजुअल में झटके (जर्क) लग रहे हों या वो आंधी की तरह हिलता हुआ (शेकी) दिखाई दे, तो ये दर्शकों पर अपना प्रभाव नहीं छोड़ सकता। यहां महत्वपूर्ण बात ये है कि रिपोर्टर को ही अच्छी तरह पता होता है कि उसके पास सबसे अच्छे विजुअल कौन-कौन से हैं। इसलिए जब वह खुद विजुअल एडिट करता है, तो वो अपने अच्छे विजुअल का इस्तेमाल कर अपनी रिपोर्ट को बेहतर

बना सकता है।

स्टोरी के ऑडियो और वीडियो में तालमेल होना जरूरी है। यानी जो बात ऑडियो (वीओ) के जरिए कही जाए, उसे प्रमाणित करने वाले विजुअल भी साथ-साथ दिखाए जाने चाहिए, तभी स्टोरी की प्रामाणिकता साबित होगी और ये काम एडिटिंग के बिना पूरा नहीं हो सकता। हालांकि कई बार अनएडिटेड शूट मेटेरियल भी दर्शकों को सीधे दिखा दिए जाते हैं, लेकिन ऐसा थोड़े वक्त के लिए होता है। फाइनल स्टोरी तो एडिट के बाद ही दिखाई जाती है।

टीवी पर स्टोरी कई फॉर्मेट में पेश की जाती है। किसी स्टोरी को निर्धारित फॉर्मेट में दिखाने के लिए भी एडिटिंग जरूरी है। एडिटिंग के जरिए ही रिपोर्टर

अपनी स्टोरी को मनमुताबिक शक्ल दे सकता है। मसलन रिपोर्टर अपनी स्टोरी एंबिएंस या किसी खास विजुअल के साथ खोलना चाहता है, तो ये एडिटिंग से ही मुमकिन है। कोई एंबिएंस कितने सेकेण्ड का होगा, उसका साउंड कहां अप और कहां डाउन होगा, ये सब एडिटिंग से ही मुमकिन है। स्टोरी के लिए वॉइस ओवर की रिकॉर्डिंग और इसके पेस, टोन, पीच वैगरह एडिटिंग के दौरान ही चेक किए जाते हैं।

कोई बाइट कितनी बड़ी होगी और उसका कितना हिस्सा दिखाया जाएगा, इसके लिए भी एडिटिंग जरूरी है। स्टोरी में ग्राफिक्स को जोड़ने का काम भी एडिटिंग के जरिए ही हो सकता है। आजतक जैसे न्यूज ऑर्गेनाइजेशन में एडिटिंग के दौरान ही स्टोरी में एस्टन, लोकेशन लगा दिए जाते हैं। IBN7, स्टार न्यूज में एस्टन, लोकेशन अलग से पीसीआर चलाता है।

स्टोरी के मूड के हिसाब से उसमें म्यूजिक का इस्तेमाल होता है और इसे एडिटिंग के दौरान ही मिक्स किया जाता है।

एडिटिंग के फायदे

—एडिटिंग के जरिए स्टोरी प्रभावी बनाती है।

—बात टू द प्वॉइंट यानी सटीक तरीके से कही जा सकती है।

—स्टोरी के लिए निर्धारित समय में ही पूरी कहानी कही जा सकती है।

—स्टोरी को मनचाहे फॉर्मेट में दिखाया जा सकता है।

—स्टोरी में मनचाहे विजुअल लगाए जा सकते हैं।

—विजुअल की क्वालिटी चेक हो सकती है।

—ऑडियो, विजुअल की तकनीकी खामियां (ऑडियो, वीडियो जम्प, जर्क, ग्लिच) दूर की जा सकती है।

—स्टोरी के लिए ऑडियो रिकॉर्ड किया जा सकता है, उसकी क्वालिटी चेक की जा सकती है।

—स्टोरी में ग्राफिक्स का इस्तेमाल किया जा सकता है।

—स्पेशल इफेक्ट लगाए जा सकते हैं।

—एंबिएंस सही जगह पर लगाए जा सकते हैं।

—बैकग्राउंड में म्यूजिक का इस्तेमाल हो सकता है।

टेप की अहमियतः आमतौर पर रिपोर्टर अपनी स्टोरी एडिट कराने के बाद न्यूज रूम में टेप इधर-उधर छोड़ देता है। लेकिन उसे मुश्किल तब होती है जब किसी दूसरी स्टोरी के लिए उसे पहले शूट किए गए विजुअल (फाइल फुटेज) की

जरूरत पड़ती है। तब वो लाइब्रेरी की तरफ भागता है। हालांकि विजुअल को आर्काइव करने का काम लाइब्रेरी का है, लेकिन रिपोर्टर की ड्यूटी है कि वो अपने शूट किए हुए विजुअल को खुद लॉग इन करे। उसे रिकॉर्ड रखना चाहिए कि किस दिन, कौन सी खास शूटिंग की गई है। जिस टेप पर शूट हुआ है, उसका नम्बर क्या है। उस टेप में अच्छे विजुअल किस टाइम कोड पर हैं। अक्सर लाइब्रेरी स्टाफ को इस बात की जानकारी नहीं होती कि कौन सा विजुअल ज्यादा महत्व का है और कई बार अच्छे विजुअल आर्काइव नहीं करता। लेकिन रिपोर्टर

को अपने शूट किए विजुअल और अपनी जरूरतों के बारे में पूरा पता होता है। इस लिहाज से रोज वो थोड़ा वक्त टेप के रखरखाव के लिए दे, तो उसकी खुद की अच्छी-खासी लाइब्रेरी तैयार हो सकती है। टीवी न्यूज ऑर्गेनाइजेशन में एक टेप का दो-तीन बार इस्तेमाल हो ही जाता है। हर बार इस्तेमाल के लिए टेप को रीसाइकिल कर दिया जाता है, यानी पहले का शूट मेटेरियल हटाकर उसे क्लीन कर दिया जाता है। उस टेप के विजुअल आर्काइव नहीं किए गए हों, तो मुमकिन है कि कुछ खास विजुअल भी क्लीन कर दिए जाएं और उस टेप को दूसरी शूटिंग के लिए इस्तेमाल कर लिया जाए। याद रखें एक रिपोर्टर के पास अच्छे विजुअल का जितना बड़ा स्टॉक होगा, उसकी स्टोरी उतनी ही प्रभावशाली होगी और ऐसी स्टोरी ही उसे दर्शकों में पहचान दिलाएगी। रिपोर्टर अपने विजुअल के रिकॉर्ड कम्प्यूटर कर सहेज कर रख सकता है।

अध्याय-15
रिपोर्टर और कैमरा

टेलीविजन रिपोर्टिंग में विजुअल शूट करने की जिम्मेदारी कैमरामैन की होती है, लेकिन रिपोर्टर अपनी स्टोरी में बढ़िया और प्रभावी विजुअल का इस्तेमाल करना चाहता है, तो उसे कैमरे के बारे में भी जानकारी जरूरी है, क्योंकि कैमरे की जानकारी के बिना रिपोर्टर अपनी कल्पनाशीलता (IMAGINATION) का भरपूर

इस्तेमाल नहीं कर सकता। आमतौर पर कहा जाता है कि न्यूज की स्टोरी, फिक्शन की तरह नहीं होती, इसलिए इसमें इमेजिनेशन की गुंजाइश नहीं है।

लेकिन ये सोच सही नहीं है। न्यूज में भी कल्पनाशीलता का भरपूर इस्तेमाल हो सकता है।

रिपोर्टर अपनी स्टोरी के लिए थोड़े से अलग एंगल (नजरिये) से विजुअल शूट करता है, तो उसकी स्टोरी दूसरे रिपोर्टरों से बिल्कुल अलग दिखेगी और दर्शकों को लुभाएगी। आमतौर पर रिपोर्टर ये मानता है कि विजुअल शूट करना कैमरामैन की जिम्मेदारी है और कैमरे की जानकारी उसके लिए खास जरूरी नहीं। लेकिन रिपोर्टर अपनी स्टोरी में चमत्कार देखना चाहता है, तो वो उसे अच्छे विजुअल से ही हासिल हो सकते हैं। इसलिए जरूरी है कि न्यूज स्टोरी में भी इस्तेमाल होने वाला विजुअल केवल टेक्निकल एक्सरसाइज का नतीजा नहीं हो, बल्कि उसमें कल्पनाशीलता भी दिखनी चाहिए और कैमरा संचालन की जानकारी के बाद ही रिपोर्टर अपने इस गुण को दर्शकों तक पहुंचा सकता है।

टीवी रिपोर्टिंग में कैमरा ही रिपोर्टर की आंख है। उसकी हर खबर कैमरे से होकर ही दर्शकों तक पहुंचती है। इसलिए जिस रिपोर्टर को कैमरे के सामान्य तकनीक की जानकारी नहीं होगी, वो अपनी खबर के साथ कभी न्याय भी नहीं कर पाएगा।

आशुतोष का कहना है कि जैसे लिखने के लिए कलम जरूरी है, वैसे ही टीवी रिपोर्टर को खबर लिखने के लिए कैमरा। इसलिए कैमरे से संबंधित बेसिक जानकारी जरूरी है, साथ ही इमरजेंसी में हो सकता कि रिपोर्टर को अपनी खबर कवर करने के लिए खुद कैमरा चलाना पड़े।

प्रबल प्रताप सिंह के मुताबिक रिपोर्टर के लिए जरूरी है कि फील्ड में जब वो पहली बार स्टोरी कवर करने के लिए निकले तो, उससे पहले कैमरे की तकनीक जरूर सीख ले। रिपोर्टर कैमरा हैंडिल करना नहीं सीखेगा, तो वो घटनास्थल की प्रभावी तस्वीरें अपनी स्टोरी के लिए कैमरामैन से भी शूट नहीं करा पाएगा। रिपोर्टर जिन तस्वीरों की अहमियत समझ सकता है, कैमरामैन तो उसे हरगिज ही नहीं समझ सकता। अपनी स्टोरी के लिए तस्वीरों की जरूरत सिर्फ रिपोर्टर ही समझ सकता है और शूटिंग के दौरान विजुअल के लिए उसे कैमरामैन को निर्देश देना चाहिए।

बढ़िया शूटिंग और कैमरा संचालन की जानकारी के लिए इसके अलग-अलग पार्ट और इनके काम को जानना जरूरी है।

लेंस-कैमरे में सबसे महत्वपूर्ण है उसकी आंख, यानी लेंस। अच्छी क्वालिटी पिक्चर के लिए लेंस की सही देखभाल जरूरी है। कैमरे का लेंस बिल्कुल

साफ होना चाहिए, क्योंकि लेंस पर धूल या गंदगी होगी, तो पिक्चर साफ नहीं मिलेगा। लेंस के अन्दर और बाहर, दोनों तरफ गंदगी जमा हो सकती है, इसलिए समय-समय पर इसे दोनों तरफ से साफ किया जाना चाहिए। इसकी सफाई के लिए खास टिसू पेपर मिलते हैं। टिसू पेपर नहीं हो, तो साफ और मुलायम सूती कपड़े से लेंस को साफ किया जा सकता है। लेकिन ध्यान रहे कि लेंस पर ज्यादा दबाव नहीं पड़े, वर्ना उस पर स्क्रैच लग सकता है। लेंस को हल्के हाथों से साफ करना चाहिए। लेंस की सफाई में लिक्विड के इस्तेमाल से बचना चाहिए। क्योंकि इससे लेंस की External Coating खराब हो सकती है। ड्रामेटिक सिचुएशन को फिल्माने के लिए अलग-अलग फोकल लेंसों का इस्तेमाल किया जाता है और रिपोर्टर को इसकी जानकारी होनी चाहिए।

बेरल-लेंस गंदा होगा, तो इसका असर जूम पर भी पड़ सकता है। इसकी वजह से बैरल में लेंस को आगे-पीछे करने में रुकावट आ सकती है और जूम से ली गई पिक्चर में जर्क की सम्भावना ज्यादा बढ़ जाती है। लेंस के बैरल की भी समय-समय पर सफाई होनी चाहिए। इसकी सफाई के लिए बढ़िया पेंटिंग ब्रश या मुलायम सूती कपड़ा सही रहता है। जूम, टिल्ट या पैन मोड की शूटिंग बैरल की मदद से की जाती है। शूटिंग के दौरान जूम, टिल्ट या पैन का इस्तेमाल पिक्चर को ज्यादा ड्रामेटिक अंदाज में दिखाने के लिए किया जाना चाहिए।

एक्सपोजर-शूटिंग शुरू करने से पहले कैमरे का एक्सपोजर चेक कर लेना चाहिए। हर वीडियो कैमरा में ऑटोमैटिक एक्सपोजर सेटिंग होती है। लेकिन ऑटोमैटिक एक्सपोजर सेटिंग हाई लाइट्स के अंतर को आमतौर पर स्पष्ट नहीं कर पाती है। इसलिए ऑटोमैटिक की जगह मैनुअल सेटिंग ही ज्यादा बेहतर होती है।

प्रोफेशनल वीडियो कैमरे के व्यू फाइंडर मेंDiagonal Stripes दिखते हैं, जिसे बोलचाल की भाषा में Zebras भी कहा जाता है। जब किसी इमेज की चमक (ब्राइटनेस) सत्तर से नब्बे प्रतिशत Luminance तक पहुंच जाती है, तब कैमरे में Diagonal Stripes बनते हैं। अलग-अलग ब्रांड के कैमरे में Luminance का आंकड़ा अलग-अलग हो सकता है।

व्यू फाइंडर में कलर बार दिख रहा हो और व्हाइट एरिया में Zebra हो, तो कैमरे को नब्बे प्रतिशत पर सेट किया जाना चाहिए। व्हाइट एरिया से Zebra बाहर दिख रहा हो, तो कैमरा सत्तर प्रतिशत पर सेट किया जाना

चाहिए। अलग-अलग ब्राण्ड के कैमरे की तकनीक में थोड़ा बहुत अन्तर हो सकता है। लेकिन कैमरे का कुछ दिन इस्तेमाल करने के बाद उसकी सही सेटिंग का अन्दाज मिल जाता है। ऑटोमैटिक सेटिंग के लिए लेंस के पास एक स्विच होता है, जिसे ऑन कर देने पर कैमरा खुद व खुद एक्सपोजर सेट कर लेता है।

टाइम कोड-शूटिंग शुरू करने से पहले कैमरा पर टाइम कोड सेट किया जाना चाहिए। कैमरे में दो तरह से टाइम कोड सेट किए जाते हैं।

–फ्री रन (Free Run)

–कैमरा रन (Cemera Run)

फ्री रन मोड में तारीख और समय सेट किया जाता है और शूट के साथ इसे रिकॉर्ड किया जा सकता है। रिपोर्टर के लिए ये मोड मददगार होता है, क्योंकि इससे पता चल जाता है कि कौन सा विजुअल कितना और टेप में कहां शूट किया गया है। इससे एडिटिंग के वक्त बाइट और विजुअल खोजने में मदद मिलती है। लेकिन इस मोड में एक खामी है कि इससे ये पता नहीं चलता कि टेप पर कितनी शूटिंग पूरी हो चुकी है और कितना हिस्सा बचा हुआ है।

कैमरा रन मोड में शूटिंग शुरू करने से पहले टाइम कोड को जीरो पर सेट कर दिया जाता है। शूटिंग में ज्यादातर इसी मोड का इस्तेमाल होता है। मिक्सचर एक्सटर्नल कैमरे का इस्तेमाल किया जा रहा हो, तो शूटिंग शुरू करने के पहले टेप पर तीस सेकेण्ड ब्लैक छोड़ने के बाद तीस सेकेण्ड कलर बार और (0DB) जीरो डीबी साउण्ड टोन को शूट कर लेना चाहिए। ज्यादातर टेप के शुरू में ग्लिच (Glitch) होते हैं। इस प्रक्रिया से विजुअल खराब होने की सम्भावना कम हो जाती है और साउण्ड की सही रिकॉर्डिंग का भी पता चल जाता है।

इसके अलावा U Bit और User Mode पर भी टाइम कोड को सेट किया जा सकता है। इस मोड में रोल नम्बर और तारीख सेट किए जा सकते हैं, जिससे बाद में टेप को पहचानने में सुविधा होती है। टेप पर टाइम कोड की शुरुआत 01. 00.00.00 से की जानी चाहिए।

व्हाइट-बैलेंस-शूटिंग शुरू करने से पहले कैमरे के कलर को सही करना जरूरी है। इसके लिए कैमरे के आगे करीब एक फीट की दूरी पर सफेद पेपर रखा जाता है और उस पर लेंस को फोकस कर रेंडिशन (Rendition) एडजस्ट कर लेते हैं। हालांकि शूटिंग से पहले ज्यादातर कैमरामैन व्हाइट बैलेंस कर कलर एडजस्ट

कर लेते हैं, लेकिन इसमें कुछ खामियां हैं। उदाहरण के लिए इस तरह से एडजस्टमेंट के बाद कैमरा सूर्योदय और सूर्यास्त की रोशनी में फर्क नहीं कर पाता। सूर्योदय की रोशनी गुलाबी होती है, जबकि सूर्यास्त की रोशनी का रंग सुर्ख लाल होता है। जब ऐसी स्थिति हो, तो कैमरा को डेलाइट (प्रीसेट) मोड में ही इस्तेमाल करना चाहिए।

इंटिरियर शूटिंग हो, तो की (Key) लाइट (Predominent light source) का इस्तेमाल किया जाना चाहिए। अगर टंगस्टेन (Tungsten) को डे लाइट सीन के विपरीत शूट किया जाएगा, तो ब्लू (Cold) बैकग्राउंड मिलेगा और डे लाइट सीन को टंगस्टेन के विपरीत शूट किया जाएगा, तो नारंगी (वार्म) बैकग्राउंड मिलेगा। इनडोर शूटिंग के दौरान रोशनी सामान्य से कम हो, तो अतिरिक्त लाइट का इन्तजाम होना चाहिए। यहां रोशनी को एडजस्ट करने के लिए CTB फिल्टर का भी इस्तेमाल करना चाहिए। ये टंगस्टेन के कलर टेंप्रेचर को 3200 K से बढ़ाकर 5600 K कर देगा। दूसरे शब्दों में हम कह सकते हैं कि ये आर्टिफिशियल लाइट को टंगस्टेन से डे लाइट में बदल देगा।

कुदरत में जो रंग है, कैमरा अपनी नजर से उन्हें ठीक उसी तरह देखता है। दूसरे शब्दों में कैमरे में सही कलर टेप्रेचर पहचानने की क्षमता होती है। कलर टेंप्रेचर को केलविन या K डिग्री में मापा जाता है। आमतौर पर बढ़िया फोटाग्राफी या वीडियोग्राफी के लिए सामान्य रोशनी की जरूरत पड़ती है, जिसका कलर टेंप्रेचर 3200 K होता है। एक बढ़िया कैमरे का कलर टेम्प्रेचर 3600 (तीन हजार छह सौ) तक होता है। कलर टेम्प्रेचर के इस अन्तर को खत्म करने के लिए फिल्टर का इस्तेमाल किया जाता है। इस फिल्टर का रंग नारंगी होता है। इसकी मदद से कैमरे का कलर टेम्प्रेचर घटाया जा सकता है। किसी भी वीडियो कैमरे का नतीजा तभी अच्छा मिल सकता है, जब हम ऑब्जेक्ट को टंगस्टेन (Tungsten) या डे लाइट सेंटिग में शूट करते हैं।

लाइटिंग-कैमरा चाहे कितना ही अच्छा क्यों न हो, इनडोर शूटिंग में सही लाइटिंग के बिना बढ़िया विजुअल नहीं मिल सकता। जब हम किसी सबजेक्ट को शूट करते हैं, तो कैमरा मुख्य सबजेक्ट के अलावा, साइड और बैक को भी कवर करता है और वही विजुअल अच्छे कहे जाते हैं, जिनमें क्लीयर सबजेक्ट के अलावा बैकग्राउंड और साइड की चीजों में भी साफ-साफ उभार दिखे। अच्छी लाइटिंग के बिना ये मुमकिन नहीं है। शूटिंग के दौरान तीन तरह की लाइट का इस्तेमाल होता है।

Key Light, Fill light और Back Light

Key light-Key light का इस्तेमाल मुख्य सब्जेक्ट के सामने होता है और ये नेचुरल रोशनी के विकल्प का काम करती है। कैमरा एंगल के ऊपर करीब 15 से 45 डिग्री पर Key light फिक्स किया जाता है। ये सब्जेक्ट के आगे सबसे तेज लाइट होती है।

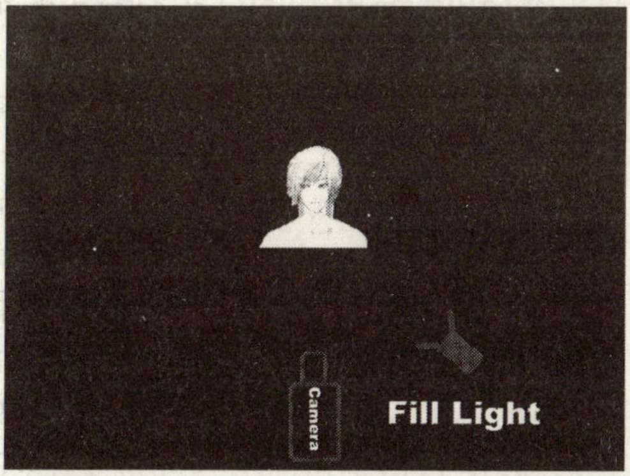

Fill light-Fill light का इस्तेमाल सब्जेक्ट के आसपास की लाइट को व्यवस्थित (अरेंज) करने के लिए किया जाता है। Key light के दायरे के बाहर (सब्जेक्ट के अगल-बगल) पूरी रोशनी नहीं मिल पाती है। Fill light इस कमी को पूरा करती है। ध्यान रखने वाली बात ये है कि Fill light हमेशा Key light से आधी तेज होनी चाहिए।

Back light-सब्जेक्ट के पीछे (बैकग्राउण्ड) उभार दिखाने के लिए Back light का इस्तेमाल होता है। पीछे से बालों की चमक दिखाने या सब्जेक्ट के पीछे, अगल-बगल को ज्यादा ब्राइट करने के लिए Back light की रोशनी, जरूरत के हिसाब से बढ़ाई जा सकती है।

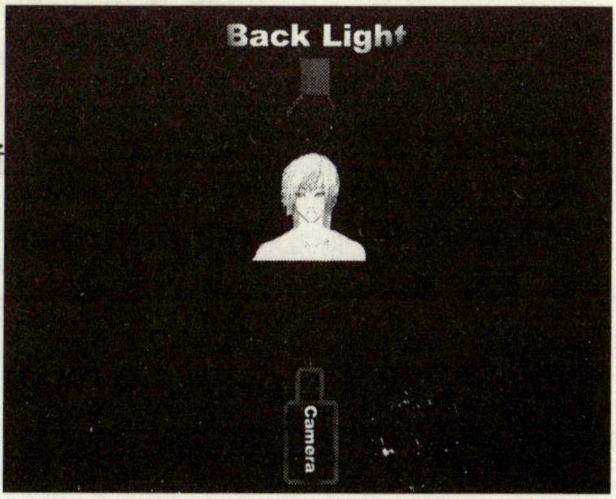

इंटरव्यू या इनडोर शूटिंग के वक्त आर्टिफिशियल लाइट का इन्तजाम नहीं हो, तो रिपोर्टर को चाहिए कि वो सबसे पहले उस जगह का मुआयना करे, जहां शूटिंग की जानी है। रिपोर्टर को देखना चाहिए कि वहां लाइट का नेचुरल स्रोत क्या है? ये कोई खिड़की भी हो सकती है, जो बैक लाइट का अच्छा जरिया हो सकती है। खिड़की पर पड़ी कॉर्टन को हटाकर या दरवाजा खोलकर शूटिंग के लिए कमरे में लाइट की जरूरत को पूरा किया जा सकता है। पिक्चर (विजुअल) के डेप्थ (Depth) को उभारने के लिए टेबल लैंप का भी इस्तेमाल करना चाहिए। कमरे की दीवार व्हाइट या हल्के रंग की हो, तो एक लाइट की मदद से भी अच्छी पिक्चर क्वालिटी मिल सकती है।

जगह ऐसी हो, जहां लाइट नहीं हो, तो कैमरे की लाइट का इस्तेमाल करना बेहतर विकल्प है। आजकल तकनीकी तौर पर काफी विकसित कैमरे मिल जाते हैं, जिसमें ऑटो लाइट एडजस्टमेंट की सुविधा होती है और कम लाइट में भी इनसे अच्छी क्वालिटी की पिक्चर मिल जाती है।

इंटरव्यू के वक्त इस बात का खासतौर पर ध्यान रखना चाहिए कि इंटरव्यू देने वाले के चेहरे पर भी सही लाइट हो। यानी चेहरे पर कहीं से कोई छाया नहीं पड़ रही हो और आंखों के पास पर्याप्त रोशनी हो। दरअसल किसी नाटक के स्टेज की लाइटिंग का काम तो मुश्किल है, लेकिन न्यूज में ज्यादा परेशानी नहीं। न्यूज कवर करने के लिए लाइटिंग व्यवस्था किसी नियम-कायदे में नहीं बंधी है और स्पॉट पर जैसी सुविधा मिले, उससे ही अच्छी शूटिंग की जा सकती है।

सन गन, पोर्टेबल लाइट-हर प्रोफेशनल कैमरे में इनबिल्ट लाइट होती है, लेकिन कम रोशनी वाली जगहों पर अच्छी क्वालिटी की शूटिंग के लिए अलग से लाइट का इस्तेमाल करना चाहिए। क्योंकि कैमरे की लाइट में फोरग्राउंड (सब्जेक्ट, जिसे शूट किया जा रहा हो) और बैकग्राउंड (सब्जेक्ट के पीछे का दृश्य) में आमतौर पर स्पष्ट अन्तर नहीं दिख पाता। विजुअल कम लाइट की वजह से ज्यादा डार्क दिखते हैं। क्लीयर पिक्चर के लिए पोर्टेबल लाइट का इस्तेमाल होना चाहिए।

बैटरी-कैमरा चाहे कितना ही अच्छा क्यों न हो, अगर उसकी बैटरी सही नहीं है, तो समझ लें, फील्ड में रिपोर्टर का काम बिगड़ना ही है। याद रखें फील्ड में बैटरी के बिना कोई भी कैमरा बेकार है। शूटिंग आउटडोर हो या इनडोर, पावर सप्लाई के लिए बिजली पर पूरी तरह भरोसा नहीं किया जा सकता है और शूटिंग वाली जगह पर बिजली सप्लाई नहीं हो, तो बैटरी के बिना काम हो ही नहीं सकता।

शूटिंग फिक्स पोजिशन यानी एक जगह स्थिर रहकर नहीं करनी हो और

घूम-घूमकर विजुअल शूट करना है, तो कैमरे में अच्छी बैटरी का होना निहायत जरूरी है। इसलिए एक रिपोर्टर को चाहिए कि वो शूटिंग के लिए दफ्तर से निकलते वक्त इस बात की पड़ताल कर ले, कि बैटरी पूरी तरह चार्ज है या नहीं। साथ ही उसमें इतनी ताकत हो कि शूटिंग पूरी हो सके।

इसके अलावा शूट पर जाते वक्त साथ में बैटरी चार्जर भी अपने साथ रख लेना चाहिए। बैटरी को ज्यादा गर्मी वाली जगह (हाई टेंप्रेचर) पर न रखें। इससे इसकी काम की क्षमता कम होती है। बैटरी को सूरज की सीधी रोशनी वाली जगह पर भी नहीं रखना चाहिए। हाई टेंप्रेचर वाले वातावरण में काम करना हो, तो बैटरी पर कवर लगाएं।

ट्राइपोड (Tripods)- ट्राइपोड तीन लेग वाला स्टैण्ड होता है, जिस पर कैमरा फिक्स कर शूटिंग की जाती है। किसी भी शूटिंग में इसकी खास अहमियत है।

दरअसल कैमरे को कन्धे पर या हाथ में रखकर स्थिर (Steadey) शॉट नहीं लिया जा सकता। हालांकि आजकल बहुत छोटे और हल्के कैमरे इस्तेमाल हो रहे हैं, लेकिन इसके बाद भी इंटरव्यू शूट करना हो, तो ये मुमकिन नहीं है कि कैमरे को हाथ में लेकर लम्बे समय तक शूटिंग की जाए।

इसके अलावा हाथ में कैमरा लेकर की गई शूटिंग जर्की (हिलती-डुलती) होगी। इसलिए स्थिर पिक्चर के लिए ट्राइपोड का इस्तेमाल जरूरी है। न्यूज में

कई बार मुमकिन नहीं होता या वक्त नहीं होता कि ट्राइपोड का इस्तेमाल किया जाए। लेकिन जल्दबाजी नहीं हो, तो अच्छी पिक्चर क्वालिटी के लिए इसका इस्तेमाल करना चाहिए। पैन या टिल्ट मोड पर शूटिंग करनी हो, तो हाथ या कन्धे से बेहतर ट्राइपोड होता है। एक और बात का ख्याल रखा जाना चाहिए कि पैन या टिल्ट मोड में शूटिंग की जा रही हो, तो शुरुआत और अन्त के कुछ सेकेण्ड स्थिर (Static) होने चाहिए, ताकि एडिटिंग के वक्त परेशानी नहीं हो।

ट्राइपोड तीन तरह के होते हैं।

—**Hi-hat**

—**Baby leg**

—**Long leg**

इन्हें शॉर्ट, मीडियम और लॉन्ग ट्राइपोड भी कहते हैं। लॉन्ग ट्राइपोड में एयर प्रेशर के जरिए ट्राइपोड की ऊंचाई को बढ़ाने या घटाने की सुविधा रहती है और आमतौर पर इसका इस्तेमाल स्टूडियो के अन्दर होता है। एयर प्रेशर की वजह से कैमरे को आसानी से ऊपर-नीचे किया जा सकता है। एंकर की लम्बाई के साथ सेट को भी दिखाने के लिए लॉन्ग ट्राइपोड का इस्तेमाल होता है। आउटडोर शूटिंग में खास कार्यक्रम के दौरान भी लॉन्ग ट्राइपोड का प्रयोग होता है।

हैंड होल्डिंग-बेहतर पिक्चर क्वालिटी ट्राइपोड से ही मिल सकती है, लेकिन न्यूज में कई बार इतनी जल्दबाजी होती है कि ज्यादातर शूटिंग कैमरे को हाथ या कन्धे पर लेकर ही करनी पड़ती है। ऐसे में ध्यान रखना चाहिए कि कैमरे का सन्तुलन बना रहे। हाथ स्थिर रहे और कैमरा ज्यादा हिले नहीं। कैमरे का सन्तुलन बनाए रखने का सबसे अच्छा तरीका है कि दोनों पैर बराबर नहीं रखें, बल्कि एक पैर को आगे रखें। इस पोजिशन में बॉडी बैलेंस रहती है और जरूरत पड़ने पर आगे-पीछे मूवमेंट करना भी आसान होता है।

अध्याय-16

रिपोर्टर की लक्ष्मण रेखा

अपने देश में कानून सबसे ऊपर है और रिपोर्टर भी कानून के दायरे से बाहर नहीं होता। संविधान की धारा 19 (1) (a) में बोलने और अभिव्यक्ति की आजादी का उल्लेख है, और इसी के तहत मीडिया को भी अप्रत्यक्ष रूप से आजादी मिली हुई है। भारत में प्रेस की आजादी का अगल से कहीं उल्लेख नहीं है। संविधान सभा

की बैठक में डॉ भीम राव अम्बेडकर ने साफ कहा कि आम आदमी से अलग प्रेस को कोई विशेष अधिकार देने की जरूरत नहीं है। प्रेस के सम्पादक, मैनेजर भी आम आदमी हैं और अभिव्यक्ति के अधिकारों का अपने अखबारों में इस्तेमाल कर सकते हैं।

मीडिया लोकतंत्र का चौथा स्तम्भ माना जाता है, लेकिन इसका ये मतलब

कतई नहीं है कि रिपोर्टर को, किसी के खिलाफ कुछ भी कहने या लिखने की आजादी है। रिपोर्टर जो कुछ कहेगा या लिखेगा, उसका ठोस सबूत होना जरूरी है, नहीं तो आम लोगों की तरह उसे भी कानूनी प्रक्रिया से गुजरना पड़ेगा और दोषी साबित होने पर सजा भी भुगतनी पड़ सकती है। धारा 19(2) में अभिव्यक्ति की आजादी पर कुछ बंदिशों का जिक्र है और वो टीवी रिपोर्टर पर भी लागू होती हैं। आइए जानते हैं कि रिपोर्टर को किन हालातों में कानूनी प्रक्रिया झेलनी पड़ सकती है।

1. अदालत की अवमानना (Contempt of court)
2. मानहानि (Defamation)
3. अपमानजनक लेख (Law of libel)
4. अश्लील प्रकाशन (Obscenity)
5. कॉपी राइट (Copy right)
6. एकान्तता का कानून (Law of privacy)
7. सार्वजनिक शान्ति, देश की सुरक्षा या विदेशी राज्यों से रिश्तों पर असर (Peace, Integrity, Security, Friendly Relations with neighbouring Countries)

1. अदालत की अवमानना (Contempt of court)-अदालत के किसी फैसले को गलत या किसी विशेष मकसद से प्रेरित (मोटिवेटेड) बताना, अदालत की अवमानना है। जज पर गलत आरोप लगाना भी अदालत की अवमानना है। यहां तक कि अदालत के फैसले को गलत तरीके से रिपोर्ट करना भी अवमानना की श्रेणी में आता है। अदालत की अवमानना का कानून पहली बार 1952 में लागू हुआ और 1971 और 1976 में इसमें संशोधन किया गया। संविधान के अनुच्छेद 129 में सुप्रीम कोर्ट को और अनुच्छेद 215 में हाईकोर्ट को कोर्ट ऑफ रिकॉर्ड घोषित करने और उसकी अवमानना करने वालों को सजा देने का अधिकार दिया गया है। अदालत की अवमानना दो तरह से हो सकती है।

प्रत्यक्ष अवमानना-अदालत के सामने की गई अपमानजनक टिप्पणी या हाव-भाव अदालत की प्रत्यक्ष अवमानना है। अदालत की कार्यवाही के वक्त रिपोर्टर को मौजूद रहने की छूट मिल सकती है, लेकिन उसे भी अदालत के नियम-कायदे मानने पड़ते हैं। मसलन वो कार्यवाही में किसी तरह की बाधा खड़ी नहीं कर सकता। अदालत ने किसी वजह से उसे कोर्ट से बाहर जाने को कह दिया हो, तो कोर्ट की इजाजत के बगैर वो दोबारा, सुनवाई के कमरे में मौजूद नहीं रह सकता।

अदालत के कमरे में थूकने, खैनी, तम्बाकू, पान या पान मसाला खाने की

इजाजत नहीं होती और ये नियम रिपोर्टर पर भी लागू होता है।

रिपोर्टर कोर्ट में किसी वकील, मुजरिम, या आरोपी से सवाल-जवाब नहीं कर सकता या किसी का फोटो नहीं ले सकता। अदालत की कार्यवाही की शूटिंग या रिकॉर्डिंग भी नहीं की जा सकती। दूसरे व्यक्ति की तरह रिपोर्टर भी अदालत के प्रतिबंधित इलाके में नहीं जा सकता। इन सब बातों का उल्लंघन कोर्ट की प्रत्यक्ष अवमानना है।

अप्रत्यक्ष अवमानना-अदालत के बाहर किया गया अपमानजनक काम कोर्ट की अप्रत्यक्ष अवमानना है। अदालत की कार्रवाई की गलत रिपोर्टिंग और कार्रवाई को गलत बताने या अदालत की निष्पक्षता पर टिप्पणी, अदालत की अप्रत्यक्ष अवमानना के दायरे में आते हैं। रिपोर्टर को ध्यान रखना चाहिए कि वो अपनी

स्टोरी में ऐसा कुछ न कहे, जिससे अदालत के आदेशों का उल्लंघन होता हो या अदालत की कार्यवाही में बाधा पहुंचती हो।

अदालत या जज के खिलाफ कोई अपमानजनक टिप्पणी नहीं की जा सकती और न ही अदालत के आदेशों पर सवाल उठाए जा सकते हैं। ये सही है कि हमें बोलने की आजादी है, लेकिन किसी जज या न्यायाधीश की आलोचना अदालत की अवमानना के दायरे में आता है। मिड डे अखबार के सम्पादक को अदालत की अवमानना के जुर्म में सजा सुनाई जा चुकी है। न्यायाधीश पर अयोग्यता, भ्रष्टाचार या बेईमानी के आरोप भी अवमानना के दायरे में आते हैं।

रिपोर्टर को कोई भी ऐसी बात नहीं कहनी चाहिए, जिससे गवाहों या केस से जुड़े लोगों पर बुरा असर पड़ता हो, या जिससे केस की सुनवाई प्रभावित हो। अदालत की कार्यवाही को झूठा बताने वाली स्टोरी किसी रिपोर्टर को खुद अदालत में खड़ा कर सकती है।

अदालत में जब किसी केस की सुनवाई चल रही हो, तो उसमें पेश किए जाने वाले सबूतों को कल्पना के आधार पर सार्वजनिक नहीं किया जा सकता, या वैसे विवरण भी सार्वजनिक नहीं किए जा सकते, जिन पर अदालत में विचार होना बाकी हो।

जब कोई केस अदालत में विचाराधीन हो, तो उस पर टीका-टिप्पणी से भी रिपोर्टर को बचना चाहिए। ऐसे मामले में रिपोर्टर को कोई बात अपनी तरफ से न कहकर, केस से जुड़े वकीलों और पक्ष-विपक्ष के लोगों या मामले के जानकार की तरफ से ही कहनी चाहिए। रिपोर्टर जो कुछ भी अपनी स्टोरी में कहे, उसमें केस के सभी पक्षों की बात जरूर शामिल हो। अदालत से जुड़ी स्टोरी की भाषा ऐसी न हो, जिससे लगे कि किसी एक पक्ष पर कॉमेंट किया गया है।

फैसले देने के अलावा अदालतें कई बार किसी मामले में अपनी राय जाहिर करती हैं। अदालत की हर बात कानून के दायरे में होती हैं और उसकी राय का रिपोर्टर खुद कोई मतलब नहीं निकाल सकता। ऐसी स्थिति में सबसे अच्छा तरीका है कि वो जानकारों के माध्यम से ही स्टोरी में हर बात कहे।

वकील या जज को प्रभावित करने की कोशिश, या गवाह को धमकी देना, न्यायपालिका प्रशासन में हस्तक्षेप, अदालत की अवमानना है। अदालत के आदेश के बाद पुलिस जांच में बाधा खड़ी करना भी अदालत की अवमानना है।

कोई रिपोर्टर अदालत की अवमानना का भले ही इरादा न रखता हो, लेकिन उसकी स्टोरी से अदालत का किसी तरह से अपमान होता है, तो वो अवमानना का दोषी माना जाएगा।

रिपोर्टर का काम सिर्फ खबर देना है, वो खुद को जज, वकील या अदालत की भूमिका में पेश नहीं कर सकता।

ऐसे कार्टून, जिसमें पक्ष-विपक्ष या केस से सीधे जुड़े दूसरे व्यक्ति या न्यायाधीश का मजाक उड़ाया गया हो, अदालत की अवमानना के दायरे में आते हैं। अदालत की अवमानना के लिए कैद, जुर्माना या दोनों सजा साथ-साथ हो सकती है। लेकिन अपराध के लिए क्षमा मांग ली जाए और अदालत उससे संतुष्ट हो, तो सजा माफ भी हो सकती है।

2. मानहानि (Defamation)- किसी व्यक्ति के खिलाफ मौखिक या लेख के

जरिए (बोलकर, लिखकर) की गई अपमानजनक या झूठी बातें, मानहानि के दायरे में आती हैं और पीड़ित व्यक्ति इसके खिलाफ अदालत में मानहानि का मुकदमा दायर कर सकता है। संविधान के अनुच्छेद 19(2) में इसका जिक्र है। मानहानि के लिए सिविल और आपराधिक, दोनों तरह की कार्रवाई हो सकती है और मानहानि के इरादे के आधार पर इन दोनों में अन्तर किया जाता है। सिविल कार्रवाई में दोष साबित करने के लिए इरादा साबित करने की जरूरत नहीं होती। प्रतिवादी की वजह से वादी की इज्जत को ठेस पहुंची हो, तो वादी को अधिकार होता है कि वो इसकी भरपाई के लिए प्रतिवादी पर मुकदमा दायर कर सके। भले ही प्रतिवादी का इरादा, वादी की इज्जत को ठेस पहुंचाने का न रहा हो।

भारतीय दण्ड संहिता (IPC) के Chepter 21, धारा 499 में आपराधिक मानहानि का उल्लेख है। धारा 499 के मुताबिक बोलकर, लिखकर, तस्वीर, कार्टून या ऐसा विजुअल, जिसे देखकर किसी की प्रतिष्ठा को ठेस पहुंचती हो, तो इसके खिलाफ पीड़ित व्यक्ति अदालत का दरवाजा खटखटा सकता है और ऐसा करने वाले पर तीन साल के अन्दर कभी भी मानहानि का मुकदमा दायर किया जा सकता है। रिपोर्टर को ध्यान रखना चाहिए कि—

किसी कम्पनी, ट्रस्ट, संस्था के बारे में लिखी, कही या दिखाई गई वो बातें मानहानि के दायरे में आएंगी, जिससे इनकी साख पर बुरा असर पड़ता हो।

किसी मरे हुए व्यक्ति पर भी झूठे आरोप लगाना मानहानि हो सकता है। मरे हुए व्यक्ति के परिवारवालों को अधिकार है कि आरोप लगाने वालों पर अदालत में मुकदमा दायर कर सकें। इसलिए रिपोर्टर को अपनी स्टोरी बनाते वक्त इस बात का भी ख्याल रखना पड़ता है कि वो किसी मृत व्यक्ति के खिलाफ कोई ऐसी बात न लिख दे, जिससे उसे मानहानि का मुकदमा झेलना पड़े।

रिपोर्टर को ध्यान रखना चाहिए कि ऐसे शब्द मानहानि के दायरे में आते हैं, जिसके लिखे जाने से किसी व्यक्ति या संस्था की समाज में छवि खराब होती हो, लोग उससे नफरत करने लगें या उसका मजाक उड़ाने लगें। टीवी पर रिपोर्ट देखने के बाद समाज में लोग पीड़ित व्यक्ति के साथ मिलने-जुलने से कतराने लगें या उसका सामाजिक बहिष्कार कर दिया जाए।

ऐसे शब्द भी मानहानि के दायरे में आते हैं, जिसके जरिए किसी को झूठे तौर पर अपराधी, धोखेबाज या बेईमान ठहराया गया हो या उसे बलात्कारी, दुराचारी बताया गया हो।

बिना प्रमाण के किसी के खिलाफ ये भी नहीं लिखा जा सकता कि वो किसी असाध्य रोग से पीड़ित है। किसी गम्भीर बीमारी से पीड़ित या बलात्कार की

शिकार महिला का चेहरा भी टीवी पर नहीं दिखाया जा सकता, क्योंकि हो सकता है कि ऐसी खबर की जानकारी के बाद समाज में लोग उस व्यक्ति से नफरत करने लगें। नाबालिग आरोपी का चेहरा भी टीवी पर नहीं दिखाया जा सकता है। ऐसे लोगों से जुड़ी खबर दिखाने से पहले इनके चेहरे ब्लर (मोजैक) कर दिए जाने चाहिए।

किसी व्यक्ति की तुलना किसी ऐसे जानवर से भी नहीं की जा सकती, जिसे समाज में लोग अच्छी नजर से नहीं देखते। कुत्ता, बैल, सूअर जैसे शब्द किसी भी हालत में, किसी के लिए भी नहीं लिखे, बोले जा सकते।

किसी पर नस्ल, रंगभेद या जातिसूचक टिप्पणी नहीं की जा सकती। किसी को जातिसूचक शब्दों से सम्बोधित नहीं किया जा सकता।

किसी के लिए ऐसे शब्द नहीं कहे जा सकते, जिसका इस्तेमाल गाली के तौर पर होता है या जिससे कोई व्यक्ति खुद को अपमानित महसूस करे।

किसी के लिए ऐसी व्यंग्यात्मक भाषा या कॉर्टून का इस्तेमाल नहीं किया जा सकता, जो अपमानजनक हो, जिससे समाज में उसकी छवि खराब होती हो।

कहने का मतलब ये है कि लिखी या कही गई वो बात, जो घृणा फैलाने या मजाक बनाने वाली हो, जिसके कारण समाज के लोग, पीड़ित से दूर-दूर रहने लगें, जिससे किसी के पद पर असर पड़ता हो या जिससे पेशा या कारोबार प्रभावित होता हो, मानहानि के दायरे में आती है और रिपोर्टर को हमेशा इन बातों का ख्याल रखना चाहिए।

3. अपमानजनक लेख (Law of libel)-किसी व्यक्ति के बारे में झूठी और अपमानजनक बातें लिखना या छापना अपमानजनक लेख है, भले ही ये शब्दों के जरिए कही गई हों या संकेत चिह्नों से इसे दर्शाया गया हो।

अपमानजनक लेख को हम निम्नलिखित भागों में बांट सकते हैं।

—लिखी गई बातें झूठी हों।

—आरोप लगाने वाले व्यक्ति के बारे में ही हों।

—किसी की प्रतिष्ठा के खिलाफ हो।

—वो स्थायी रूप में हों, टीवी पर दिखाई गई हों।

—किसी लेख से व्यक्ति विशेष के व्यापार, रोजगार या पेशा को नुकसान होता हो, तो ऐसे लेख को अपमानजनक लेख माना जाएगा।

नफरत, मजाक उड़ाने और चरित्र पर सवाल उठाने वाले लेख भी अपमानजनक लेख की श्रेणी में आते हैं, भले ही लिखने वाले का मकसद किसी को अपमानित करना नहीं हो।

व्यक्ति के नाम, जन्म, मौत, विवाह या दूसरी निजी बातों की गलत सूचना

भी अपमानजनक लेख के दायरे में आती है। यहां तक की किसी का गलत नाम लिखना भी अपमानजनक लेख का हिस्सा हो सकता है और सूत्रों का हवाला देकर कोई रिपोर्टर अपनी जिम्मेदारियों से नहीं बच सकता। मर चुके व्यक्ति के खिलाफ भी बिना प्रमाण कोई बात नहीं लिखी जा सकती।

लेकिन ये उल्लेख कर देना जरूरी है कि अपमानजनक लेख के तहत तभी मुकदमा चल सकता है, जब किसी व्यक्ति विशेष या व्यक्तियों की पहचान की जा सके और ये प्रमाणित किया जा सके कि लिखी गई बातें, उनके बारे में ही कही गई हैं। रिपोर्टर ने नाम का उल्लेख नहीं किया हो, तो मुकदमा दर्ज कराने वाले व्यक्ति को ये साबित करना होगा कि लिखी गई बातों में उसे ही निशाना बनाया गया है।

4. अश्लील लेख (Obscenity)-रिपोर्टर को अपनी बात कहने की आजादी है, लेकिन आजादी का मतलब स्वच्छंदता नहीं है। उसे अपनी बात मर्यादित तरीके से ही कहनी होगी। ऐसा लेख या तस्वीर, जो लोगों को सेक्सुअली उत्तेजित करती हो, जिससे सामाजिक मर्यादाएं टूटती हों, अश्लील कही जाएगी।

लेकिन सेक्स शिक्षा से जुड़े लेख को अश्लील लेख नहीं माना जाएगा और इससे जुड़ी तस्वीर या शिल्पकला में नग्नता दिखाना भी अश्लील लेख या प्रकाशन नहीं माने जाएंगे। मसलन अजंता-एलोरा की नग्न मूर्तियां अश्लीलता के दायरे में नहीं आतीं।

5. कॉपी राइट (Copy right)-किसी भी मौलिक काम या प्रकाशन पर, उसे लिखने और अधिकार के साथ छापने वाले का ही एकाधिकार होता है और उसकी इजाजत के बिना दूसरा व्यक्ति इसका किसी भी तरीके से इस्तेमाल नहीं कर सकता। कॉपी राइट एक्ट 1957 की धारा 13, 14 (ए) के मुताबिक किसी भी व्यक्ति को कानून इस बात की इजाजत नहीं देता कि वो दूसरों की मेहनत अपने नाम कर ले।

टेलीविजन के रिपोर्टर को अपनी स्टोरी बनाने में किसी लेख की मदद लेने की तो जरूरत कम पड़ती है, लेकिन तस्वीरों के लिए कई बार उसे दूसरों के कामों का सहारा लेना पड़ता है। मसलन महाभारत या रामायण से जुड़े किसी कार्यक्रम को बनाने के लिए कोई रिपोर्टर महाभारत या रामायण सीरियल के फुटेज का इस्तेमाल उसके निर्माता या कॉपीराइटधारक की लिखित अनुमति के बिना नहीं कर सकता। बिना इजाजत फुटेज इस्तेमाल करने पर कॉपीराइटधारक हर्जाने का दावा कर सकता है। कॉपीराइटधारक से खरीदकर ही फुटेज का इस्तेमाल किया जा सकता है।

इसी तरह फिल्मी गीत-संगीत, भजन या धुन का भी बिना इजाजत इस्तेमाल

नहीं किया सकता। इजाजत के बाद किसी लेख या प्रकाशन का एक अंश भी इस्तेमाल किया जाता हो, तो उसके लेखक या रचनाकार को या जिसके पास उस काम का कॉपीराइट्स हो, उसे क्रेडिट जरूर दिया जाना चाहिए। टेलीविजन न्यूज में सौजन्य बैंड के तहत क्रेडिट देने का चलन है।

कॉपी राइट रचनाकार की मौत के पचास साल तक बना रहता है। इसके बाद इसका इस्तेमाल बिना इजाजत कोई भी कर सकता है।

6. लॉ ऑफ प्राइवेसी-(Law of privacy) संविधान की धारा 21 के मुताबिक कानून हर व्यक्ति को अधिकार देता है कि वो निजी जिन्दगी अपने तरीके से जिये। वो जब चाहे, तभी किसी से मिले। वो किसी से मिलना या बात नहीं करना चाहता, तो उससे मिलने या बात करने की इच्छा रखने वाला उस पर दबाव नहीं बना सकता। यानी किसी की निजी जिन्दगी में खलल डालने का दूसरे को अधिकार नहीं है। हर व्यक्ति को अधिकार है कि समाज में वो अपने तरीके से रहे। उसके रोजगार की चर्चा न की जाए, उसके काम गैरकानूनी नहीं हैं, तो उस पर टीका टिप्पणी न की जाए, उसकी इजाजत के बिना, न तो उसके फोटो लिए जाएं और न ही उसे कहीं प्रकाशित किया जाए। हर व्यक्ति को ये भी अधिकार है कि उसकी इजाजत के बिना कोई भी उसके घर या अहाते में न आए। कानून को छोड़कर, कोई बाहरी व्यक्ति इन अधिकारों में हस्तक्षेप करता है, तो पीड़ित इसकी रक्षा के लिए अदालत की शरण में जा सकता है और अदालत बेवजह हस्तक्षेप करने वाले को सजा दे सकती है। ये बातें सभी रिपोर्टर पर भी लागू होती हैं।

7. सार्वजनिक शान्ति, देश की एकता, सुरक्षा, पड़ोसी राज्यों के दोस्ताना रिश्ते पर असर (Peace, Integrity, Security, Friendly Relations with neighbouring Countries): कोई ऐसी खबर दिखाई जाती है, जिससे शान्ति भंग होती हो या देश की सुरक्षा और दूसरे देशों के दोस्ताना रिश्ते पर असर पड़ता हो, तो उसके खिलाफ कानून के तहत कार्रवाई की जा सकती है।

रिपोर्टर के काम का दायरा काफी बड़ा होता है और हर घटना पर उसका नजरिया समाज पर असर डालता है, इसलिए उसे हमेशा इस बात का ख्याल रखना चाहिए कि वो कोई भी ऐसी बात न कहे, जिससे समाज में तनाव का माहौल बनने की आशंका हो। मसलन दंगे से जुड़ी खबर दर्शकों तक पहुंचाते वक्त उसे ध्यान रखना चाहिए कि उसकी रिपोर्ट में कोई ऐसी बात न हो, जिससे लोगों की भावनाएं और भड़कें। उसे ऐसी खबरें बढ़ा-चढ़ाकर पेश नहीं करनी चाहिए।

उसे ऐसे काम से भी बचना चाहिए, जो समाज, देशहित के खिलाफ हो।

उसकी रिपोर्ट में ऐसी किसी बात का जिक्र नहीं होना चाहिए, जिससे देश की सुरक्षा को खतरा हो या उसकी खबर से दूसरे देशों के साथ सम्बन्ध बिगड़ जाए।

आपात स्थितियों में समाचार प्रसारण के लिए निजी चैनलों के संगठन, न्यूज ब्रॉडकास्टर्स एसोसिएशन (एनबीए) ने गाइडलाइन जारी की है, जिसका पालन हर न्यूज चैनल और रिपोर्टर को करना चाहिए।

1. सशस्त्र संघर्ष, आंतरिक उपद्रव, साम्प्रदायिक हिंसा, अशांति, अपराध और इस तरह के दूसरे हालात से सम्बन्धित खबरों के सभी तरह के प्रसारण को जनहित की कसौटी पर परखा जाना चाहिए।

2. मीडिया की जवाबदेही है कि लोगों तक पहुंचने वाली सूचना निष्पक्ष और तथ्यात्मक हो।

3. आतंकवाद या आतंकवादी संगठन को बढ़ावा देने वाला लाइव प्रसारण नहीं होना चाहिए। ऐसी खबरें न दिखाएं, जिससे आतंकवादी या आतंकवाद का महिमामंडन होता हो और उसके लिए लोगों की सहानुभूति पैदा हो।

4. लाइव प्रसारण के दौरान बंधकों की पहचान, उनकी संख्या या स्थिति के बारे में नहीं बताना चाहिए। बचाव में जुटे सुरक्षाबलों की संख्या, उनकी रणनीति और अभियान की स्थिति को भी नहीं जाहिर करना चाहिए।

5. इन चीजों से परहेज करें।

A. मीडिया घटना के दौरान पीड़ित, सुरक्षाबल, अभियान से जुड़े लोगों या आतंकवादियों के साथ लाइव बातचीत से बचे।

B. दर्शकों को विचलित करने वाली पुरानी तस्वीरों का बेवजह बार-बार प्रसारण न करें। पुराने दृश्य फाइल लिखकर दिखाए जाएं और संभव हो, तो तारीख और समय भी लिखें।

6. मृतकों का सम्मान करते हुए उनकी तस्वीरें दिखाने से बचें। पीड़ित और परिजनों के मातम और भावुक क्षणों की ऐसी तस्वीरों या ग्राफिक्स को दिखाने में खास सावधानी बरतें, जिससे दर्शक विचलित हो सकते हैं।

एनबीए का कहना है कि आपात स्थितियों में खबरों के चुनाव के लिए ये गाइडलाइन बनाए गए हैं, लेकिन इसे संपूर्ण न समझा जाए।

इसके अलावा एनबीए ने घटनाओं की रिपोर्टिंग करने के संबंध में भी खास गाइडलाइन जारी किए हैं।

एनबीए के मुताबिक सभी खबरों की रिपोर्टिंग निम्नलिखित मानदंड को ध्यान में रख की जानी चाहिए।

मूलभूत मानक

1. खबरों की सभी रिपोर्टिंग जनहित में होनी चाहिए।

2. रिपोर्टिंग ऐसी होनी चाहिए, जिससे सनसनी अथवा दर्शकों में बेवजह डर, घबराहट या चिंता नहीं फैले।

3. प्रसारित की जाने वाली सामग्रियां, सन्दर्भ से परे नहीं होनी चाहिए।

4. भय, अलौकिक शक्ति, अन्धविश्वास, तन्त्र-मन्त्र, जादू-टोने, झाड़-फूंक, चामत्कारिक सिद्धि या ईश्वरत्व की प्राप्ति और पारलौकिक बातों को बढ़ावा देने वाले विषयों से परहेज करना चाहिए।

5. ब्रॉडकास्टर्स को किसी नस्ली या धार्मिक समूह की गतिविधियों, मान्यताओं, प्रथाओं और विचारों को प्रसारित करने के मामले में सावधानी और निष्पक्षता बरतनी चाहिए, ताकि किसी पर उनका नकारात्मक असर न पड़े।

6. घटनाओं का नाट्य रूपान्तर (रिकंस्ट्रक्शन) दिखाए जाने पर इसे स्पष्ट रूप से नाट्य रूपान्तर लिखा जाना चाहिए और यह दिशा-निर्देशों के मुताबिक ही होना चाहिए।

7. ब्रॉडकास्टर्स को वैसी अनुचित या अस्वास्थ्यकर प्रतिस्पर्धा करने से बचना चाहिए, जिससे ब्रॉडकास्टिंग स्तर में गिरावट आने का खतरा हो।

तथ्यात्मक मानक

1. सम्भव हो तो एक सूचना, एक से अधिक स्रोत से, प्रत्यक्ष सा सीधे तौर

पर हासिल कर उसकी पुष्टि की जानी चाहिए।

2. संवाद समितियों से प्राप्त रिपोर्टों के मामले में एजेंसी का उल्लेख करना चाहिए और सम्भव हो तो समाचारों की पुष्टि अपने स्तर पर भी कर लेनी चाहिए।

3. आरोपों को ठीक उसी तरह से रिपोर्ट किया जाना चाहिए, जिस तरह से वो लगाए गए हों।

4. पुराने फुटेज (अर्काइवल सामग्री) का इस्तेमाल करते समय उस पर स्पष्ट रूप से फाइल लिखा जाना चाहिए और उसके साथ मूल प्रसारण की तारीख और समय का भी उल्लेख किया जाना चाहिए।

5. कोई तथ्यात्मक गलती होने पर जल्द से जल्द उसका सुधार किया जाना चाहिए और सही किए गए तथ्यों को प्रमुखता से प्रसारित किया जाना चाहिए।

6. तथ्यों को विचारों, विश्लेषणों और टिप्पणियों के साथ मिलाना नहीं चाहिए, बल्कि उन्हें अलग से स्पष्ट रूप से दिखाना चाहिए।

निष्पक्षता, तटस्थता, और स्पष्टता

1. संतुलित रिपोर्टिंग के लिए ब्रॉडकास्टर्स को निष्पक्ष रहना चाहिए और ये

सुनिश्चित करना चाहिए कि उनकी रिपोर्टिंग में, खासकर विवादास्पद विषयों के मामले में, किसी खास विचार को अतिरिक्त महत्व दिए बगैर विभिन्न पक्षों के

विचारों को शामिल किया जाए।

2. सामग्रियों के संपादन के दौरान ब्रॉडकास्टरों को ये सुनिश्चित करना चाहिए कि तथ्यों तथा रिपोर्ट की जा रही घटनाओं या व्यक्त किए गए विचारों में किसी तरह की छेड़छाड़ नहीं की जाए।

3. ब्रॉडकास्टर्स, रिपोर्टर को अनुचित तरीके से या धोखे से मिली सूचना या तस्वीरों का इस्तेमाल नहीं करना चाहिए।

कानून-व्यवस्था, अपराध-हिंसा

1. प्रसारित की जाने वाली सामग्री के जरिए अपराध को न तो महिमामंडित किया जाना चाहिए और न ही उसे सनसनीखेज बनाया जाना चाहिए। साथ ही उस सामग्री का प्रसारण इस प्रकार किया जाए, जिससे आत्महत्या सहित तमाम आपराधिक कामों को किसी प्रकार की स्वीकार्यता न मिल सके।

2. प्रसारित की जाने वाली सामग्री से अपराध, खास कर आतंकवाद और आत्महत्या की उन तकनीकों का वर्णन नहीं किया जाना चाहिए, जिसकी नकल की जा सकती है।

3. अपराध से सम्बन्धित मामलों की रिपोर्टिंग पूर्वाग्रहयुक्त नहीं होनी चाहिए और न ही अपनी ओर से कोई निष्कर्ष निकाले जाने चाहिए, खास कर तब, जब मामला न्यायालय के अधीन हो।

4. किसी अभियुक्त या गवाह के पक्ष का इस प्रकार का प्रचार नहीं किया जाना चाहिए, जिससे न्याय प्रक्रिया में हस्तक्षेप हो या निष्पक्ष सुनवाई में बाधा पहुंचती हो।

5. यौन अपराधों, महिलाओं और बच्चों के खिलाफ हिंसा के मामले में पीड़ितों की पहचान जाहिर नहीं की जानी चाहिए।

6. मृत व्यक्तियों को सम्मान दिया जाना चाहिए। मृतकों के क्षत-विक्षत शवों के बहुत करीब से लिए चित्र (क्लोजअप) नहीं दिखाए जाने चाहिए।

7. हिंसा की घटनाओं को सिर्फ हिंसा दिखाने, किसी भी प्रकार उसे बढ़ावा देने, पीड़ा और विकृत मानसिकता के प्रचार के लिए नहीं दिखाना चाहिए। ऐसी घटनाएं जिसमें बहुत अधिक हिंसा हो, ऐसे व्यक्ति, जिनके साथ बर्बर व्यवहार किया जा रहा हो, क्रूरता की जा रही हो, जिनकी हत्या की जा रही हो, उनकी तस्वीरें नजदीक से (क्लोजअप) दिखाने से बचना चाहिए।

8. ब्रॉडकास्टर्स को किसी तरह से उन व्यक्तियों, समूहों या संगठनों को गौरवान्वित या प्रचारित नहीं करना चाहिए, जो हिंसा करते हैं, या हिंसा की वकालत करते हैं, या जो आपराधिक/घृणास्पद गतिविधियों में शामिल हैं। गुंडागर्दी,

उपद्रव या अपराध के अन्य कामों को इस तरह से नहीं दिखाया जाना चाहिए, जिससे उनके पक्ष का समर्थन होता प्रतीत हो।

9. एडिटोरियल के सीनियर की जांच-पड़ताल के बगैर संवेदनशील और विचलित करने वाली सामग्रियों का लाइव प्रसारण नहीं किया जाना चाहिए।

सामाजिक, शालीनता, सेक्स और नग्नता

1. ब्रॉडकास्टर्स को ध्यान रखना चाहिए कि वो किस तरह की सामग्री प्रसारित कर रहे हैं। सामान्यतौर पर ब्रॉडकास्ट सामग्री का चुनाव करते समय सामाजिक आचार, मर्यादाओं और मानदंडों का पालन करना चाहिए। किस प्रकार की सामग्री, किस प्रकार के दर्शकों के लिए उचित है और किन दर्शकों के लिए अनुचित, इसका ध्यान रखते हुए प्रसारण का समय तय करना चाहिए। साथ ही इसी के अनुरूप प्रसारण विषय वस्तु, भाषा और विषयों का चुनाव किया जाना चाहिए।

2. वैसी सामग्री से परहेज किया जाना चाहिए, जिसमें हिंसा या सेक्स सम्बन्धी सामग्री हो, जिसमें अपरिपक्व, आक्रामक या अभद्र भाषा या ऐसी सामग्री का इस्तेमाल किया गया हो, जिससे विवेकशील वयस्क भी विचलित हो सकता है या आहत महसूस कर सकता है।

3. यौन अपराध और यौन शोषण, खासतौर पर बच्चों के साथ होने वाले ऐसे शोषण से सम्बन्धित समाचारों के सम्बन्ध में अत्यधिक सावधानी और संवेदनशीलता बरती जानी चाहिए।

4. उत्तेजना पैदा करने वाली हिंसा और कामुकता बढ़ाने वाली सामग्री नहीं दिखाई जानी चाहिए।

5. आतंकवादी हमले, हत्या और दंडात्मक कार्रवाई के तहत किसी के मारे जाने की घटनाओं को स्पष्ट रूप से और विस्तार से नहीं दिखाया जाना चाहिए।

निजता

1. ब्रॉडकास्टर्स को त्रासदी, पीड़ा और शोक की रिपोर्टिंग के मामले में विवेक और संवेदनशीलता का इस्तेमाल करना चाहिए।

2. किसी सामग्री में किसी व्यक्ति या समुदाय को इस तरह नहीं दिखाया जाना चाहिए, जो नस्ल, उम्र, विकलांगता, सेक्स सम्बन्धी प्रवृत्तियों, पेशे, धर्म, संस्कृति या राजनीतिक मान्यताओं के कारण, उसे समाज से अलग-थलग करता हो या उनकी सामाजिक छवि को मलिन करता हो।

3. वैसी सामग्री और वैसी पुरानी तस्वीरें (अर्काइवल फुटेज) नहीं प्रसारित की जानी चाहिए, जिससे मृत व्यक्ति के परिजनों को अनुचित पीड़ा पहुंचे।

4. सम्बन्धित व्यक्ति की अनुमति के बगैर किसी व्यक्ति के घर अथवा परिवार के पते से सम्बन्धित किसी भी सूचना को जाहिर नहीं किया जाना चाहिए।

5. किसी व्यक्ति या किसी घटना की गुप्त तरीके से रिकार्डिंग केवल तभी करनी चाहिए, जब ऐसा करना न्याय के विरुद्ध नहीं हो और सम्पादकीय दृष्टि से ऐसा करना जायज हो।

6. घायलों, हताहतों और पीड़ित व्यक्तियों के साक्षात्कार तभी लिए जाने चाहिए, जब व्यक्ति या उनके अभिभावक इसके लिए सहमत हों।

राष्ट्रीय सुरक्षा

1. ब्रॉडकास्टर्स को राष्ट्रीय सुरक्षा से जुड़े अभियानों, कार्रवाइयों के बारे में गोपनीय सूचनाओं का खुलासा नहीं करना चाहिए।

2. ब्रॉडकास्टर्स को देश के खिलाफ गम्भीर अपराध करने वाले आतंकवादियों और षड्यंत्रकारियों के तरीकों के बारे में की जाने वाली रिपोर्टिंग के दौरान विवेक का इस्तेमाल करना चाहिए।

3. आतंकवादियों, षड्यंत्रकारियों के साक्षात्कार का लाइव प्रसारण नहीं किया जाना चाहिए।

4. किसी आतंकवादी घटना या ऐसी अन्य बड़ी हिंसक घटनाओं के दौरान इस प्रकार रिपोर्टिंग नहीं की जानी चाहिए, जिससे लोगों का विश्वास उन संस्थाओं

पर से उठता हो, जिन पर लोगों की सुरक्षा की जिम्मेदारी है।

5. ब्रॉडकास्टर्स को सुरक्षाबलों के अभियानों से सम्बन्धित तकनीकी ब्यौरे, सुरक्षा एजेंसियों के अभियानों और उनकी रणनीतियों से सम्बन्धित सूचनाएं जाहिर नहीं करनी चाहिए, क्योंकि ऐसा करने से षड्यंत्रकारियों को लाभ मिल सकता है।

तंत्र-मंत्र एवं पारलौकिक-अलौकिक

1. भय, अलौकिक शक्ति, अन्धविश्वास, तन्त्र-मन्त्र, जादू-टोने, भूत भागने और दैवी शक्तियों, सिद्धियों, ईश्वरत्व प्राप्त होने के दावों और पारलौकिक विषयों को बढ़ावा देने वाली वैसी सामग्रियां प्रसारित नहीं करनी चाहिए, जिनसे बच्चों में डर पैदा हो सकता है।

2. अन्धविश्वास, जादू-टोने, भूत भागने, दैवी शक्तियों और पारलौकिक रहस्यों से सम्बन्धित मान्यताओं को बढ़ावा नहीं दिया जाना चाहिए।

बाल हित

1. ब्रॉडकास्टर्स को ऐसे समय पर, जब बच्चे आम तौर पर टेलीविजन देखते हैं, वैसी सामग्रियों का प्रसारण नहीं करना चाहिए, जिनसे वो विचलित या भयभीत हो जाएं या उनके मनोविज्ञान पर हानिकारक असर पड़े।

2. अन्य समय पर ऐसी सामग्रियों का प्रसारण करने पर ब्रॉडकास्टर्स को माता-पिता के लिए समुचित सलाह, चेतावनियों एवं विषय के प्रकार (वर्गीकरण) का स्पष्ट रूप से उल्लेख करना चाहिए। समाज विरोधी व्यवहार, घरेलू झगड़े, मादक द्रव्यों के सेवन, धूम्रपान, शराब सेवन, हिंसा, बुराइयों या भयावह तस्वीरों, यौन विषयों, अपरिपक्व, आक्रामक या भद्दी भाषा या वैसी दूसरी सामग्री नहीं दिखाएं, जिससे मानसिक सदमा पहुंच सकता है।

नस्ली और धार्मिक सद्भाव

1. नस्ली एवं धार्मिक कठमुल्लापन से जुड़ी सामग्रियों के प्रसारण से बचना चाहिये।

2. ऐसे विषयों की रिपोर्टिंग में सावधानी बरती जानी चाहिए, जिनसे किसी नस्ल या धार्मिक समूह की संवेदनाओं को ठेस पहुंच सकती हो, उनकी छवि खराब हो सकती हो या उससे धार्मिक असहिष्णुता या वैमनस्य फैल सकता हो।

अध्याय-17
टेलीविजन के तकनीकी शब्द

टॉप शॉट, की शॉट, डॉली, क्यू, एडिटबे, पीसीआर, एमसीआर... दरअसल ये कुछ ऐसे शब्द हैं, जिनका आम जिन्दगी में इस्तेमाल नहीं होता, लेकिन टेलीविजन की पूरी दुनिया ऐसे ही शब्दों पर टिकी है। अखबार की तरह ही टीवी में भी कई तकनीकी शब्द है, जिनकी जानकारी रिपोर्टर के लिए बहुत जरूरी है। इन शब्दों की जानकारी के बिना कोई भी रिपोर्टर अपने काम से न्याय नहीं कर सकता।

अर्थ स्टेशन-टीवी चैनल का मास्टर कंट्रोल रूम (एमसीआर), जहां से सेटेलाइट को सिग्नल भेजा जाता है, अर्थ स्टेशन कहलाता है। पहले ज्यादातर चैनलों के

अर्थ स्टेशन सिंगापुर में थे, लेकिन अब अपलिंक की इजाजत मिलने के बाद, देश में ही अर्थ स्टेशन बनने लगे हैं।

अप लिंक-अर्थ स्टेशन से सेटेलाइट तक डिजिटल फॉर्म में टीवी सिग्नल भेजने को अप लिंक कहा जाता है।

असाइनमेंट डेस्क-न्यूज रूम का वो विभाग, जो इनपुट और आउटपुट के बीच कड़ी का काम करता है। सभी रिपोर्टर अपनी खबर और उससे जुड़े विजुअल पहले असाइनमेंट डेस्क को ही भेजते हैं। असाइनमेंट डेस्क खबरों की जांच कर टेलीकास्ट के लिए आउटपुट को देता है। खास मुद्दों पर, खास लोगों के फोन भी उपलब्ध

करता है और चर्चा के लिए गेस्ट का भी इन्तजाम करता है। ब्यूरो से खबर, विजुअल मंगाना और इन्जेस्ट कराना भी असाइनमेंट डेस्क का काम है।

आई लाइन-सही दिशा और ऊंचाई, जहां एक आदमी दूसरे को देख रहा हो। इंटरव्यू के बाद अक्सर इसका इस्तेमाल प्रश्न को दोबारा रिकॉर्ड के लिए किया जाता है। इंटरव्यू करने वाला उसी दिशा और ऊंचाई पर अपने सवाल दोहराता है, जिस दिशा और ऊंचाई पर इंटरव्यू देने वाला बैठा होता है। इंटरव्यू में जब शूटिंग के लिए एक कैमरे का ही इस्तेमाल होता है, तब इस तकनीक से प्रश्न दोबारा शूट किए जाते हैं। क्योंकि शूटिंग के दौरान कैमरा इंटरव्यू देने वाले पर ही फोकस होता और प्रश्न के सिर्फ ऑडियो ही रिकॉर्ड होते हैं। इस दौरान ट्राइपोड पर कैमरे की ऊंचाई उस व्यक्ति के बराबर रखी जाती है। कैमरा ऊंचा हो, तो सामने वाला आदमी नीचे की तरफ और कैमरा नीचे हो, तो आदमी ऊपर की तरफ देखता हुआ

लगेगा। साथ ही कैमरे की दिशा सामने वाले आदमी के ठीक विपरीत होनी चाहिए, नहीं तो सामने वाला आदमी तिरछा देखता हुआ लगेगा।

आउटपुट-आउटपुट विभाग में प्रोड्यूसर होते हैं। इनका काम रिपोर्टर की खबरों को टेलीकास्ट के लिए तैयार कराना होता है। यहां काम करने वाले लोगों पर स्क्रिप्ट लिखने, उसमें सुधार करने या रीराइट करने से लेकर स्टोरी की पैकेजिंग और खबरों को ब्रॉडकास्ट कराने तक की जिम्मेदारी होती है।

आउटडोर-स्टूडियो या न्यूजरूम से बाहर शूटिंग से जुड़ी गतिविधियां आउटडोर कहलाती हैं।

आउट प्वॉइंट-एडिटिंग में इस्तेमाल के लिए एडिट मशीन पर मार्क आखिरी फ्रेम को आउट प्वॉइंट कहते हैं। जहां तक आउट प्वॉइंट मार्क होगा, एडिट मशीन वहीं तक विजुअल रीड करती है।

ऑडियो जर्क-जब आवाज अचानक कट रही हो, आगे के वाक्य से मेल नहीं खा रही हो, तो इसे ऑडियो जर्क कहते हैं।

ऑडियो डबिंग-टेप पर साउंड रिकार्डिंग की प्रक्रिया, ऑडियो, डबिंग कहलाती है।

ऑन एयर-खबरें जो, टेलीविजन पर चल रही हों, उसे ऑन एयर कहा जाता है।

ऑनलाइन एडिटिंग-कई बार एक प्रोग्राम को दो या दो से ज्यादा कैमरों से शूट किया जाता है। टॉक शो या ऐसे प्रोग्राम, जिसमें एक से ज्यादा एंकर और गेस्ट होते हैं, में कई कैमरों का इस्तेमाल किया जाता है। ऐसे कार्यक्रमों की ऑनलाइन एडिटिंग की जाती है। इसके लिए प्रोडक्शन कन्ट्रोल रूम (पीसीआर) में तकनीकी स्टाफ होते हैं। प्रोग्राम का डायरेक्टर या प्रोड्यूसर, स्विचर पर बैठे तकनीकी कर्मचारी को बताता जाता है कि किस वक्त, किस कैमरे का इनपुट लेना है। इस तरह प्रोग्राम की ऑनलाइन एडिटिंग होती जाती है और इसे बाद में एडिट करने की जरूरत नहीं पड़ती। ओबी वैन में भी स्विचर लगे होते हैं और कई कैमरों से प्रोग्राम अगर स्टूडियो के बाहर ओबी वेन के जरिए शूट किया जा रहा हो, तो वहां भी ऑनलाइन एडिटिंग हो सकती है।

इन्जेस्ट-विजुअल टेप या सीडी पर शूट होते हैं, लेकिन एडिट करने के लिए इनकी एक कम्प्यूटर फाइल बनानी पड़ती है। टेप या सीडी से कम्प्यूटर फाइल बनाने की प्रक्रिया को इन्जेस्ट कहते हैं। हर न्यूज रूम में एक इन्जेस्ट रूम भी होता है।

इनडोर-स्टूडियो, न्यूजरूम या किसी कमरे के अन्दर की शूटिंग को इनडोर कहते हैं।

इनपुट-न्यूजरूम का वो विभाग, जहां खबरों को अलग-अलग स्रोतों से संकलित किया जाता है। इस विभाग के तहत रिपोर्टर, रिसर्चर और असाइनमेंट

डेस्क आते हैं।

इन प्वॉइंट-एडिटिंग में इस्तेमाल करने के लिए शॉट (विजुअल) के पहले फ्रेम को मार्क करना, इन प्वॉइंट कहलाता है।

इंबारगो-कई बार सरकारी एजेंसियां खबर पहले रिलीज कर देती हैं, लेकिन एक निर्धारित समय तक उसके प्रकाशन पर पाबंदी रहती है। उदाहरण के लिए देश के नाम राष्ट्रपति का भाषण पहले ही तमाम न्यूज एजेंसियों को भेज दिया जाता है, लेकिन राष्ट्रपति जब तक भाषण शुरू न करें, उसके प्रकाशन या प्रसारण पर पाबंदी रहती है। निर्धारित समय तक की पाबंदी को इंबारगो कहते हैं।

इयर फोन (इपी)-स्टूडियो से एंकर या गेस्ट तक आवाज पहुंचाने के लिए छोटा फोन, जिसे कान में लगाया जाता है।

ओबी वैन-(आउट स्टेशन ब्रॉडकास्ट वैन)-ऐसी गाड़ियां आप अक्सर देखते होंगे, जिस पर किसी न किसी टीवी न्यूज चैनल का नाम और लोगो (LOGO) बना होता है। वास्तव में ये ओबी वैन या आउटडोर ब्रॉडकास्ट वैन हैं। इन गाड़ियों

के ऊपर एक डिश एंटिना लगा होता है और अन्दर सिग्नल को न्यूज रूम तक भेजने की मशीन लगी होती है। मशीन को चालू करने के बाद डिश एंटिना के जरिए वैन, सेटेलाइट से जुड़ जाता है और न्यूज रूम तक सिग्नल भेजने लगता है। इसके बाद किसी घटना या इंटरव्यू का सीधा प्रसारण किया जा सकता है या फिर न्यूज रूम को विजुअल भेजे जा सकते हैं।

ओवर लेप-एक विजुअल के ऊपर चढ़ा हुआ दूसरा विजुअल ओवर लैप है। इससे बचना चाहिए, क्योंकि इससे तस्वीरें अस्पष्ट हो जाती हैं।

एंकर-खबरों को दर्शकों तक पहुंचाने वाला सूत्रधार एंकर कहलाता है। एंकर

का काम टीवी पर खबरों के मुख्य हिस्से को प्रस्तुत करना है। इसे न्यूज रीडर, न्यूज प्रजेंटर, न्यूज कास्टर भी कहते हैं।

एंकर टैग-स्टोरी खत्म होने के बाद एंकर दो या तीन लाइन में उस खबर की अहमियत और प्रभाव का जिक्र करता है। इसे एंकर टैग कहते हैं।

एंगल-कैमरा जब किसी चीज पर फोकस होता है, तो उस लाइन को एंगल कहते है। विजुअल की शूटिंग में उसका फोकस एंगल काफी अहमियत रखता है। विजुअल का प्रभावशाली छायांकन सटीक एंगल से ही मुमकिन है। हालांकि एंगल फिक्स करना कैमरामैन का काम होता है, लेकिन घटनास्थल पर मौजूद रिपोर्टर को भी इस पर नजर रखनी चाहिए, क्योंकि आखिरकार विजुअल का इस्तेमाल तो उसे ही अपनी स्टोरी के लिए करना होता है।

एडिटबे-न्यूजरूम में वो जगह जहां, वीडियो एडिटिंग के लिए मशीनें लगी होती हैं। ये जगह छोटे-छोटे कमरे भी हो सकते हैं, खुली जगह का कोई कोना भी हो सकता है। कमरे वाले एडिटबे बेहतर होते हैं, क्योंकि इसमें बाहर के शोरगुल से बचकर, बिना बाधा के वीओ रिकॉर्ड किए जा सकते हैं। वैसे न्यूजरूम में कमरे वाले एडिटबे का चलन अब खत्म हो रहा है, क्योंकि अब ऐसे माइक भी मिलने लगे हैं, जो बहुत करीब के बाहरी आवाज को भी कैच नहीं करते। वीओ करते वक्त ऐसे माइक को मुंह के बहुत करीब रखा जाता है। इन्हें **लिप माइक** भी कहा जाता है।

एबी रोल-दो अलग-अलग टेप पर शूट किए गए विजुअल को तीसरी मशीन पर एक साथ रिकॉर्ड करने की प्रक्रिया को टेलीविजन की तकनीकी भाषा में एबी

रोल कहते हैं। वीडियो एडिटिंग की इस तकनीक में दो सोर्स में पहला सोर्स A कहलाता है और दूसरा B कहलाता है। इन दोनों सोर्स से मिले विजुअल को एक साथ मिला कर जब ब्रॉडकास्ट के लिए वीडियो तैयार किया जाता है, तो वो विशेष प्रभाव पैदा करता है।

एस्पेक्ट रेशियो-टीवी स्क्रीन का प्रोपोरशन, जो 4 गुना 3 होता है।

एस्टन, सुपर-स्टोरी में रिपोर्टर और कैमरामैन के नाम, जिन लोगों की बाइट इस्तेमाल की जाती है, उनके नाम और पद को भी ग्राफिक्स के जरिए स्क्रीन पर दिखाया जाता है। तकनीकी भाषा में इसे एस्टन या सुपर कहते हैं।

एक्जिक्यूटिव एडिटर-न्यूजरूम में इनपुट विभाग का प्रमुख

एक्जिक्यूटिव प्रोड्यूसर-न्यूजरूम में आउटपुट विभाग का प्रमुख

एमसीआर (मास्टर कंट्रोल रूम)-वो तकनीकी विभाग, जहां से सिग्नल को प्रसारण के लिए सेटेलाइट को भेजा जाता है, एमसीआर कहलाता है। एमसीआर को पीसीआर (प्रोडक्शन कंट्रोल रूम) से मोनो फॉर्मेट में सिग्नल मिलते हैं। एमसीआर में पीसीआर से मिले सिग्नल को डिजिटल सिग्नल में बदला जाता है, आवाज, कलर और अन्य तकनीकी पक्षों को नियंत्रित किया जाता है, फिर सिग्नल सेटेलाइट को भेजा जाता है।

एंबिएंस, एंबिएंस ब्रेक-घटनास्थल पर मौजूद प्राकृतिक आवाजें यानी नेचुरल साउंड, एंबिएंस कहलाती हैं। स्टोरी को प्रभावशाली तरीके से दिखाने के लिए एंबिएंस का इस्तेमाल किया जाता है। इसके जरिए घटनास्थल के वास्तविक माहौल को दिखाया जाता है, जो दर्शक की भावनाओं को गहराई तक प्रभावित करती हैं। मान लीजिए कि कहीं नरसंहार होता है और रिपोर्टर के पास मरने वालों के परिवारों का विलखता विजुअल है, तो स्टोरी की ओपनिंग के लिए इससे प्रभावशाली दूसरा एंबिएंस नहीं हो सकता। शूटिंग के दौरान हंगामे का शोर-शराबा भी शूट हो जाता है। इनका भी एंबिएंस के तौर पर इस्तेमाल हो सकता है।

एरियल शॉटस- काफी ऊंचाई से ली गईं तस्वीरें, एरियल शॉट्स कहलाती हैं।

एसटीडी (स्टूडियो) या एंकर लिंक-खबर का वो हिस्सा जिसे एंकर पढ़ता

है एसटीडी कहलाता है। एक एसटीडी पंद्रह से बीस सेकेण्ड के बीच ही लिखी जानी चाहिए। ज्यादा बड़ा एंकर लिंक उबाऊ हो जाता है और सुनने वाले की खबर में दिलचस्पी खत्म हो सकती है। इसलिए एंकर लिंक ऐसा होना चाहिए, जिसे सुनकर खबरों के बारे में दर्शकों की उत्सुकता बढ़े और वो रिपोर्टर की पूरी खबर देखने के लिए टीवी के सामने बैठा रहे।

एक्सक्लूसिव-चैनल की खास खबर, जो सिर्फ उसी के पास हो, एक्सक्लूसिव कहलाती है।

एसटीडी-ग्राफिक्स-रिपोर्टर को किसी खबर की जानकारी तो मिल जाती है, लेकिन उसके विजुअल नहीं मिलते या विजुअल को वो तुरंत न्यूजरूम तक नहीं पहुंचा पाता, तो ऐसी स्थिति में खबरों की स्क्रिप्ट लिख दी जाती है और उसकी अहम बातों को ग्राफिक्स के जरिए लिखकर स्क्रीन पर दिखाया जाता है। एंकर खबर बताता है और उसकी आवाज के ऊपर ग्राफिक्स टेक्स्ट को प्ले कर दिया जाता है।

एसटीडी-वीओ-जब एंकर पूरी खबर को संक्षेप में बताता है और उसकी आवाज के पीछे संबंधित खबर के विजुअल चलते रहते हैं। खबर पेश करने के इस फॉर्मेट को एसटीडी-वीओ कहते हैं। विजुअल मिल जाने के बाद आमतौर पर किसी घटना के शुरुआती रूप को इसी फॉर्मेट के जरिए दिखाया जाता है।

कट-विजुअल के दो अलग-अलग फ्रेम को जोड़ने की प्रक्रिया

क्रेडिट रोल-कार्यक्रम बनाने में जुड़े लोगों और प्रोडक्शन हाउस का नाम, जिसे कार्यक्रम के शुरू या आखिरी में स्क्रॉल या जम्प स्टाइल में स्क्रीन पर दिखाया जाता है।

कैप्शन-स्टोरी का शीर्षक, कैप्शन कहलाता है। कैप्शन हमेशा चौंकाने वाला होना चाहिए।

कॉल टाइम-रिपोर्टर और कैमरामैन को फील्ड में पहुंचने के लिए तय किया गया समय।

क्लोजअप-वैसी तस्वीर, जिसमें सिर्फ सिर, कन्धा और सीना दिखता है। इस तरह के विजुअल का इस्तेमाल चेहरे की भावना को उभारने के लिए भी किया जा

सकता है और स्टोरी किसी घटना से जुड़ी हो, तो घटनास्थल के एक्शन को काफी करीब दिखाने के लिए भी किया जा सकता है। लेकिन कई बार इसमें सावधानी बरतनी पड़ती है। मसलन नरसंहार के बाद की तस्वीर, जिसमें खून बिखरे हों, क्षत-विक्षत लाशें पड़ी हों, ऐसे विजुअल मन को विचलित करने वाले होते हैं, इसलिए इन्हें दर्शकों को दिखाने से परहेज ही करना चाहिए। ऐसे में मिड या लॉन्ग शॉट का इस्तेमाल ही बेहतर होता है। लेकिन विजुअल पीड़ित परिवार का हो, तो उनके चेहरे का भाव (रोते हुए, शोक में डूबे चेहरे) क्लोजअप में दिखाना चाहिए और स्टोरी की शुरुआत भी ऐसे विजुअल के साथ ही होनी चाहिए।

क्यू-शूटिंग के दौरान एक्शन शुरू करने के लिए पहला संकेत, क्यू कहलाता है।

कटअवे-एक ही व्यक्ति का अलग-अलग एंगल से लिया गया विजुअल कटअवे कहलाता है। जैसे एक व्यक्ति बैठा हो, तो पैर से सिर तक के विजुअल, सिर से छाती या कमर तक के विजुअल, सिर्फ हाथ, पैर या उंगलियों का विजुअल। कटअवे का इस्तेमाल किसी स्टोरी को एडिट करते समय विजुअल की वेरायटी बढ़ाने, जंपकट को खत्म करने के लिए किया जाता है। कभी-कभी दूसरा विजुअल नहीं होने पर सिर्फ कटअवे से ही पूरी स्टोरी बनानी पड़ सकती है। इंटरव्यू एडिट करने के दौरान कटअवे की खास जरूरत पड़ती है।

कंट्रोल रूम-स्टूडियो का वो हिस्सा, जहां से टेक्निकल डायरेक्टर प्रोग्राम की रिकॉर्डिंग को नियंत्रित करता है।

की शॉटस-ये वाइड शॉट या बहुत करीब का क्लोजअप हो सकता है। स्टोरी के मूड के मुताबिक इसका इस्तेमाल होता है।

क्रोमा की-ब्लू, हरा,पीला या लाल रंग का मोटा कपड़ा, जो स्टूडियो में एंकर के पीछे लगा होता है। एंकर के बैकग्राउंड में मनचाही तस्वीरें दिखाने के लिए क्रोमा का इस्तेमाल किया जाता है।

क्रू-कैमरा के साथ जाने वाली टीम।

ग्राफिक्स-टेलीविजन पर दिखने वाले टेक्स्ट, मैप, प्लेट वैगरह। विजुअल नहीं होने की स्थिति में और खबर की मुख्य बातों को हाईलाइट करने के लिए

ग्राफिक्स का इस्तेमाल किया जाता है।

ग्लिच-विजुअल के फ्रेम में कोई गड़बड़ी हो या फ्रेम का कोई हिस्सा फ्रीज हो, तो ये ग्लिच कहलाता है। टेप खराब होने की वजह से कई बार विजुअल ठीक से शूट नहीं होते और विजुअल में कुछ फ्रेम कटा हुआ दिख सकता है, या उसके अन्दर आरी-तिरछी रेखाएं दिख सकती हैं। दूसरे शब्दों में ग्लिच खराब तस्वीरें हैं, जिसका स्टोरी में इस्तेमाल नहीं हो सकता।

चैप्टर हेड-खबर की मुख्य बातें, जिसे ग्राफिक्स की मदद से बड़े-बड़े अक्षरों में स्क्रीन पर दिखाया जाता है।

चैट-किसी बड़े मुद्दे पर स्टूडियो के अन्दर विशेषज्ञों के साथ होने वाली चर्चा, जिसमें एंकर सूत्रधार के रूप में मौजूद रहता है। स्टूडियो से एंकर जब ओबी पर रिपोर्टर या मेहमान (गेस्ट) से बात करता है, तो उसे भी चैट कहते हैं।

जनरल शॉट-लोकेशन पर जो कुछ होता है, वो जनरल शॉट है। उसे देखकर दर्शक स्पष्ट तौर पर उस जगह के बारे में जान सकता है, जहां घटना हो रही होती

है। इससे ये भी पता चल जाता है कि घटना आउटडोर की है या इनडोर की। इससे ये भी पता लग सकता है कि लोकेशन पर घटना में कितने लोग शामिल थे।

जंप कट-किसी स्टोरी में जब एक विजुअल के बाद, दूसरा विजुअल इस तरह आए, जैसे उसे धक्का देकर भेजा गया हो। जैसे किसी का लम्बा इंटरव्यू लिया

गया हो और रिपोर्टर उसे छोटा करने के लिए बीच का एक हिस्सा निकाल दे, ये हिस्सा झटके के साथ स्क्रीन पर दिखेगा और दर्शकों की आंखों में चुभेगा। इस दोष को खत्म करने के लिए कट वाली जगह पर रिपोर्टर का चेहरा या इंटरव्यू देने वाले व्यक्ति का कटअवे लगाया जाता है। एडिट के समय एक क्लोजअप शॉट के बाद दूसरा क्लोजअप शॉट लगाया जाए, तो वहां भी जंपकट दिखेगा। इसी तरह पहले फ्रेम में कोई व्यक्ति पूरब से पश्चिम की ओर जा रहा हो और उसके तुरन्त बाद वाले शॉट में पश्चिम से पूरब आ रहा हो, तो वो भी जंपकट होगा। स्टोरी में फाइल फुटेज इस्तेमाल किया गया हो और एक व्यक्ति पहले स्वेटर पहने दिखाया जाए और तुरन्त वो गर्मियों के कपड़े में दिखे, तो इसे भी जंपकट कहेंगे। स्टोरी एडिटिंग के दौरान इन सब चीजों का खास ख्याल रखना पड़ता है।

जर्की-शूट मेटेरियल बीच-बीच में जब झटके के साथ ऊपर-नीचे होता दिखे, तो ऐसे विजुअल जर्की कहलाते हैं। दूसरे शब्दों में इसे वीडियो डिस्टरवेंस भी कहते हैं। चलती गाड़ी में या कन्धे पर कैमरा रखकर जब शूटिंग की जाती है, तो विजुअल में जर्क आना सामान्य बात है।

जनरेशन लॉस-शूट मेटेरियल जितनी बार कॉपी की जाएगी, उसकी ऑडियो, विजुअल क्वालिटी गिरती जाती है। विजुअल में ग्रेन्स ज्यादा दिखने लगते हैं, ऑडियो की स्पष्टता भी खत्म होने लगती है। आमतौर पर तीन-चार बार कॉपी के बाद शूट मेटरियल पर जनरेशन लॉस का प्रभाव दिखने लगता है। लेकिन आजकल जहां नॉन लीनियर एडिटिंग की सुविधा है और एडिटिंग सर्वर पर आधारित है, वहां जनरेशन लॉस की समस्या नहीं होती।

जूम-विजुअल को आगे-पीछे कर शूट करना जूम कहलाता है। जूम दो तरह के होते हैं, जूम इन और जूम आउट।

जूम-इन-कैमरे में विजुअल जब लॉन्ग या वाइड शॉट से शुरू होकर धीरे-धीरे क्लोजअप की तरफ आता है, तो इस प्रक्रिया को जूम-इन कहते हैं। जूम-इन के सही इस्तेमाल से स्टोरी को प्रभावशाली और ड्रामेटिक बनाया जा सकता है। आप जंगल में बाघ और उसके परिवार पर स्टोरी कर रहे हों, तो दूर बैठे पूरे परिवार को लॉन्ग शॉट में दिखाते हुए धीरे धीरे जूम-इन के जरिए उसका क्लोजअप दिखा सकते हैं, जिसमें दर्शक बाघ और उसके बच्चों की गतिविधियों को ज्यादा करीब से देख पाएंगे और किसी के लिए भी ये काफी रोमांचक हो सकता है। लेकिन इसके लिए जरूरी है कि कैमरे का बैरल, लेंस सावधानी से और स्थिर गति से आगे-पीछे किया जाए। तेजी से या झटके के साथ फिल्माए गए विजुअल तकनीकी तौर पर तो गलत हैं ही, ऐसे विजुअल स्टोरी पर अपना प्रभाव भी नहीं छोड़ पाते।

जूम-आउट-विजुअल जब क्लोज शॉट से शुरू होकर लॉन्ग शॉट पर खत्म हो जाता है, तो कैमरे की इस तकनीक को जूम आउट कहते हैं। इसमें कैमरे का फोकस पास से दूर जाता है। इस तरह के विजुअल करीब से एक्शन दिखाते हुए दूर तक उसके प्रभाव को दर्शकों के सामने लाते हैं। कैमरे के सामने बड़े दायरे में एक्शन हो, तो जूम इन के साथ-साथ जूम आउट का भी बेहतर इस्तेमाल किया जा सकता है। उदाहरण के लिए दिल्ली के सीलमपुर इलाके में लोग सीलिंग के खिलाफ सड़कों पर उतर आते हैं। भीड़ को काबू करने के लिए पुलिस भी आ जाती है। उत्तेजित लोग पुलिस पर पथराव शुरू कर देते हैं, सड़कों के किनारे बने डिवाइडर तोड़ने लगते हैं। पुलिस एक्शन में आती है और चारों तरफ अफरातफरी मच जाती है। पुलिस फायरिंग करती है। जूम इन और जूम आउट तकनीक का इस्तेमाल कर इसकी बेहतर तस्वीरें कई चैनलों पर दिखाई पड़ी।

दरअसल जूम इन और जूम आउट के जरिए पूरी घटना या घटनास्थल को बेहतर तरीके से दिखाया जा सकता है। लेकिन इसके प्रभावशाली होने की गारंटी एक बढ़िया कैमरामैन ही दे सकता है। इसलिए रिपोर्टर, कैमरामैन को साफतौर पर बता दे कि उसे किस तरह के विजुअल चाहिए। साथ ही स्टोरी आम बुलेटिन के लिए बनाई जा रही हो, तो इस बात पर भी ध्यान देना जरूरी है कि जूम इन या जूम आउट बहुत लम्बा न हो। आमतौर पर न्यूज बुलेटिन में एक वीओ बीस-पचीस सेकेण्ड का होता है। जूम इन या जूम आउट इससे लम्बा होगा, तो उस विजुअल का इस्तेमाल नहीं हो पाएगा, क्योंकि इस तकनीक से लिए गए

विजुअल को बीच से काटा नहीं जा सकता है। कैमरे की इस तकनीक का इस्तेमाल ज्यादातर डॉक्यूमेंट्री या न्यूज फीचर बनाने में किया जाता है। क्योंकि इसमें स्टोरी के लिए समय की पाबंदी नहीं रहती और किसी भी विजुअल को प्ले करने का पूरा मौका मिलता है।

टाइम कोड-वीडियो टेप पर वो कोड, जो सही शॉट लिस्टिंग के लिए डाला जाता है। ये कोड घंटा, मिनट, सेकेण्ड और सेकेण्ड के चौबीसवें फ्रेम को दर्शाता है।

टाइटल-अधिकतम तीन शब्दों का स्लग, जिसे स्टोरी के शीर्षक के तौर पर दिखाया जाता है।

टॉप शॉट्स-ऊपर से लिया गया विजुअल टॉप शॉटस कहलाता है।

टॉप बैंड-स्टोरी की खासियत बताने वाले चार-पांच शब्दों का टाइटल, जिसे स्क्रीन पर सबसे ऊपर दिखाया जाता है। टॉप बैंड के फॉर्मेट, कलर उसकी लम्बाई-चौड़ाई स्थायी बैंड के तौर पर पहले से ही निर्धारित रहते हैं। बैंड ग्राफिक्स विभाग बनाता है। प्रोड्यूसर इसमें सिर्फ टेक्स्ट लिखते हैं।

ट्राइपोड-कैमरा को फिक्स रखने के लिए तीन लेग वाला स्टैंड।

टिकर-टीवी सेट पर सबसे नीचे, स्क्रॉल या जंप मोड में चलने वाली आम खबरें, टिकर कहलाती है। इसमें राष्ट्रीय, अंतर्राष्ट्रीय, खेल, बिजनेस, मनोरंजन, अपराध हर तरह की खबरें होती हैं।

टिक टैक-किसी अहम मुद्दे पर अहम व्यक्ति से आमने-सामने की बातचीत को टिकटैक कहते हैं। इसमें रिपोर्टर निर्धारित मुद्दे पर ही प्रतिक्रिया के तौर पर अलग-अलग सवाल पूछता है।

टिल्ट-जब कैमरे को ऊपर से नीचे या नीचे से ऊपर ले जाते हुए विजुअल शूट किए जाते हैं, तो टेलीविजन में ऐसी तकनीक **टिल्ट अप** या **टिल्ट डाउन** कहलाती है। आप बर्फ से ढके पहाड़ की चोटी को दिखाना चाहते हैं, तो सफेद बर्फ की चादर में लिपटी चोटी को ऊपर से फिल्माते हुए नीचे धरती की तरफ दिखाए बिना उसकी कुदरती खूबसूरती को बयां नहीं किया जा सकता है। दिल्ली में एकबार एक आदमी हाई वोल्टेज वायर पोल पर चढ़ गया और खुदकुशी की धमकी देने लगा। फिर पुलिस और फायर ब्रिगेड के कर्मचारी भी उसे बचाने के लिए पोल पर चढ़ गये। तमाशा देखने के लिए पोल के नीचे भी काफी भीड़ इकट्ठी हो गई। खुदकुशी की धमकी देने वाले शख्स ने बचाने गए कर्मचारियों पर ही हमला कर दिया। टिल्ट अप और टिल्ट डाउन तकनीक के भरपूर इस्तेमाल से, नीचे लोगों की भीड़ और उस पर काबू पाने के लिए मशक्कत करते पुलिस वाले के साथ-साथ, पोल पर चढ़े आदमी की बेहतरीन तस्वीरें देखने को मिलीं। पूरी

घटना इतनी रोमांचक हो गई कि दर्शकों के लिए टीवी छोड़ना मुश्किल था।

लेकिन यहां ध्यान रखने की बात ये है कि कैमरा मूवमेंट बैलेंस हो और टिल्ट अप या डाउन ज्यादा लम्बा न हो। इसके अलावा कैमरा मूवमेंट से पहले और बाद में पांच सेकेण्ड के स्थिर विजुअल भी शूट किए जाने चाहिए। अचानक मूवमेंट से शुरू हुए विजुअल की एडिटिंग मुश्किल होती है।

टीज-आमतौर एक घंटे के बुलेटिन में पांच कमर्शियल ब्रेक होते हैं। हर ब्रेक पर जाने से पहले एंकर आने वाली खबरों के बारे में दर्शकों को संक्षिप्त जानकारी देता है। इसमें स्टोरी के बारे में छोटा टेक्स्ट लिखा होता है और साथ में संबंधित खबर का छोटा, करीब पन्द्रह से बीस सेकेण्ड का विजुअल भी चलाया जाता है। आमतौर पर हर ब्रेक से पहले दो खबरों का टीज दिखाया जाता है। इसके साथ ग्राफिक्स के जरिए लिखी गई स्टोरी का एक छोटा टाइटिल भी होता है।

ट्राली-कई बार शूटिंग के दौरान कैमरे को काफी तेजी से मूव करना पड़ता है। इसके लिए रेलवे ट्रैक की तरह पटरी का इस्तेमाल होता है, जिस पर कैमरा सेट कर शूटिंग की जाती है। ये ठीक उसी तरह होता है, जैसा रेलवे का इंस्पेक्शन वैन होता है। जिस पर पटरी का निरीक्षण करने वाला इंस्पेक्टर बैठा होता है और दो लोग उसे धक्का मारकर आगे बढ़ाते रहते हैं।

टीआरपी-(टेलीविजन रेटिंग प्वॉइंट) हर हफ्ते चैनलों की लोकप्रियता मापने का पैमाना। इससे पता चलता है कि हफ्ते में किसी चैनल के कार्यक्रम को कितने प्रतिशत दर्शकों ने कितनी देर देखा। टीआरपी के तहत हर रोज के कार्यक्रमों का मूल्यांकन होता है और हर आधे घंटे का कार्यक्रम मूल्यांकन का आधार होता है।

टेक्स्ट हेडलाइंस-बुलेटिन के बीच में चलने वाली तीन या चार मुख्य खबरें, जिसके टेक्स्ट सिर्फ ग्राफिक्स पर लिखे होते हैं, टेक्स्ट हेडलाइंस कहलाती हैं। टेक्स्ट हेडलाइंस अक्सर दूसरे और चौथे ब्रेक से पहले दिखाए जाते हैं।

टेलीकास्ट टाइम-खबरों का प्रसारण टेलीकास्ट कहलाता है और उसे प्रसारित करने के समय को टेलीकास्ट टाइम कहते हैं।

टेलीप्रॉम्टर-एंकर के सामने लगा मॉनिटर, जिस पर स्क्रिप्ट स्क्रॉल की जा सकती है। बैठकर एंकरिंग करते वक्त एंकर अपने पैर के पास लगे पैडल को चलाकर स्क्रॉल मोड में स्क्रिप्ट ऊपर-नीचे पढ़ता है। जब खड़ा होकर वो खबरें पढ़ता है, तो दूसरा आदमी टेलीप्रॉम्पटर चलाता है। रनडाउन में लगी सारी खबरें एंकर टेलीप्रॉम्टर पर पढ़कर ही दर्शकों के सामने पेश करता है।

टू शॉट्स या टू कैम-दो एंकर एक साथ हों या इंटरव्यू लेने और देने वाले को

एक साथ दिखाना हो, तो टू शॉट्स का इस्तेमाल करते हैं।

टैम-(टेलीविजन ऑडिएंस मॉनिटरिंग) टीवी न्यूज चैनलों की टीआरपी इकट्ठा करने वाली कंपनी। ये ए सी नेल्सन ग्रुप की कंपनी है और प्रमुख टीवी न्यूज चैनलों को हर हफ्ते कितने प्रतिशत दर्शकों ने देखा, इसका आंकड़ा उपलब्ध कराती है।

डबिंग-किसी टेप को दूसरे टेप पर कॉपी करना या किसी टेप पर एक्स्ट्रा साउण्ड या पिक्चर डालना डबिंग कहलाता है।

डाउन लिंक-सेटेलाइट से डिस एंटिना के जरिए सिग्नल को प्राप्त करना डाउन लिंक कहलाता है। सिग्नल के जरिए कोई भी कार्यक्रम सेटेलाइट से एंटिना या डिस तक पहुंचता है और फिर वहां से केबल के जरिए घरों में टीवी तक आता है।

ड्रॉप-चैनल किसी स्टोरी या विजुअल के बारे में जब ये तय कर लेता है कि वो उसे नहीं दिखाएगा, तो ये ड्रॉप कहलाती है। किसी खबर को शूट करने से पहले भी ड्रॉप किया जा सकता है और एडिट के बाद भी।

डिस्को-स्टूडियो के अन्दर चर्चा पर आधारित कार्यक्रम डिस्को कहलाता है।

डिजॉल्व-इमेज को एक दूसरे में मिक्स कर दिखाने की तकनीक डिजॉल्व कहलाती है।

डोप शीट-तस्वीरों यानी विजुअल की, कैमरे के टाइम कोड के हिसाब से बनी लिस्ट, डोप शीट कहलाती है। इससे खबर के लिए सही विजुअल चुनने में मदद मिलती है।

नोड्ज-इंटरव्यू देने वाले की प्रतिक्रिया के विजुअल। सवाल-जवाब के समय सिर हिलाना, बिना बोले कोई प्रतिक्रिया जाहिर करना, हाथ-पैर या उंगलियों के हावभाव। एडिटिंग के दौरान कई बार जंपकट निकालने या इंटरव्यू के दो हिस्सों को जोड़ने के लिए इस तरह के विजुअल की जरूरत पड़ती है।

न्यूज फ्लैश-कोई घटना तुरन्त घटी हो, लेकिन इतनी बड़ी भी नहीं हो कि न्यूज व्हील को तोड़ा जाए। ऐसी खबरें टीवी पर फ्लैश बैंड के तहत दिखाई जाती हैं।

न्यूज अपडेट-रिपोर्टर को बराबर अपनी खबर पर नजर रखनी पड़ती है और घटनाक्रम जैसे-जैसे आगे बढ़ता है, उसकी सूचना न्यूजरूम को देनी पड़ती है। इसे न्यूज अपडेट कहते हैं।

पैरा डब-कई बार बाइट (लोगों का बयान) चैनल की भाषा (मसलन हिन्दी या अंग्रेजी) में नहीं होती। ऐसे में बयान में कही बातों को चैनल की भाषा के मुताबिक अनुवाद कर लिया जाता है और न्यूजरूम में काम करने वाला कोई व्यक्ति अपनी आवाज में अनुवाद को रिकॉर्ड करा देता है। इसे पैरा डब कहते हैं।

पैरा डब ओरिजनल आवाज के शुरू होने के तीन सेकेण्ड बाद शुरू होना चाहिए और बयान खत्म होने के तीन सेकेण्ड पहले खत्म हो जाना चाहिए। इसलिए ये जरूरी है कि अनुवाद सटीक हो और ओरिजनल बाइट से थोड़ा छोटा ही हो।

प्रिव्यू-शूट से लौटने के बाद विजुअल देखने या किसी तैयार खबर को एडिट मशीन पर फाइनल तौर पर देखना, प्रिव्यू कहलाता है। प्रिव्यू की मदद से स्टोरी में इस्तेमाल करने के लिए सही विजुअल और बाइट्स का आइडिया मिल जाता है और एडिटिंग के दौरान समय बर्बाद नहीं होता। इसी तरह स्टोरी एडिट हो जाने के बाद पूरी स्टोरी देख लेना जरूरी है। इससे एयर पर गलती जाने की गुंजाइश नहीं रहती।

पीसीआर (प्रोडक्शन कंट्रोल रूम)-किसी भी न्यूज चैनल में पीसीआर सबसे महत्वपूर्ण विभाग है। स्टूडियो के अंदर से जब एंकर किसी खबर का मुखड़ा बोल

देता है, तो पीसीआर से ही विजुअल या स्टोरी चलाई जाती है। यहीं खबर से जुड़े लाइव ग्राफिक्स डाले जाते हैं। पीसीआर से ही स्टूडियो के अन्दर का कैमरा कंट्रोल होता है। इसमें एक तरफ खबर पर नियंत्रण के लिए एक पैनल प्रोड्यूसर होता है, तो दूसरी तरफ तकनीकी नियंत्रण के लिए टीडी यानी टेक्निकल डायरेक्टर होता है। पीसीआर असल में संपादकीय और तकनीकी(Editorial and Techical) विभाग का मेल है, जो खबरों का भविष्य तय करता है।

पीटीसी-किसी स्टोरी का वो अहम हिस्सा, जिसे रिपोर्टर खुद बयान करता है।

यही ये मौका होता है, जब रिपोर्टर दर्शक के सामने होता है और साबित करता है कि वो खुद घटनास्थल पर मौजूद था और आंखों देखी बात दर्शकों को बता रहा है।

पेस-खबर पढ़ने या वीओ रिकॉर्ड करने की रफ्तार यानी डायलॉग (वीओ) डिलिवरी का फ्लो, पेस कहलाता है। पेस स्लो, मीडियम और फास्ट हो सकता है।

प्रोड्यूसर-न्यूजरूम में आउटपुट का काम देखने वाले पत्रकार प्रोड्यूसर कहलाते हैं। इनका काम रिपोर्टर की भेजी खबरों की पैकेजिंग करना होता है। जिस तरह अखबार के दफ्तर में सब एडिटर होते हैं, उसी तरह टेलीविजन में प्रोड्यूसर होते हैं।

प्रोमो-यह प्रोमोशन का संक्षिप्त रूप है, जिसका मकसद होता है, किसी विशेष प्रोग्राम या खबर को प्रसारित करने से पहले दर्शकों को उसके बारे में और प्रसारण के समय के बारे में जानकारी देना। किसी खास कार्यक्रम या न्यूज को प्रसारित करने से पहले विज्ञापन की तरह दर्शकों को छोटे से क्लिप के जरिए उसकी एक झलक दिखाई जाती है। यही क्लिप प्रोमो कहलाता है। एक प्रोमो दस

से पन्द्रह सेकेण्ड का होता है, इसमें सबसे अच्छे और दिलचस्प विजुअल के अलावा सटीक स्क्रिप्ट लिखने की भी जरूरत होती है, जिसकी भाषा दर्शकों को लुभा सके। हर न्यूज चैनल में एक प्रोमो विभाग होता है जहां काम करने वाले लोग सिर्फ प्रोमो ही बनाते हैं।

पैकेज-रिपोर्टर जब किसी एक खबर के सभी पहलुओं को इकट्ठा करने के बाद, उसे एक साथ दर्शकों के सामने पेश करता है, तो उसकी ये पूरी स्टोरी पैकेज

कहलाती है। इसमें सबसे पहले एंकर के लिए तीन, चार लाइनें लिखी जाती हैं, जिसमें स्टोरी की सबसे मुख्य बातों का जिक्र होता है। फिर वॉइस ओवर, बाइट और पीटीसी के जरिए पूरी खबर बताई जाती है। एक पैकेज का अन्त रिपोर्टर के साइन-ऑफ या पीटीसी से ही होना चाहिए। पैकेज का अन्त बाइट पर कभी नहीं होता। टेलीविजन में डेढ़ मिनट की स्टोरी ही सबसे बढ़िया पैकेज मानी जाती है।

पैन-कैमरे को दाएं से बाएं या बाएं से दाएं घुमाकर जब विजुअल शूट किए जाते हैं, तो इस तकनीक को कैमरा पैन तकनीक कहते हैं। जब घटनास्थल का दायरा बड़ा हो, तब इस तकनीक का इस्तेमाल बेहतर होता है।

फाइल फुटेज-लाइब्रेरी में रखे पुराने विजुअल।

फीड-आउट स्टेशन से रिपोर्टर अलग-अलग स्रोतों, जैसे ब्रॉड बैंड लाइन, टू एमबी लाइन, ओबी के जरिए अपने शूट मेटेरियल, इन्जेस्ट रूम को भेजता है। रिपोर्टर के भेजे गए रॉ (ROW) शूट मटेरियल को फीड कहते हैं।

फेड इन, फेड आउट-ऑडियो, वीडियो दोनों में इस्तेमाल होता है। ऑडियो या विजुअल फेड इन, फेड आउट में प्रकाश (लाइट) या आवाज (साउंड) एकदम कम शुरू होकर सामान्य स्तर तक या सामान्य से शुरू होकर धीरे-धीरे एकदम कम स्तर पर आ जाते हैं।

फोनो-रिपोर्टर या घटना के बारे में जानकारी रखने वाले किसी शख्स से फोन के जरिए ली गई सूचनाएं। आमतौर पर किसी खबर की पहली जानकारी न्यूज रूम को फोन पर ही मिलती है, भले ही इसका सोर्स रिपोर्टर या कोई दूसरा व्यक्ति हो सकता है।

फॉलोअप-खबरों पर लगातार नजर रखने की प्रक्रिया को फॉलोअप कहते हैं। कोई खबर लगातार आगे बढ़ रही हो, तो उसके बारे में अगली जानकारी इकट्ठा करना फॉलोअप है। अच्छा रिपोर्टर अपनी हर अहम खबर का फॉलोअप करता है।

फ्लायर-हेडलाइंस के लिए ग्राफिक्स पर लिखी गई टाइटल।

फ्लिकर-टेप खराब होने की वजह से कई बार वीडियो के कुदरती रंग सही नहीं दिखते। ऐसा लगता है, जैसे रंग फैल गया हो। तस्वीर के ऊपर रंग की आरी-तिरछी रेखाएं दिखने लगती हैं। स्क्रीन पर विजुअल कांपता हुआ दिखता है। इसे कलर डिस्टरवेंस भी कहते हैं। फ्लिकर वाले विजुअल स्टोरी में इस्तेमाल नहीं किए जा सकते।

फुटेज-तमाम चीजें, जो कैमरे से शूट की गई हों।

बाइट-किसी खबर पर ली गई प्रतिक्रिया बाइट कहलाती है। रिपोर्टर की एक स्टोरी में कई लोगों की बाइट हो सकती है, लेकिन ध्यान रखना चाहिए कि बाइट

अधिकतम बीस सेकेण्ड से ज्यादा लम्बी न हो। इसकी कोई न्यूनतम सीमा नहीं। एक व्यक्ति का हां या ना में सिर हिला देना या चुप रह जाना भी बाइट हो सकती है। लेकिन ये इस बात पर निर्भर करता है कि स्टोरी में उस व्यक्ति की कितनी अहमियत है।

बीट-रिपोर्टर को न्यूज कवर करने के लिए अलग-अलग विभाग दिए जाते हैं। मसलन राजनीति, अपराध, बिजनेस, शिक्षा। रिपोर्टर जिस विभाग को कवर करता है, वो उसका बीट कहलाता है।

बुलेटिन-टेलीविजन न्यूज में हर घंटे के लिए खबरों का चुनाव किया जाता है। एक घंटे की सारी खबरें उस घंटे की बुलेटिन कहलाती है।

बूम-बड़े डंडे में लगा माइक्रोफोन। इसका इस्तेमाल तब होता है, जब इंटरव्यू देने वाले के करीब तक माइक पहुंचना मुश्किल हो।

ब्रेक-न्यूज प्रसारण के दौरान कमर्शियल इस्तेमाल के लिए छोड़ा गया वक्त, ब्रेक कहलाता है। एक घंटे में पांच ब्रेक होते हैं और अमूमन एक ब्रेक तीन मिनट का होता है। लेकिन ये समय, विज्ञापन की संख्या पर निर्भर है।

ब्रेकिंग न्यूज-बड़ी और चौंकाने वाली ऐसी खास खबर, जिसे तुरन्त बताना इतना जरूरी हो कि चैनल अपने निर्धारित न्यूज, कार्यक्रमों का प्रसारण स्थगित

कर दे। न्यूज व्हील तोड़कर खबर तुरन्त दर्शकों तक पहुंचाई जाए।

बैकग्राउंडर-(BKG) (BG)-किसी खास खबर से जुड़ा इतिहास।

बैकग्राउंड ऑडियो-स्टोरी को प्रभावी बनाने के लिए मूल आवाज के साथ, धीमा संगीत या एंबिएंस का इस्तेमाल।

बैक टू बैक-दो या दो से ज्यादा लोगों की बाइट जब एक साथ दिखाई जाती है, तो बाइट की क्रमबद्धता को बैक टू बैक कहते हैं।

बैक लाइट-जो कुछ शूट हो रहा हो, उसके पीछे रोशनी की स्थिति को बैक लाइट कहते हैं।

बैंड-स्टोरी का टाइटल लिखने के लिए पट्टी। स्क्रीन पर अलग-अलग जगहों पर दिखाने के लिए अलग-अलग साइज और कलर में बैंड बनाए जाते हैं। मसलन टॉप बैंड, कमिंग अप बैंड, लोकेशन बैंड, स्टन बैंड, एक्सक्लूसिव बैंड, ब्रेकिंग, फ्लैश बैंड।

मास्टर टेप-टेलीकास्ट के लिए तैयार मेटेरियल का फाइनल टेप, जिसमें आवाज और तस्वीरें एक ट्रैक पर मिली हुई होती हैं।

मिड शॉट-ऐसी तस्वीर, जो लॉन्ग और क्लोज के बीच की हो। स्क्रीन पर पेट तक का हिस्सा। जिस विज़ुअल या व्यक्ति को ज्यादा अहमियत देना चाहते हैं, उसे मिड शॉट के जरिए ज्यादा प्रमुखता से दिखा सकते हैं। इसके जरिए घटनास्थल पर एक्शन की सही तस्वीर दिखाई जा सकती है। इंटरव्यू या प्रेस कॉन्फ्रेंस के दौरान भी ज्यादातर इसी माध्यम से विज़ुअल दिखाए जाते हैं। किसी नेता का भाषण कवर किया जा रहा हो, तो मिड शॉट के जरिए भाषण देने वाले को बड़े फ्रेम में रखकर बैकग्राउंड में भीड़ को बखूबी दिखाया जा सकता है।

मोंटॉज-स्टोरी को ज्यादा प्रभावी बनाने के लिए कई बार उसके दमदार विज़ुअल का करीब दस सेकेण्ड का क्लिप बना लिया जाता है और स्टोरी के मूड के हिसाब से उसमें इफेक्ट और म्यूजिक का इस्तेमाल कर उसे स्टोरी शुरू होने से पहले दिखाया जाता है। मोंटॉज ज्यादातर स्पेशल स्टोरी में बनाए जाते हैं।

म्यूट- कई बार हमें सिर्फ विज़ुअल ही देखने की जरूरत पड़ती है। ऐसे में टेलीविजन में ये सुविधा होती है कि उसकी आवाज को बंद किया जा सके। आवाज बन्द करने की ये प्रक्रिया म्यूट कहलाती है।

मिक्सिंग-किसी स्टोरी को टेलीकास्ट करने से पहले, मिक्स और अनमिक्स दो फाइलें तैयार की जाती है। स्टोरी दो ट्रैक पर एडिट होती है। एक ट्रैक पर वीओ होता है, जबकि दूसरे ट्रैक पर संगीत या विज़ुअल की प्राकृतिक आवाज रिकॉर्ड होती है। फाइनल एडिटिंग के वक्त इन दोनों ट्रैकों को मिलाकर रिकॉर्ड कर लिया जाता है। ये मिक्स्ड स्टोरी कहलाती है। अलग-अलग ट्रैक पर एडिटिंग से म्यूजिक या एंबिएंस

को स्टोरी की जरूरत के मुताबिक तेज या धीमा करने की सुविधा मिल जाती है। जब तक स्टोरी दो ट्रैक पर रहती है, अनमिक्स कहलाती है एडिटिंग के बाद स्टोरी में सुधार के लिए अनमिक्स फाइल का इस्तेमाल किया जाता है।

मैच फ्रेम-एडिटिंग के दौरान एक शॉट के अंतिम फ्रेम और दूसरे शॉट के पहले फ्रेम में समानता।

मैप-खबर दिखाने के दौरान इस्तेमाल होने वाला नक्शा

रनडाउन-किसी भी न्यूज चैनल में ये पहले से ही तय होता है कि कौन सी खबर किस वक्त चलेगी और कब-कब ब्रेक लेना है। इसके लिए कम्प्यूटर पर आधे-आधे घंटे का टाइम स्लॉट डाला जाता है, जिसमें हेडलाइंस के बाद क्रमबद्ध तरीके से खबरें लगाई जाती हैं और इसमें ब्रेक लेने के समय का जिक्र होता है।

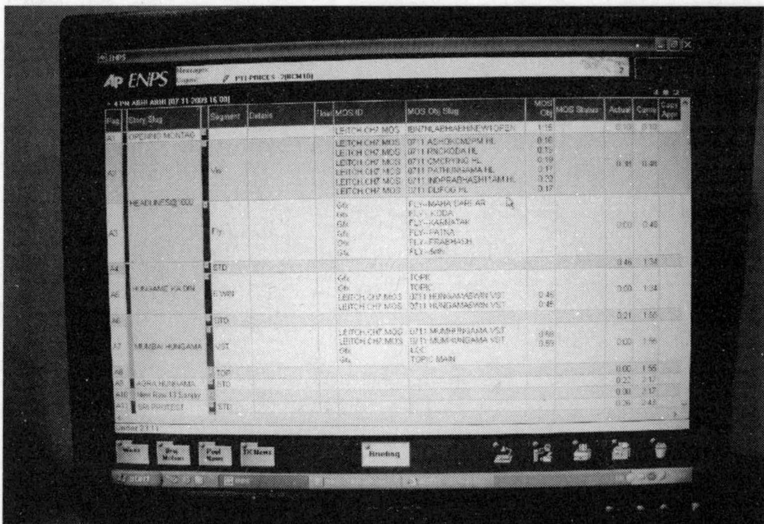

इसे ही रनडाउन कहते हैं। रनडाउन में खबरों को ऊपर-नीचे करने की सुविधा होती है और इस पर पूरी तरह रनडाउन प्रोड्यूसर का नियंत्रण रहता है। रनडाउन पीसीआर और टेलीप्रॉम्टर से भी जुड़ा होता है।

रफ कट-फील्ड से लौटकर रिपोर्टर को सबसे पहले अपनी स्टोरी एडिट करनी पड़ती है। इसमें वो अपनी खबर की स्क्रिप्ट के हिसाब से विजुअल तय कर देता है, लेकिन इसमें ग्राफिक्स वैगरह नहीं लगे होते। रिपोर्टर न्यूज सेंटर से दूर होता है तब भी वो ब्रॉडबैंड, एफटीपी या टू एमबी लाइन से विजुअल भेजने से पहले उसका संपादन (एडिटिंग) करता है। इसे रफ कट कहते हैं।

रिवर्स शॉट्स-इंटरव्यू लेने वाले की पीछे से ली गई तस्वीर। जब कोई सवाल पूछा जाता है, तब इसका इस्तेमाल होता है।

रिपीट हेडलाइन-हर चैनल में आधे घंटे बाद मुख्य खबरें बताई जाती हैं, रिपीट हेडलाइन कहलाती हैं।

रीक्रिएशन-कई बार घटना के वास्तविक विजुअल नहीं मिल पाते, ऐसे में घटनाक्रम का नाट्य रूपान्तरण शूटकर या ग्राफिक्स के जरिए बनाकर उसे स्टोरी में इस्तेमाल किया जाता है।

रिएक्शन शॉट-सवाल पूछने के दौरान गेस्ट के चेहरे का हावभाव, बातचीत के वक्त हाथ, उंगलियों का मूवमेंट वगैरह।

रिपोर्टिंग टाइम-किसी भी खबर को कवर करने से पहले ऑफिस पहुंचने/घटनास्थल तक जाने का समय।

लॉन्ग शॉटस-दूर से लिया विजुअल लॉन्ग शॉट कहलाता है। घटनास्थल को पूरे विस्तार से दिखाने के लिए लॉन्ग शॉट्स का इस्तेमाल होता है।

लिंक, लीड या इंट्रो-पन्द्रह से बीस सेकेण्ड का एक पैराग्राफ, जिसे रिपोर्टर, एंकर के लिए लिखता है। किसी भी स्टोरी की सबसे मुख्य बातों का इसमें उल्लेख होता है और उम्मीद की जाती है कि ये तीन या चार लाइन से बड़ी न हो।

लाइव-घटनास्थल से खबरों की सीधी जानकारी दर्शकों तक पहुंचाना, लाइव कहलाता है। ओबी वैन के जरिए इस प्रक्रिया में दर्शक अपने टीवी स्क्रीन पर वो सबकुछ प्रत्यक्ष देख पाता है, जो कुछ घटनास्थल पर हो रहा होता है।

लॉग-इन-टीवी न्यूज में लिखने-पढ़ने और रनडाउन का काम कम्प्यूटर पर ही होता है। कम्प्यूटर स्टार्ट करने के लिए न्यूज रूम में काम करने वाले लोगों के नाम से अलग-अलग आईडी बनाई जाती है और पासवर्ड दिए जाते हैं। लॉग-इन

आईडी और पासवर्ड की जानकारी के बिना कम्प्यूटर चालू नहीं किया जा सकता।

लिप सिंक आउट-जब कोई बोल रहा हो और उसके होंठ पहले चल रहे हों और आवाज बाद में आ रही हो, तो उसे लिप सिंक आउट कहते हैं।

लेपल-गेस्ट की आवाज रिकॉर्डिंग के लिए छोटी माइक, जो अक्सर सीने पर बटन के साथ लगी दिखती है। ये माइक का ही छोटा रूप है, जिसमें आवाज कैच करने की शक्तिशाली क्षमता होती है।

लोकेशन-वो जगह, जो खबरों का स्रोत होती है। जहां से रिपोर्टर खबर फाइल करता है।

लोगो-चैनल का ब्रांडनेम, जो टीवी स्क्रीन पर एक कोने में हमेशा दिखता रहता है।

वाइप और फ्लैश-एडिटिंग की एक ऐसी प्रक्रिया, जिसका इस्तेमाल बाइट के दो हिस्से को जोड़ने के लिए होता है। इससे वीडियो जम्प छुप जाता है। टेलीविजन पर आपने अक्सर देखा होगा कि बाइट चलने के दौरान अचानक एक पतली सी लाइन स्क्रीन पर गुजर जाती है या फ्लैश की तरह लाइट चमक जाती है। एडिटिंग मशीन पर बाइट, विजुअल के दो हिस्सों को जोड़ने के लिए इनका इस्तेमाल किया जाता है। इसे **स्पेशल इफेक्ट** भी कहते हैं।

वाइड शॉटस-घटनास्थल के पूरे दायरे की तस्वीर।

वायर-खबर मुहैया कराने वाली अलग-अलग एजेंसियां, मसलन पीटीआई, एपीटीएन, रायटर, एपी, यूएनआई।

वायरलेस माइक-बिना तार वाला माइक। तार नहीं होने से एंकर, एनाउंसर लम्बे दायरे में घूम-घूमकर अपनी बातें कह सकते हैं।

वॉक थ्रू-कोई बड़ी घटना होती है और रिपोर्टर घटनास्थल पर घूम-घूमकर वहां की हर छोटी-छोटी बातों को, सिलसिलेवार तरीके से पूरे विस्तार के साथ बताता है, तो इसे वॉक थ्रू कहते हैं। इसे लाइव या रिकॉर्डेड दिखाया जा सकता है।

वॉक्स पॉप-कई बार अहम मुद्दों पर रिपोर्टर को लोगों की आम राय लेनी पड़ती है। किसी अहम मुद्दे पर अलग-अलग लोगों की ली गई राय, वॉक्स पॉप कहलाता है। इसमें पक्ष और विपक्ष दोनों की बातें शामिल होती हैं। इसके लिए रिपोर्टर पहले से इंटरव्यू तय नहीं करता, बल्कि राय देने वाले लोग बाजार, सड़क पर चलते, स्टेशन पर गाड़ियों का इन्तजार करते, कहीं भी हो सकते हैं।

विजुअल-घटनास्थल की तमाम गतिविधियां, जो कैमरे में शूट की जाती है, विजुअल कहलाती हैं।

विजुअल फ्रेम-किसी विजुअल को एक सेकेण्ड में, 24 भागों में बांटा जा

सकता है। यानी एक सेकेण्ड के किसी विजुअल में 24 फ्रेम होते हैं। इसे बढ़ाकर विजुअल को तेज गति के साथ दिखाया जा सकता है, जबकि इसे घटा दिया जाए, तो विजुअल की गति धीमी हो जाएगी।

विंडो-अलग-अलग तस्वीरों के लिए स्क्रीन को बांटने का बॉक्स। कई बार ऐसा होता है कि एक ही न्यूज के बारे में कई जगहों से खबरें एक साथ मिलती हैं। जैसे आम चुनाव के वक्त हर चैनल के रिपोर्टर कई जगहों पर तैनात रहते हैं। तमाम रिपोर्टरों और उनके भेजे विजुअल को एक साथ दिखाने के लिए जरूरत के मुताबिक विंडो बना लिया जाता है। टीवी स्क्रीन पर आठ से ज्यादा विंडो नहीं बनाए जाने चाहिए।

वीडियो वॉल-स्टोरी को ज्यादा प्रभावशाली बनाने के लिए एंकर के बैकग्राउण्ड में उस स्टोरी के विजुअल चलाए जाते हैं। इसे वीडियो वॉल कहते हैं। कई बार बैकग्राउंड में ब्रेकिंग न्यूज जैसे टेक्स्ट भी चलते हुए दिखते हैं। ग्राफिक्स विभाग वीडियो वॉल बनाता है।

वीओ या वॉइस ओवर-खबर के लिए आवाज देना वीओ या वॉइस ओवर कहलाता है। वीओ के लिए जरूरी है कि आवाज में उतार-चढ़ाव (मोड्यूलेशन) हो और उच्चारण बिल्कुल साफ हो।

वीटी एडिटर-वीटी एडिटर विजुअल एडिट करने, न्यूज पैकेज तैयार करने, खबर में इफेक्ट लगाने, आवाज रिकॉर्ड करने और उसे चेक करने जैसा काम करता है। एक अनुभवी वीटी एडिटर किसी खबर की अच्छी पैकेजिंग कर उसे यादगार बना सकता है। ये तकनीकी व्यक्ति होता है।

व्यू फाइंडर-कैमरे में शूट हो रहे विजुअल को देखने के लिए, कैमरे में ही लगा छोटा मॉनिटर। विजुअल किस एंगल से शूट हो रहे हैं, फ्रेम ठीक है या नहीं, शूटिंग के दौरान व्यू फाइंडर में देखकर इसका पता लगाया जा सकता है।

व्हाइट बैलेंस-शूटिंग से पहले कैमरे का कलर कॉम्बिनेशन ठीक करने के लिए, कैमरे के सामने सफेद कागज, थर्मोकोल रखकर एनकोडर मैट्रिक्स को कन्ट्रोल किया जाता है।

शॉट-कैमरा स्टार्ट करने से लेकर बन्द करने तक, एक बार में शूट किए गए विजुअल शॉट कहलाते हैं।

शॉट लिस्ट-विजुअल का विस्तार से तैयार लिस्ट, शॉट लिस्ट कहलाती है। शूटिंग से लौटने के बाद जरूरी होता है कि शूट किए गए विजुअल की लिस्ट तैयार कर ली जाए। शॉट लिस्ट में इस बात का जिक्र होता है कि किस टाइम कोड पर कौन सा विजुअल है।

सब टाइटिल-स्टोरी में टाइटिल के अलावा तीन-चार शब्दों का एक सब टाइटिल का बैंड भी बनाया जाता है। टाइटिल के अलावा स्टोरी की दूसरी मुख्य बातें इसमें लिखी जाती हैं।

साइन ऑफ-खबर के अन्त में घटनावाली जगह के साथ रिपोर्टर और चैनल का नाम।

साइड बार-एंकर पढ़ते समय स्टोरी की मेन टाइटिल, जो विजुअल के ऊपर दाएं या बाएं लिखी होती हैं और एंकर के बगल में दिखती है। हर स्टोरी के लिए अलग-अलग साइड बार बनाए जाते हैं।

सिंक-अनसिंक-वीडियो और ऑडियो जब मैच करे तो सिंक, और दोनों मैच नहीं करे, तो अनसिंक कहलाता है। कई बार स्क्रीन पर हम देखते हैं कि बोलने वाले के होंठ चलते रहते हैं और आवाज बाद में आती है। यानी लिपसिंग मैच नहीं कर रहा होता। एडिटिंग के दौरान तकनीकी गड़बड़ी की वजह से ऐसा होता है और इसे एडिट मशीन पर ही ठीक किया जा सकता है।

सिक्वेंस-टीवी न्यूज में विजुअल उसी क्रम में दिखाए जाने चाहिए, जिस क्रम में घटना घटी हो। इसे सिक्वेंस कहते हैं। किसी कार्रवाई एक्शन को क्रमबद्ध तरीके से दिखाना सिक्वेंस है।

स्क्रॉल-टीवी स्क्रीन पर सबसे नीचे, दाएं से बाएं लगातार चलने वाली खबरों की पट्टी।

स्क्रिप्ट-किसी न्यूज की कहानी, जिसे रिपोर्टर या न्यूज प्रोड्यूसर लिखता है। आमतौर पर हर न्यूज रूम में स्क्रिप्ट राइटर होते हैं, जो रिपोर्टर की लिखी स्क्रिप्ट की भाषा और तथ्यों में सुधार करते हैं, वैल्यू ऐड करते हैं।

स्क्रीन-टेलीविजन में पिक्चर ट्यूब वाला हिस्सा स्क्रीन कहलाता है। दूसरे शब्दों में टेलीविजन का वो हिस्सा, जिस पर तस्वीरें दिखती हैं।

स्टिंग-समाचार जुटाने की वो प्रक्रिया, जिसमें जासूसी या हिडेन कैमरे से शूटिंग का सारा काम गुपचुप तरीके से किया जाता है। बड़े-बड़े भ्रष्टाचार को उजागर करने के लिए रिपोर्टर इस तरीके का इस्तेमाल करते हैं। संसद में सवाल पूछने के लिए सांसदों के घूस लेने का मामला और बीजेपी अध्यक्ष बंगारू लक्ष्मण को पैसे लेते कैमरे पर दिखाकर राजनीति का काला चेहरा स्टिंग ऑपरेशन के जरिए पत्रकार लोगों के सामने ला चुके हैं।

स्टूडियो-वह जगह जहां, न्यूजरूम का मेन सेट होता है। जहां एंकर खबरें पढ़ता है या गेस्ट, एक्सपर्ट के साथ परिचर्चा करता है। लाइट, कैमरे का सेटअप भी यहीं होता है।

स्टूडियो गेस्ट-कई बार अहम मुद्दे पर बातचीत के लिए मुद्दे से जुड़े अहम व्यक्ति को टीवी चैनल के स्टूडियो में ही बुला लिया जाता है, और एंकर उसके साथ लम्बी बातचीत करता है। ऐसे लोग स्टूडियो गेस्ट कहलाते हैं। न्यूज में स्टूडियो गेस्ट अमूमन तीन या चार लोग ही होते हैं। गेस्ट की संख्या स्टूडियो के आकार पर भी निर्भर करती है।

स्निपेट्स-बड़ी खबरों के अलावा हर दिन छोटी-छोटी खबरें भी होती हैं, जिसमें दर्शकों की रुचि होती है। लेकिन बुलेटिन में इतनी जगह नहीं होती कि उसे विस्तार से दिखाया जा सके। इसलिए ऐसी तमाम खबरों की अलग-अलग छोटी स्क्रिप्ट लिखी जाती है, फिर स्क्रिप्ट के मुताबिक वॉइस ओवर कराकर विजुअल के साथ तमाम खबरें एक साथ, एक के बाद एक एडिट करा ली जाती हैं। आमतौर पर दस खबरों को ढाई-तीन मिनट में निपटा दिया जाता हैं। स्निपेट्स के तहत तमाम खबरें एक ही आईडी के तहत एडिट होती है, इसलिए प्रसारण के समय इनमें से किसी एक को रोका नहीं जा सकता। स्निपेट्स से कोई खबर हटानी हो, तो एडिट मशीन के जरिए ही हटाई जा सकती है।

सिम सेट-स्टूडियो में बैठे गेस्ट का सेटेलाइट से मिलने वाला इंटरव्यू या बातचीत, सिम सेट कहलाता है। टीवी न्यूज के ब्यूरो में भी स्टूडियो होते हैं। किसी कार्यक्रम के लिए मेन स्टूडियो, सिम सेट के जरिए ब्यूरो स्टूडियो से गेस्ट को लिंक करता है। कभी-कभी पहले से रिकॉर्ड किए गए इंटरव्यू का भी सिम सेट की तरह इस्तेमाल किया जाता है। मान लीजिए किसी गेस्ट का रात दस बजे

इंटरव्यू निर्धारित है। लेकिन गेस्ट कहता है कि वो रात दस बजे बातचीत नहीं कर सकता, वो रात नौ बजे ही बात कर सकता है। ऐसे में एंकर रात दस बजे जिस कपड़े में एंकरिंग करेगा, उसी कपड़े में रात नौ बजे ही गेस्ट से बातचीत को रिकॉर्ड कर लेता है और तय समय पर रिकॉर्डेड इंटरव्यू को दिखा दिया जाता है। कई बार इंटरव्यू काफी पहले मिल जाते हैं। ऐसे में सवालों के अलग-अलग जवाब एडिट करा लिए जाते हैं और एंकर को सवालों की लिस्ट दे दी जाती है। इंटरव्यू के लिए निर्धारित वक्त पर टू विंडो दिखाया जाता है। एक विंडो में एंकर लाइव

सवाल पूछता है और दूसरे विंडो में पीसीआर रिकॉर्डेड जवाब चलाता रहता है दर्शकों को ये बातचीत लाइव दिखती है। लेकिन इसमें लाइटिंग की सावधानी रखनी पड़ती है। यानी दिन में रिकॉर्डेड सिम सेट रात में नहीं दिखाई जा सकती। दिन का रिकॉर्डेड इंटरव्यू दिन में ही दिखाया जा सकता है।

सीसीयू-कलर कंट्रोल यूनिट या कैमरा कंट्रोल यूनिट। इसके जरिए स्टूडियो में लगे सभी कैमरे का एपर्चर, एक समान रंग (कलर), एक साथ निर्धारित किया जाता है।

स्लग, कैप्शन-स्टोरी की सबसे अहम बात, जिसे दो या तीन शब्दों में लिखा जाता है। इसे स्टोरी टाइटल भी कह सकते हैं। टीवी पर ये टिकर के ऊपर लिखा हुआ दिखता है। स्लग या कैप्शन में लिखे शब्द चौंकाने वाले होने चाहिए।

सेकी-शूटिंग के दौरान जब कैमरा लगातार हिल रहा हो, तो ऐसे विजुअल सेकी कहलाते हैं। सामान्यतौर पर पैकेज में सेकी विजुअल का इस्तेमाल नहीं होता।

सेन-(SAN)-सेन (स्टोरेज नेटवर्क एरिया) इन्जेस्ट और एडिट मशीन को जोड़ने की कड़ी है। इन्जेस्टेड मेटेरियल इसी के माध्यम से फाइल फॉर्म में एडिट मशीन तक पहुंचता है।

हिसिंग-एसी या दूसरी मशीनों की बहुत धीमी आवाज, जो शूटिंग के दौरान मुख्य आवाज के साथ रिकॉर्ड हो जाती है। इससे मुख्य आवाज में बाधा होती है।

हेडफोन-इसके जरिए साउंड रिकॉर्डिंग को बारीकी से सुना जा सकता है। आमतौर पर न्यूज रूम में एक साथ कई स्टोरी पर काम होते हैं। ऐसे में ऊंची आवाज में रिकॉर्डिंग सुनने से दूसरों को परेशानी हो सकती है। लेकिन हेडफोन के इस्तेमाल से रिकॉर्डिंग की आवाज, दूसरों तक नहीं पहुंचती।

हेडलाइंस या एचएल टेक्स्ट-बुलेटिन में उस वक्त की सबसे बड़ी और ताजा खबरों का संक्षिप्त ब्यौरा। टेलीविजन न्यूज में आमतौर पर चार हेडलाइंस लिखने का चलन है। लेकिन कुछ चैनलों में इनकी संख्या सात तक रहती है, जबकि कुछ चैनलों में सिर्फ तीन हेडलाइंस ही होती हैं। किसी रिपोर्टर के लिए ये ज्यादा अहमियत रखता है कि उसकी स्टोरी कितनी बार हेडलाइन बनी। हेडलाइंस के

लिए लिखी गई लाइनें, संक्षिप्त भाषा में एचएल टेक्स्ट कहलाती हैं। आमतौर पर हेडलाइंस में हर खबर का टेक्स्ट दस सेकेण्ड से ज्यादा नहीं होना चाहिए। भाषा सटीक और शब्द सरल होने चाहिए। न्यूज के लिए हेडलाइंस लिखते वक्त सीधेतौर पर खबर बताई जानी चाहिए। लच्छेदार और घुमाकर कही गई बातें कई बार दर्शकों के गले नहीं उतरतीं।

होल्ड-रनडाउन में कोई स्टोरी एयर नहीं करने के मकसद से रोक ली जाती है, तो इसे होल्ड करना कहते हैं।

OOO